■ 基礎コース［経済学］－4 ■

基礎コース

財 政 学
第 4 版

Public Finance

林　宜嗣・林　亮輔・林　勇貴

新世社

第4版へのはしがき

　前回の改訂から約8年が経過した。その間，日本の姿は大きく変わった。第3版改訂当時の日本と現在とを見比べてみよう。1億2,780万人（2011年）であった人口は1億2,620万人（2019年）へと160万人減少し，23.3%（2011年）であった65歳以上人口は28.1%（2018年）に上昇した。このように日本の人口減少と超高齢化は進んでいる。経済に目を転じると，マイナス2.2%（2009年度）であった実質経済成長率はプラス1.9%（2017年度）に上昇するなどマクロ経済状況は改善した。とはいえ，わが国の経済成長率はOECD諸国の中でも低い水準である。日本経済の競争力を強化し，雇用や所得の増大につなげる必要がある。そのためにも経済活動のグローバル化時代にふさわしい成長戦略が必要である。世界で最も平等な国と言われた日本であったが，給与等，国民が手にする所得（当初所得）の分配状態をジニ係数という指標で見ると，0.532（2008年）が0.559（2017年）へと上昇し，格差が拡大している。その他にも日本はさまざまな課題を抱えており，財政が果たすべき役割はさらに大きくなっている。

　しかし，770兆円，対GDP比率は151%（2008年度末）であった国と地方の長期債務残高は，2019年度末には1,122兆円，対GDP比で198%に達すると見込まれている。このように厳しさを増している中で，財政は山積する課題に対応していくことを求められている。

　日本の財政問題は時代とともに変化してはいるが，その根底にある構造的な問題は，本書が刊行された1999年以降，変わってはいない。したがって，財政問題を解決するためには，財政を取り巻く社会経済環境の変化を的確に見据えた上で，問題の本質と財政システムのあるべき姿を明確にする必要がある。悪化の度合いを増した財政状況を踏まえて，改革の方向を探るべくこのたび第3版に加筆・修正を行うこととなった。今回の改訂においても，多

第 4 版へのはしがき

くの読者が財政を知り，学び，そして改革のあり方を考える眼を養っていただきたいという基本姿勢は変わってはいない。大学で学ぶ学生だけでなく，財政問題に関心をお持ちの一般市民の方々にも本書を読み進めていただければ幸いである。

　第 4 版の改訂にお骨折りいただいた新世社編集部の御園生晴彦氏，谷口雅彦氏，森田有尋氏に厚く御礼を申し上げたい。

　2019 年 10 月

執筆者を代表して　　林　　宜嗣

初版へのはしがき

　景気の低迷と失業率の上昇，年金の破綻，医療費の膨張，無駄が多い公共事業，地方分権，財政危機，行政改革。これらは財政にかかわる問題をピックアップしたものである。その他にも現在の日本が抱えている多くの問題に，財政は直接，間接にかかわっている。財政に関係するニュースは毎日のように新聞やテレビに登場するが，財政や経済についてある程度の予備知識がないと，問題の本質はおろか，概略すらつかめないことが多い。とくに財政は法律によって作り上げられた制度に基づいて運営されることから，財政問題を理解するためには制度についての知識が要求されると同時に，問題を解き明かすための理論的な力も備えていなくてはならない。

　財政学は大学のカリキュラムにおいて基本的な科目として位置づけられているが，講義を受ける学生は経済学部だけでなく，経営学・商学部や法学部等に籍を置く人も少なくない。本書は，こうした多様な学生諸君がはじめて財政学を学ぶために書かれた教科書である。とくに，現代財政の最重要課題を解明するために必要な，財政に関する理論・制度・政策・歴史を平易に，簡潔に説明するよう心がけた。

　本書は基礎テキストではあるが，現在の財政システムが抱える構造問題を抽出し，それに対する判断力を養う材料を提供することを意図したつもりである。とくに財政学という現実の世界と理論の世界のはざまに置かれている分野においては，現実と理論の接点をつねに意識しておく必要がある。したがって，制度や現状の記述は財政問題の本質を浮かび上がらせるために必要最低限度なものに抑え，問題発生のメカニズムと解決の糸口を見いだすための理論を散りばめた。

　本書は全体で 10 章より構成されている。第 1 章では，なぜ財政は必要なのか，国と地方は財政においてどのような役割を分担すべきなのかなど，「財政とは何だろう」という疑問に答える。理論，データ分析など，財政問題への接近方法は多様であるが，まずは「財政は制度である」ことを認識する必要がある。第 2 章では，税，公債，予算などの財政活動を規定する制度が解説される。

　わが国の財政は危機的な状況にある。財政赤字はなぜ問題なのか。財政危機を

初版へのはしがき

引き起こした原因は何か。第3章では，財政赤字累増の実態を明らかにするとともに，財政改革の必要性が検証される。無駄が多いと言われる政府支出はどのようにすれば効率化するのだろうか。政府支出増大の背景にあるものは何か。第4章では，政府支出のあり方が理論と実際の両面から検討される。

第5章と第6章では税の問題を取り上げている。税は経済活動にさまざまな影響を与えるが，第5章では税制を設計するうえで必要な考え方が解説される。第6章では，国際化，高齢化といった社会経済情勢の変化の中で，所得税，消費税，法人税が抱える課題を明らかにし，改革の方向が示される。

本書では，財政の将来にもっとも大きなインパクトを与えるであろう社会保障に2つの章をあてた。第7章では，社会保障の役割，高齢化の影響などを明らかにしたうえで，年金を中心にその改革の方向が示される。第8章では，医療保険と福祉サービスの改革が取り上げられる。

わが国ではとくに不況期において，財政的手段を用いた景気対策への期待が大きくなる。第9章では，ケインズ経済学を基礎とした財政政策の理論を解説したうえで，財政政策の有効性が検討される。財政支出面では国の規模を上回る地方財政の課題は多い。第10章では，地方分権時代にふさわしい地方税財政システムのあり方，地方財政の効率化などが取り扱われる。

財政学は経済学の一分野ではあるが，本書を理解するうえで経済学の知識を前提とはしていない。むしろ，日本の現状と将来に関心を持つ人であれば，十分に興味を持って読み進んでもらえるだろうと思っている。

最後に辛抱強く原稿の仕上がりを待ち，しかも細部にわたって原稿を点検下さった新世社編集部の小関清，御園生晴彦，谷藤隆子の各氏に厚くお礼申し上げたい。

　　　1999年10月

　　　　　　　　　　　　　　　　　　　　　　　　林　　宜嗣

目　次

1　財政の役割　1

- 1-1　経済活動と政府 …………………………………………… 2
- 1-2　財政の役割 …………………………………………………… 9
- 1-3　大きな政府と小さな政府 ………………………………… 17
- 練習問題 ………………………………………………………… 19

2　財政制度　21

- 2-1　財政と法律 ………………………………………………… 22
- 2-2　予算制度 …………………………………………………… 25
- 2-3　財政投融資 ………………………………………………… 30
- 2-4　地方財政制度 ……………………………………………… 33
- 練習問題 ………………………………………………………… 37

3　日本の財政問題　39

- 3-1　財政赤字の累増 …………………………………………… 40
- 3-2　財政赤字の構造的要因 …………………………………… 46
- 3-3　財政赤字の問題点 ………………………………………… 51
- 練習問題 ………………………………………………………… 57

目　次

4 政府支出の理論と実際　59

4-1　政府支出の理論 ………………………………………………60
4-2　政府支出の膨張要因 …………………………………………67
4-3　政府支出の構造 ………………………………………………72
練習問題………………………………………………………………80

5 租税の原則と経済効果　81

5-1　税の役割と租税原則 …………………………………………82
5-2　公平な税とは …………………………………………………87
5-3　課税と経済効率 ………………………………………………95
練習問題 ……………………………………………………………105

6 日本の税制と税制改革　107

6-1　日本の租税構造…………………………………………………108
6-2　所得税……………………………………………………………114
6-3　消費税……………………………………………………………124
6-4　法人税……………………………………………………………134
6-5　資産課税…………………………………………………………143
練習問題 ……………………………………………………………146

7 社会保障の財政問題Ⅰ──生活保障と年金──　147

7-1　超高齢社会と社会保障…………………………………………148
7-2　最低生活の保障…………………………………………………158
7-3　年金問題…………………………………………………………162
練習問題 ……………………………………………………………176

目　次

8 社会保障の財政問題Ⅱ ──高齢化と医療・福祉問題── 177

8-1　医療と財政······················178

8-2　社会福祉の改革···················189

練習問題 ························199

9 景気変動と財政政策　201

9-1　国民所得の決定と乗数···············202

9-2　財政政策の効果···················206

9-3　ビルト・イン・スタビライザー··········211

9-4　財政政策への疑問·················216

9-5　わが国における財政政策の歴史··········222

練習問題 ························229

10 地方の財政問題　231

10-1　地方財政の課題··················232

10-2　地方の歳入····················239

10-3　地方の歳出構造·················245

10-4　地方分権時代の地方税·············249

10-5　地方交付税と財政調整·············254

10-6　国庫支出金···················260

練習問題 ························265

練習問題略解　266

索　引　276

vii

第 1 章

財政の役割

　さまざまな経済活動は市場を通じて行われている。だが，市場メカニズムが万能でないことは良く知られており，国や地方公共団体が多くの側面で市場を補完することで望ましい社会が実現する。公共財やサービスの供給，社会保障，公共投資や減税による景気対策など，政府が行う経済活動のことを財政と呼ぶが，どのような場合に財政の出動が要請されるのだろうか。国と地方は車の両輪となって財政活動を行っているが，それぞれの役割はどのように異なるのだろうか。財政は民間の経済活動にどの程度介入すべきなのだろうか。本章ではまず，「財政とは何だろう」という疑問に答えよう。

1　財政の役割

□ 1-1　経済活動と政府 □

■経済活動の担い手

　人間が生きていくためには財やサービスが必要である。「貨幣（お金）が必要」という人もいるが，貨幣は財・サービスを手に入れるための手段にすぎない。財は消費されて人間の満足を高める消費財と，生産活動に投入される生産財とに区分される。サービスは医療や情報・通信のように形のない経済活動であり，近年その重要性はますます大きくなっている。

　財・サービスは資源を用いて生産される。資源とは，土地，労働，資本といった，生産に必要なものやはたらきのことであり，生産要素と呼び換えてもよい。しかし資源は有限であるのに対して人間の欲求は無限であるため，すべてを満足させるわけにはいかない。これを調整するのが市場であり，ここで需要と供給が出会って，価格や取引量が決定される。このプロセスを通じて，資源は社会的に見て必要性の高いものに多く配分されるのである。これを市場メカニズムと言う。

　以上のようなさまざまな経済活動を担っているのが経済主体であり，消費活動を行う「家計」，生産活動を行う「企業」と，市場経済を補完・調整するために政策的な介入を行う「政府」から成り立っている。このうち家計と企業は民間部門と呼ばれ，政府を中心とした公的部門と区別される。

　家計は，効用（経済的な満足）を最大にするように，所得を使ってさまざまな財・サービスを消費するが（図1-1の①），一方で，所得を得るために，労働，資本，土地といった生産要素を企業に提供し，見返りとして賃金，利子，配当，地代を手に入れる（②）。家計はまた所得を全額消費せずに将来の消費に備えて貯蓄を行う。企業は利潤を最大にすることを目的として，労働，資本，土地を用いて生産活動を行い，販売している。こうして家計と企業は，それぞれが生産要素，財・サービスを供給するという形でつながっている。

2

1-1 経済活動と政府

図1-1 家計・企業・政府の関係

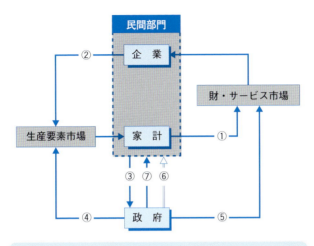

実線の矢印はカネの流れを表しており、その逆方向に財・サービスや労働等の生産要素が流れている。

政府は企業や家計から税を徴収し（③），それを財源として家計から公務員等を雇ったり（④），家計や企業と同じように民間企業から財・サービスを購入（⑤）することで，道路や教育といった公共財・サービスを生産し，民間部門に提供（⑥）している。また，政府は税を財源として家計に対して社会保障を，企業に対して補助金を給付（⑦）している。このように，国民経済は家計，企業，政府の3部門が相互に関連し合いながら営まれているのである。そして財政とは，望ましい経済社会を実現するために，政府が行う活動を経済的側面からとらえたものと言える。

■公的部門の範囲と規模

財政は公的部門の経済活動のことであるが，公的部門の範囲については『国民経済計算』(SNA, A System of National Accounts)で図1-2のように整理されている。まず，公的部門は一般政府と公的企業に分類される。一般政府は，民間部門の経済活動では供給されない財・サービスを，無償ないしは

3

1 財政の役割

図1-2 公的部門の範囲

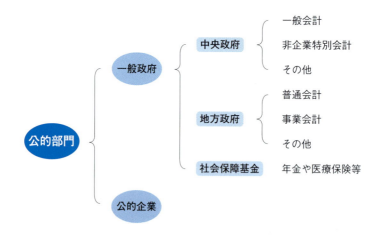

生産コストを下回る価格で供給する主体であり，税や社会保険料を財源として活動を行っている。

　これはさらに中央政府（国），地方政府（都道府県，市町村），社会保障基金に分類される。中央政府には税等の財源で社会保障や教育などの基本的な仕事を行う一般会計，国が特定の事業を行うために設けた特別会計の大部分が含まれる。地方政府には，地方の基本的な仕事を扱う普通会計と，病院，下水道等の事業会計が含まれる。基本的には，外交，司法，国防のように利益が全国に及ぶものは中央政府が，警察，消防のように利益が特定地域に限られるものは地方政府が供給する。社会保障基金は保険料収入，積み立てた保険料の運用収益，中央政府，地方政府からの財源移転によって，年金や医療を扱うところである。

　公的企業とは公的に所有・支配されている企業のことであり，かつて日本には日本道路公団，公営企業金融公庫等，数多く存在したが，現在では多くが民営化されている。

■国民経済における公的部門

　国内総生産（GDP, Gross Domestic Products）は国の経済活動の大きさを測るもっとも基本的な指標であり，一定期間に，ある国の経済において生み出された付加価値額の合計を表したものである。付加価値とは，企業が生産活動によって生み出した生産総額から，他の企業から購入した原材料，中間生産物の額を差し引いたもので，各生産段階において新たに付加された価値のことである。こうして生み出された国内総生産は家計，企業，政府に分配されるが，それは民間部門や政府の消費，住宅や企業の設備投資，政府の公共事業等の形で支出されて国内総支出（GDE, Gross Domestic Expenditure）を作り出す。これらの経済活動において公的部門がどの程度の役割を果たしているかを見てみよう。

　2017 年度のわが国の国内総支出は 547 兆 4,085 億円であった（図 1-3 ①）。このうち公共財・サービスを生産するための公的部門の需要（公的支出）は 135 兆 2,287 億円，GDE の 24.7% に上っている。公的部門からの社会保障給付，補助金，公債の利払いは家計や企業に対する移転であり，公共財・サービスの生産コストを構成するものではないので国内総支出ベースの公的支出には含まれない。

　公的支出は政府最終消費支出，公的総資本形成からなる。公的総資本形成は公的総固定資本形成と公的在庫品増加に区分されるが，ほとんどは前者である（図 1-3 ②）。

　政府最終消費支出（94 兆 9,487 億円）は外交，福祉，経済等にかかわる経常的なサービスに対する支出であるが，民間財のように価格が付かず，市場による評価が不可能であることから，サービスの生産に要したコスト（中心は公務員に対する人件費である雇用者所得）の総額をもって支出額としている。

　公的総固定資本形成（27 兆 5,785 億円）は一般に公共投資と呼ばれているものであり，建物や道路等の建設・整備，機械設備の購入等が含まれている。ただし，公共投資額の中には土地の購入が含まれるが，国民経済計算上の公的固定資本形成には土地の取得代金は含まれない。

1　財政の役割

図1-3　国民経済計算で見た公的部門（2017年度）

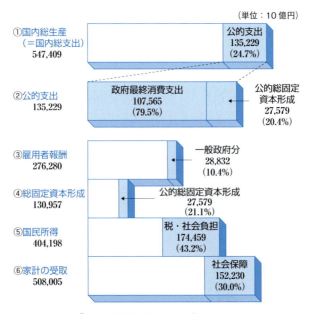

（資料）　内閣府『国民経済計算年報』より作成。

　国内総生産から固定資本減耗あるいは減価償却を差し引くと市場価格表示の国民所得（NNP, Net National Products, 446兆7,648億円）となるが，この額は消費税等の間接税分だけ高く，企業等に対する補助金分だけ低くなっていると考えて，NNPから間接税を控除し，補助金を加算すると，生産要素への支払として使用できる要素費用表示の国民所得（404兆1,977億円）となり，これが雇用者報酬，企業所得，財産所得として分配される。2017年度の雇用者報酬総額は276兆2,797億円であったが，そのうち一般政府によって支払われた額は28兆8,318億円に上っている（図1-3③）。

　消費支出と並んで景気を左右する投資支出（総固定資本形成，130兆9,566億円）の内公共部門によるもの（公的総固定資本形成，27兆5,785億円）は21.1％に上っている（図1-3④）。

　要素費用表示の国民所得から所得・富に課される税や社会保険料等の社会

6

負担が支払われ，これに生産・輸入品に課される税を加えると，一般政府が受け取る経常収入は 174 兆 4,587 億円に達し（図1-3⑤），この額は国民所得の 43.2% に相当する。これを国民負担率と一般に呼んでいる。家計は勤め先からの報酬（雇用者報酬）等に加えて，政府から社会保障を受けて生活を行っている。家計の受取は 508 兆 49 億円であるが，その内の 3 割は社会保障である（152 兆 2,298 億円，図1-3⑥）。このように，公的部門は国民生活や企業の経済活動に大きく関わっている。

■政府部門間の財政関係

　一般的な財政活動は国と地方公共団体が両輪となって行い，年金や医療といった社会保障については基金が作られている。わが国の財政の特徴はこの 3 者が互いに資金のやりとりをしながら活動していることである。図1-4 は 2017 年度について，わが国の一般政府の部門別活動と部門間の資金の流れを見たものである。「企業」と「家計」は，中央政府と地方政府に対して合わせて 101 兆 2,184 億円の税を納め，さらに社会保障基金等に対して 68 兆 5,722 億円の保険料を中心とした社会負担を行っている。

　中央政府は民間から受け取った税を主要な財源として公共財・サービスの供給や社会保障を中心とした所得再分配政策を実施するが，中央政府の財政活動の特徴は，巨額の財政資金が地方政府に移転（トランスファー）されることである。その中心は地方公共団体が自由に利用できる地方交付税と，特定の事業に対して交付される国庫支出金である。中央政府はさらに年金や医療費を補助するために社会保障基金への繰入を行っている。2017 年度における中央政府の支払総額は 95 兆 4,341 億円に上るが，租税やその他の収入で賄えない部分は純借入として受取勘定に計上され，この部分が借金となる。

　地方政府は民間部門から 40 兆 475 億円の税金を受け取り，これに中央政府からの財政トランスファーを加えて財政活動を行っている。

　年金や医療保険の運営を行う社会保障基金は，民間から 68 兆 5,722 億円の保険料を徴収し，積立金の運用収益である財産所得 5 兆 4,163 億円と中央・

1 財政の役割

図1-4 一般政府の部門間の財政関係（2017年度）

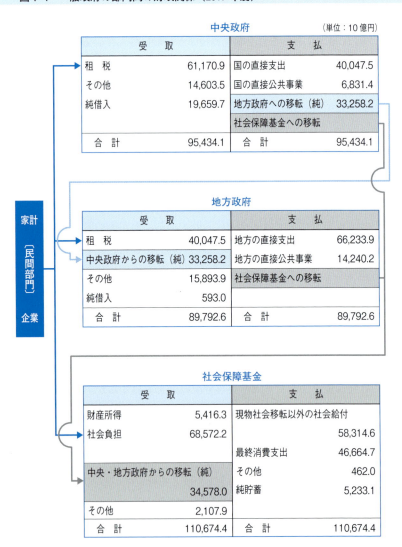

（資料）内閣府『国民経済計算年報』より作成。

地方政府からのトランスファー34兆5,780億円が収入となり，58兆3,150億円の現物社会移転以外の社会給付と，46兆6,300億円の現物社会移転（**図1-4**では最終消費支出に含まれる）を行っている。

　以上のように，財政活動は各政府部門が複雑に関係しながら営まれている。したがって，財政支出，税負担や財政赤字が経済に及ぼす影響は政府部門全体の問題としてとらえなければならない。

□ 1-2　財政の役割 □

■ 資源配分機能

　一定の条件のもとでは，完全競争的な市場経済はパレート最適の状態を作り出す。これが厚生経済学の重要な命題である。パレート最適とは，つまり，だれかの厚生水準を低下させることなしには，他の者の厚生水準を引き上げることができない状態であり，限られた資源をもっとも有効に配分した状態を言う。もし，だれの厚生水準も低下させないで，他のだれかの厚生を引き上げることができるなら，資源が効率的に配分されているとは言えないのである。

　しかし，資源の効率的な配分において市場は決して万能ではない。市場での供給が実現するためには，財・サービスの消費者の間に競合性（rivalness）が生じ，消費する人びとに利益が明確に帰属しなければならない。そして，対価を支払わない人は受益できないという排除性（excludability）を持つことが必要である。ところが，財・サービスの中にはこれらの特性を備えないものがある。

　たとえば道路である。料金所を設置できるような道路は別として，一般の道路は，それがいったん整備されると，対価を支払わない人に道路を利用させないようにすることは困難である。また，道路は利用者が1人，2人と増

1 財政の役割

えていったとしても，追加的なコストはかからない。つまり，限界費用はゼロである。これは，道路の利用（消費）が競合しないことによって生じたのである。かりに何らかの方法で排除性を適用できたとしても，限界費用がゼロの場合には，利用者から料金を徴収して利便性を奪ってしまうことは望ましくない。

このように，非排除性と非競合性という物理的属性を備えた財は公共財・サービスと呼ばれ，一定の資源をその生産に振り向け，政府の手によって公的に供給することが期待されるのである。

財・サービスの生産は労働，土地，資本といった資源を用いて行われる。民間財の場合には，利潤を最大にしようとする企業と，効用（満足）を最大にしようとする消費者が，市場で形成される価格を指標として行動することで，資源は適正に配分される。しかし，市場機構が働かない公共財・サービスの場合には，政府が国民から強制力をもって徴収した税で資源を獲得し，これらを供給することになる。

さらに，市場での供給は可能だが，政府の関与が必要なものもある。一つは外部性の発生である。たとえば教育のように，ある個人の消費が社会に間接的な利益を及ぼす場合，市場のみに任せると，消費が社会的に見て過小になる。このような財・サービスを準公共財と呼び，政府による介入によって効率的な資源配分が達成される。いま一つは，そのときどきのリーダーがパターナリズム（paternalism，父子主義とか温情主義の意味）によって特定の財・サービスの消費を「価値あるもの」と判断し，消費者主権に介入してでも一定の消費量を確保しようとするものである。義務教育や学校給食がその例であり，消費を強制する代わりに財源は税で賄われる。このような財は一般に価値財と呼ばれている。このように，市場ではうまく供給できない財・サービスを供給することを，財政の資源配分機能と言う。公害のように，経済活動によって生まれた費用が市場を経由せずに社会にもたらされる（負の外部性あるいは外部不経済）ような場合にも，政府は資源配分を調整する役割を持つと考えられている。

10

■所得再分配機能

　市場で決定される所得分配は，基本的には生産への「貢献度」に応じて決まってくる。しかし，働く意欲はあってもすべての人が生産活動に参加できるとは限らないし，生産に参加できる人でも，貢献度に応じた報酬では家族の生活を支えるのに不十分かもしれない。また，親から受け継ぐ財産に格差があったり，所得水準が低く教育を受ける機会が均等でないために，公正な所得獲得競争が実現しないかもしれない。

　政府は，このように市場において貢献度基準で行われる分配に「必要度」基準を加味したり，機会均等を実現することで，社会的に見た公正な所得分配を達成しようとする。これを財政の所得再分配機能と呼んでいる。所得再分配は，具体的には累進所得税や相続税によって高所得者に重い負担を課し，一方で生活保護等の社会保障給付によって低所得者の生活支援を行うという形で行われる。年金は，現役勤労者からリタイアした高齢者への世代間再分配の役割を果たしている。

　所得再分配は現金給付だけで行われるわけではない。救貧対策的な福祉サービスは現物による再分配政策である。しかし，今日のように福祉の対象者が低所得者層から中・高所得者層にまで拡大してくると，福祉政策は所得再分配機能に加えて資源配分機能をあわせ持つことになる。

　ただ，所得再分配の必要性は理解できても，最低生活水準としてどこまでを財政で保障するのか，市場で実現する所得分配格差を財政手段によってどの程度まで縮小するのかは，価値判断をともなう課題であり，これをめぐって意見の対立が起こりやすい。このことは，次の地域間再分配の場合も同じである。

　国というレベルの政府しか存在しない場合，再分配は個人間を対象に行っていればよい。しかし国と地方という複数段階の政府からなる財政システムにおいては，経済力格差を原因とする地方公共団体間の財政力格差の存在が国による地域間再分配を要請する。

　公共サービスの中には，社会の全成員にその居住地のいかんにかかわらず，

最低限の水準を保障すべきものがある。いわゆる**ナショナル・ミニマム**である。国が公共サービスを供給する場合には，すべての国民は居住地にかかわりなくその便益を享受することができる。国の政策上，地域間でサービスの受益度に差ができることもあるが，国が供給するのであるから少なくとも地域間の経済力格差を原因とした受益の格差は発生しない。しかし地方が公共サービスを供給する場合には，財政力の弱い地方公共団体は自力でナショナル・ミニマムを達成し得ない可能性がある。

また，地方公共団体間に財政力格差が存在するなら，同じ水準の公共サービスを享受しているにもかかわらず，地方税負担に格差が生じたり，同じ租税負担であっても公共サービス水準に差が生じたりする。このときには，住民は自分にとってより有利な地方公共団体に移動するだろう。こうして，財政の存在が市場メカニズムで達成される人口分布に影響を及ぼし，資源配分上の非効率を生み出す原因となるのである。

こうした地域的な財政的不公平を是正し，財政活動が資源配分に及ぼす歪みを解消するためには，国あるいは狭域行政の地方公共団体を包括する広域の政府による地域間再分配が必要となる。

■ 経済安定化機能

資本主義経済は本来，不安定な経済変動を繰り返し，その過程でインフレーションや失業といった現象を引き起こす。財政の経済安定化機能はこうした経済の不安定性を取り除こうとするものであり，大きく2つに区分される。一つは財政の中に制度的に組み込まれている**自動安定化機能**（ビルト・イン・スタビライザー；9-3節参照）であり，いま一つは裁量的な安定政策（フィスカル・ポリシー）である。

租税体系が，所得階層を上がるにつれて税率が上昇する**累進所得税**や，課税ベースである利潤が景気に応じて大きく変動する**法人税**を中心に構成されているとき，税収は景気変動に敏感に反応する。たとえば景気が悪化したとしよう。このときには，所得税はGDPの落ち込み以上に減少し，個人可処分

所得の落ち込みを下支えする。不況期には法人利潤は大きく落ち込み，その結果，法人税が減少することで税引後の法人利潤の落ち込みは緩和される。こうして，総需要を形成する消費や投資は安定するのである。また，景気後退期には失業手当をはじめとした社会保障支出が増加し，消費を下支えする。これが財政の自動安定化装置である。

　財政による裁量的な安定化政策に理論的基礎を与えたのはケインズ（J. M. Keynes）の『雇用・利子および貨幣の一般理論』であり，ハンセン（A. H. Hansen）をはじめとするその後のマクロ経済学の発展であった。「供給はそれ自らの需要を創り出す」というセイの法則（Say's Law）をよりどころに完全雇用経済を前提とし，政府は経済の自己調整機能を阻害することのないようできる限り小さくあるべきだと考える古典派に対して，ケインズはむしろ不完全雇用経済を常態と考える。

　ケインズのこの主張を理論的に支えるのが，国民所得は総需要の大きさによって決定されるという有効需要原理である。実現した均衡国民所得が完全雇用を達成する保証はないのであり，その場合には公共投資をはじめとする財政支出の拡大が必要だということになる。

　いま，家計の消費や民間企業の設備投資が低調で，生産が完全雇用を実現する水準に至っていなかったとしよう。このときに政府が財政支出を増加させれば，それは次のような波及効果を生む。財政支出の拡大（＝総需要の拡大）⇨生産の拡大⇨所得の増加⇨消費の増加（＝総需要の拡大）⇨生産の拡大⇨所得の増加⇨……という経路で，最初の財政支出の増加分の何倍かの所得増加が生まれ，完全雇用が実現するわけである。逆に完全雇用を実現する所得水準よりも総需要が大きく，景気が過熱気味でインフレーションが発生しているような場合には，政府は財政支出をカットすることによって総需要を縮減し，インフレーションを抑えることができる。

　財政支出の増加がその何倍かの所得増加をもたらす効果を乗数効果，「所得の増加額÷財政支出の増加額」の値を乗数と呼んでいる。乗数が大きければ大きいほど，財政支出の増加が景気に与える影響は大きい（乗数効果の詳し

1　財政の役割

図 1-5　財政の 3 つの役割

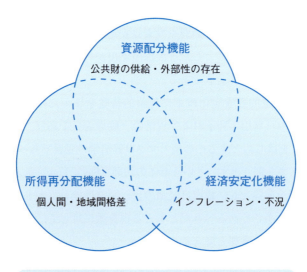

一つの財政手段が複数の機能を同時に果たす場合もある。

い解説については 9-1 節参照)。

　わが国では，景気が後退するたびに財政の出動が要請されてきた。バブル崩壊後も数次にわたって公共投資を中心とした経済対策が実施された。しかし，近年，財政政策の有効性に対して理論，現実の両面から疑問が投げかけられている。

　財政の 3 つの役割を示してきたが，図 1-5 のように一つの政策手段が複数の目的を持つ場合も多い。たとえば，財政による地域活性化政策は景気対策であるとともに地域間再分配の役割も果たすし，失業者への雇用の確保は所得再分配政策の一環とも考えられる。しかし，このような複数の機能を単一の手段で果たそうとすることがかえってその効果を減じてしまうことも注意すべきである。

1-2 財政の役割

■国と地方の機能分担

　国の財政と地方財政は車の両輪にたとえられる。しかし，財政の3つの役割において国と地方はそれぞれが得意とする分野は異なっている。3機能のうち，所得再分配，経済安定化は主として国がその役割を担うべきであると一般に認められている。その理由を一言で表すと，地方公共団体は限られた行政区域の中で，これらの機能を有効に果たし得ないということである。

　景気政策について言えば，地方公共団体は通貨供給量に直接的な影響を及ぼす権限を持ち合わせていないし，地域という高度な開放経済の中では，地方が行った政策の効果は他の地域に漏れてしまう。また，国が進める政策目標から逸脱した政策を地方が展開すれば，国民経済的に見て望ましい成果をあげることはできない。

　再分配政策にしても，住民の地域間移動の可能性によって，その実行可能性は薄らぐことになる。つまり，積極的な再分配政策を実施する地方公共団体からは高所得者は逃げ，逆に低所得者がそこに集中する。こうして再分配政策に対するニーズは大きくなるが，一方で，再分配のための財源は減少するのである。ここから，再分配政策は全国画一的に実施されるべきであり，そのための政策は国によって企画され，また実行されるべきであるという結論が生まれることになる。

　経済安定化や所得再分配機能において国の財政の役割が大きいとすれば，財政支出についてもおのずから国のウエイトが大きくなる。ただ，支出効率の観点から国が実際に支出するのではなく，国からの財源付与を受けた地方公共団体が，国に代わって支出を行うことがある。この場合でも，支出の意思決定は国が行っており，地方は単なる支出の窓口にすぎない。

　それに対して，資源配分は地方が中心的な役割を果たすべきと言われている。その理由はどこにあるのだろうか。公共財の供給における国と地方の役割分担を考えるもっとも伝統的な基準は，公共財から発生する便益の地域的な広がりである。

　外交や司法，国防のような公共財の便益は全国に及んでいる。これを国家

15

1 財政の役割

的公共財（national public goods）と呼ぶ。たとえば，外交交渉が東京で行われたとしても，その利益は北海道や九州の住民にまで及ぶ。このような公共財は国が供給する。最近では利益が国境を越えて広がるような公共財も多く見られる。東西冷戦後，世界の関心は地域紛争をいかに防ぐかに移っている。地域紛争の解決は当該地域だけでなく世界全体に利益を与えるので，国連の活動やPKO（国連平和維持活動），あるいはODA（政府の途上国援助）も国際公共財の性格を持ち，その費用は利益を受ける国が分担することになる。

ところが，技術的な理由で，便益がある特定の地域的な広がりしか持たない公共財も多く存在する。公共財の便益は治水施設のように，一定の地域に洪水防止効果を発揮するような場合もあれば，公園のように，周辺住民がそこまで出向くことによって地域的な広がりを見せる場合もある。しかし，いずれにしても，公共財の便益が通常，何らかの施設を利用することによって発生することから，その便益の地域的広がりが限定されることが多い。このように，便益の広がりが一定の地域にとどまるような公共財を地方公共財（local public goods）あるいは地域的公共財と呼んでいる。

地方公共財の供給に関する意思決定は，効率と公平の観点から，その便益が及ぶ地域の住民によって行われるべきである。つまり公共財の受益地域と負担地域の一致を図ることが要求される。便益の及ばない地域の住民が負担することは公平ではないし，もし他地域の住民によって公共財のコストの一部が賄われるとすれば，受益地域の住民は公共財の供給に対して過大な要求をするであろうし，非受益地域の住民は公共財の供給を少しでも減らそうと考えるだろう。このことは公共財の最適な量を供給することを阻む原因となる。このように，公共財の受益地域と負担地域を一致させ，負担との関連において公共財の供給水準を決定することが地方自治（local autonomy）の経済学的な解釈である。

以上のような国と地方の役割分担の適正化は，地方分権のあり方を考えるうえで重要である。

□ 1-3　大きな政府と小さな政府 □

　政府は民間の経済活動に対してどの程度の介入を行うべきか。このテーマに対する解答は時代とともに変化し，一義的な答えが得られないまま今日に至っている。経済学の祖と言われるアダム・スミス（A. Smith）は，法律・治安の維持といった市場のルールを設定することに政府の中心的役割があると考え，政府の仕事は必要最小限に抑えるべきであるとした。いわゆる安価な政府である。そして，国家のなすべき仕事は，経済社会の運営に不可欠で，しかも市場経済に委ねると十分な供給が期待できない，①国防，②司法，③公共土木事業と教育の3つに限定している。

　ケインズに論議の精神を負っているケインジアンは大きな政府を主張し，今日の財政活動にも大きな影響を及ぼしている。彼らは，市場の失敗は資本主義経済が持つ本質的な欠陥であると考え，この欠陥を是正するために政府は積極的な役割を果たすべきであるとする。失業が発生しているときには，政府は裁量的な財政政策によって有効需要を創出することで対応すべきだし，富や所得分配の不平等についても累進税や社会保障給付によって是正すべきだということになる。こうしたケインジアンの考え方は，福祉国家論へと結びついていった。

　しかし，経済の停滞と大きな政府にともなう過重な税負担を背景に，1970年代の終わりごろには新自由主義の経済思潮が高まり，小さな政府への回帰が叫ばれるようになってきた。その代表的存在はフリードマン（M. Friedman）が率いるマネタリストである。彼らは市場メカニズムを信奉し，できる限り政府介入は回避すべきだと主張する。つまり，ケインジアンが市場の失敗によって問題が発生すると考えるのに対して，マネタリストはむしろ政府の失敗こそが問題だと見るのである。政府介入は市場メカニズムが持つ調整機能を損ない効率性を悪化させてしまうし，ケインジアンが重視する総需要管理

1 財政の役割

政策は貨幣供給の増加をもたらし経済をインフレーションの方向に誘導する，といった政府批判がその背景であった。

フェルドシュタイン（M. Feldstein）等を中心としたサプライサイド経済学（供給重視の経済学）も小さな政府への理論的背景となった。人びとの労働意欲や企業の投資意欲を阻害する要因が財政構造に存在すると考える彼らは，経済を供給面から刺激するためにも，減税等によってこうした要因を除去すべきだと主張した。

公共選択の立場から小さな政府を唱えたのがブキャナン（J. M. Buchanan）とワグナー（R. E. Wagner）である。彼らは，総需要管理政策を中心として政府の介入を優先させたケインジアンの政策こそが赤字財政の体質や大きな政府を生み出したと考える。そして，政府の失敗は，政党，官僚，圧力団体などの利己的な行動によって発生するのであり，こうした問題を解消するためにも均衡財政主義を確立すべきだと主張する。

以上のように，政府が市場経済に対してどの程度の役割を果たすべきかについてはさまざまな考え方があるが，社会経済的な背景が異なれば，政府の適正な役割も変化すると考えるのが妥当だろう。その意味では，財政のあるべき姿を検討する際には，それぞれの国や社会が置かれている状況を的確に把握しておく必要がある。

練習問題

● 練習問題

1. 公的部門が経済活動において果たしている役割とその大きさを，『国民経済計算』におけるさまざまな概念を用いて説明せよ。

2. わが国の財政活動はいくつかの政府部門が相互に関係しながら営まれている。政府間の財政関係を，資金の流れを中心に述べよ。

3. 財政の3つの役割について説明せよ。

4. 国と地方は財政の役割をどのように分担すべきかを説明せよ。

5. 公共財と民間財の特性の違いはどのようなところにあるのか。また，市場での供給が可能な財・サービスを公的に供給する必要があるのはどういう場合か。

6. 「大きな政府」と「小さな政府」について，それぞれの立場にある代表的な論者をあげ，その主張を説明せよ。

第 2 章

財 政 制 度

　財政活動は国民から獲得した収入をさまざまな目的に支出することである。しかし，政府は自由に国民から税を徴収し，それを支出してよいわけではない。財政活動は国民福祉の向上を目的とするのであるから，国民の意思に基づいて実行されなければならない。財政民主主義と呼ばれるこの考え方は，法律などで規定される一定の制度の枠組みの中で財政が営まれることによって保証されている。理論，データ分析など，財政問題への接近方法は多様であるが，まずは「財政は制度である」ことを認識する必要がある。本章では，税，公債，予算などの財政活動を規定するさまざまな制度を解説しよう。

2　財政制度

□ 2-1　財政と法律 □

■財政と憲法

　財政は，国民から収入を獲得し，国民福祉の向上のために必要な財・サービスを提供したり，現金を給付したりするという，政府の経済活動である。そしてこれらの活動は一定の制度の枠組みの中で営まれている。これを財政制度と言い，租税，公債等の収入に関する制度，支出の計画を立て，それを実施する予算制度，財政収入と支出を処理する会計制度等がある。それぞれの制度は法律によって支えられているが，その基本となる考え方は財政民主主義であり，日本国憲法でその立場が明確にされている。

　日本国憲法は第 7 章に「財政」の項を設け，第 83 条から第 91 条までの 9 カ条で規定している。第 83 条では，予算などの財政処理は，すべて国会の議決が必要とされることを定め，財政民主主義の原則を確認している。財政処理の権限は行政府が持つのであるが，これを国民の代表としての議員で組織される国会が予算の審議，決定を通じてコントロールする。国会が具体的に財政をどのようにコントロールするかは，第 84 条以下で規定されている。第 84 条は，課税についてはすべて「法律又は法律の定める条件による」という租税法律主義を規定している。国民は，憲法第 30 条で納税の義務を負うことが規定されているが，国民に負担をもたらす課税であるだけに，政府の権限は国会が定める法律によって与えられ，具体的には所得税法，法人税法，消費税法などの税法が税率等の課税要件を定めている。

　第 85 条は国費の支出や債務負担を行う場合には国会の議決を必要とすることを，第 86 条は，内閣が毎会計年度の予算を作成し，国会で審議・議決を受けなければならないことを定めている。この規定に「毎会計年度」とあるように，予算は単年度主義を採用するとされている。これは財政収支を毎年度バランスさせることで財政運営の健全性を確保しようとするものであるが，

22

2-1　財政と法律

同時に，財政運営から長期的な視点を奪うという弊害も指摘されている。第87条は予算編成時点で予測しがたい事態に予算面で対応することを目的とした予備費についての国会の関与を，第88条は皇室財産は国に属すること，および皇室の費用は国の通常の予算処理によって支出すべきことを規定している。第89条は財政支出の使途を制限し，宗教上の組織や，「公の支配」に属さない慈善，教育等の事業に対する支出を禁止している。

　第90条は決算に関する規定であり，予算の執行状況を会計検査院が検査し，その結果とともに，内閣は国会に対して決算報告を行うこととしている。第91条は，内閣が少なくとも年1回，国会と国民に対して財政状況を報告することを定めている。

■ 財政法と国債発行

　憲法に定められた財政についての諸規定は法律によって具体化されるが，中心は，国の財政運営のルールを定める財政法である。また，その地方版として地方財政法がある。財政法の多くの部分は予算の手続きに割かれているが，財政運営においてとくに重要な規定は国債の発行に関するものである。

　財政法第4条は，原則として国の歳出は国債以外の歳入を財源とすることを定めている。つまり政府は借金をすることが認められていないのである。これは，戦前から戦中にかけて，戦費調達のために国債が大量に発行されたことに対する反省から，国債発行を厳しく制限しようとしたものである。

　しかし同時に，同条の但し書には，公共事業，出資金，貸付金の財源については国債で賄うことを認めている。道路や下水道のような公共事業は社会資本を作り出し，長期にわたって国民に利益を与える。この財源のすべてを税で賄ったとすると，将来世代は負担をせずに利益だけを受け取ることになる。こうした世代間の不公平をなくすためには，図2-1に示すように，資金をとりあえず国債で調達し，社会資本の耐用年数（利益を与える期間）にわたって，利用する国民からの税負担で返済するほうが公平である。これを利用時払いの原則（pay-as-you-use principle）と呼ぶ。この但し書に基づいて発

23

2 財政制度

図2-1 公共事業と建設公債

行する国債は，一般に建設公債あるいは四条公債と呼ばれている。

　財政法で国債発行を公共事業等に限定しても，建設公債の対象となる事業を行政府が裁量で決定できるのであれば，国債発行に歯止めがかからない可能性も出てくる。そこで財政法第4条第3項は，公共事業の範囲は，毎年度国会の議決を経なければならないことを定めている。

　景気が後退し，年度途中で税収不足が生じた場合，あるいは，建設公債を発行してもなお年度当初から歳入不足が明らかな場合には，政府は人件費や社会保障費のような経常的な経費を国債で賄う必要性が出てくる。このような国債を特例公債あるいは赤字公債と呼び，発行のためには単年度立法による法律を制定しなければならない。特例公債の対象となる経費は，将来にわたって利益を発生させないにもかかわらず，国債で財源を賄うと将来世代には負担だけが残るという世代間の不公平が発生する。ただ，建設公債についても，対象となる社会資本整備の決定に将来世代が参加できないことから，世代間の公平性確保という目的は実現していないのではないかという考えもある。

　国債が発行されると，だれかがそれを購入することになるが，財政法第5条は，原則として日銀が国債を引き受けることを禁じている。これを市中消化の原則と呼ぶ。日銀引受けが行われると国内の貨幣供給量が増加し，インフレーションの原因になるからである。

□ 2-2　予 算 制 度 □

■予算の機能と予算原則

　政府が果たすべき役割は予算を通じて具体化される。ほとんどの政策は予算が付かなければ「絵に描いた餅」にすぎない。そのため事業官庁，議員，利益集団は予算獲得に懸命になる。だが予算は政策を具体化したものであることには違いないが，同時に，政策が国民の満足を最大限に高めるものであることを保証するという重要な機能を果たさなければならない。

　予算の機能は一般に，①統制（control）機能，②管理（management）機能，③計画（planning）機能に大別される。統制機能は，行政府が国民の意思による統制のもとで事業を執行する基本をなすものであり，予算の古典的機能あるいは伝統的機能と呼ばれている。管理機能とは国民の望むサービスが最小の費用で最大の効果を発揮するように供給されること，言い換えれば，財政支出の効率性を保証することである。政策の中にはたとえば公共投資のように，財政の単年度を越えた中・長期の計画を必要とするものがある。予算の計画機能とは，こうした中長期計画を遂行する手段としての役割を果たすことである。

　これらの機能を十分に果たすためには，予算は一定の原則に従う必要がある。予算原則については，統一した見解があるわけではなく，ここでは代表的なものをあげるにとどめよう。

① 　完全性　予算は収入と支出を漏らさず計上しなければならないという原則。これによって，国民はすべての予算を監視下に置くことができる。わが国では財政法第 14 条において，歳入歳出は，すべてを予算に編入するという総計予算主義の原則を定め，完全性の原則を具体化している。

② 　ノン・アフェクタシオン（目的非拘束）　特定の収入と特定の支出を結びつけることなく，すべての収入と支出を一つの会計で処理するという原

2　財政制度

則。収入の種類毎に会計を立てると，収入によって支出が決定され，国民の意思とは無関係に予算が編成されてしまう可能性がある。ただ，予算の管理機能からすれば，たとえばガソリンに対する税と道路整備のように，特定の収入と支出を結びつけて単独の会計で処理するほうが，受益と負担の関係が明確になり，財政効率化のためにも望ましいという考えもある。特別会計はこうした考えに基づいている。

③　限定性　予算に財政運営上の拘束力を持たせるという原則。予算は国民による行政府への統制手段であるから，特定の事業を特定の金額で，しかも定められた期間内に執行するという限定性を持たせなければならない。費目間での予算額のやり取りや，執行期間の弾力化が大規模に行われるなら，予算編成で表明された国民の意思が無視されることになる。ただし，限定性の適用が厳密にすぎると予算の管理面で支障をきたすことになるため，いくぶんは弾力的運用にも配慮されている。

④　公開性　予算は国民に公開されなければならないという原則。国民の意思に基づいて決定される政策は予算に反映されるのであるから，予算の内容や編成プロセスは国民に公開されなければならない。しかし，現行の予算書から政策の効率性等の情報を得ることは困難であり，政策の是非について的確な判断を下すためには，予算情報公開の方法や内容等についての検討が必要である。

■会計年度と予算の内容

　予算は一定期間の収入と支出の計画であり，この期間を会計年度と言う。日本の場合，会計年度は4月1日から翌年の3月31日までである。これは財政法第11条に定められている。会計年度は国によって異なり，ドイツ，フランスは1月から，イギリスは日本と同じ4月から，アメリカは10月から始まる。

　毎会計年度において一定の基準で歳入と歳出の項目と金額を示すものが，予算の本体となる歳入歳出予算である。歳入は一会計年度の収入の見積もりであり，景気が良いと税収増によって予算額を上回る歳入が発生することも

あるが，歳出は単なる見積もりではなく，政府はこの金額を超えて支出することはできない。歳入歳出予算を補完するものとして，予算総則，継続費，繰越明許費，国庫債務負担行為があり，これらを含めたものが予算である。

予算総則は，歳入歳出予算についての総括的な事項のほか，公債の発行限度額，建設公債の対象となる公共事業の範囲，一般会計の一時的な資金不足を補うために発行される財務省証券や，日銀から政府への当座貸越である一時借入金の最高額，その他予算の執行に必要な事項を定めている。予算は単年度主義であるが，防衛庁の艦船建造費のように，工事，その他の事業で完成に数年を要するものについて，経費の総額と毎年度の支出見込額を定め，あらかじめ国会の議決を経て数年度にわたって支出できるものが継続費である。ただし，継続費は後年度の財政負担となるため，とくに必要なものに限って認められ，その年限も5カ年度以内に限定されている。

繰越明許費は，その性質上または予算成立後に生じた理由から，年度内に支出が終わらない見込みのあるものについて，あらかじめ国会の議決を経て，翌年度に繰り越して使用することが認められる経費である。その他にも，契約は当該年度に結ぶ必要があるが，支出の全部または一部が翌年度以降になされるような場合には，国庫債務負担行為としてあらかじめ予算の一つとして国会の議決を経ることになっている。継続費と国庫債務負担行為の違いは，後者は当該年度の支出がゼロでも構わない点であり，すべての支出が翌年度以降になされるものをゼロ国債と呼ぶこともある。

■予算の種類

国の予算には一般会計予算，特別会計予算，政府関係機関予算がある。これに財政投融資計画（2-3節参照）が加わって，国会審議の対象となる。一般会計は社会保障，教育，外交等の政府の主要な経費を賄う会計であり，財源は税金が中心となる。予算と言う場合，一般会計予算を指すことが多い。

《特別会計予算》　予算の原則からすれば，国の会計は単一の会計で処理されるべきである。しかし，今日のように財政の役割が増大してくると，経理

2 財政制度

内容の明確化や行政効率の向上を図るためには，特定の歳入歳出を一般会計から区別し，事業別に会計を設けることも必要となる。

　財政法では，国が特定の事業を行う場合，特定の資金を保有してそれを運用する場合，特定の歳入をもって特定の歳出にあて一般の歳入歳出と区分して経理する必要がある場合に限って，法律によって特別会計を設けることができるとしている（第13条第2項）。特別会計を設けることで，事業・資金ごとの運用状況や受益と負担の関係がより明確になると考えられ，特別会計は2004年度には31のものが存在していた。しかし，2018年度においては，交付税及び譲与税配付金特別会計，地震再保険特別会計，国債整理基金特別会計等，経過的なものも含めて13となっている。

　《政府関係機関予算》　政府関係機関とは特別の法律によって設立された全額政府出資の法人である。政府活動ではあるが，一般会計や特別会計で処理するのではなく，国から独立した機関に仕事を委ねることによって，予算に弾力性を持たせたり，事業の効率性を確保することができる。政府関係機関には1999年4月1日時点においては，9公庫（国民金融公庫，住宅金融公庫，農林漁業金融公庫，中小企業金融公庫，北海道東北開発公庫，公営企業金融公庫，中小企業信用保険公庫，環境衛生金融公庫，沖縄振興開発金融公庫），2銀行（日本輸出入銀行，日本開発銀行）があったが，2008年の政策金融改革によって多くが廃止・統合され，株式会社日本政策金融公庫，沖縄振興開発金融公庫，株式会社国際協力銀行，独立行政法人国際協力機構のみとなっている。

　なお，政府関係機関は公共の利益を目的とした事業を行うものであることから，予算は国会の議決を必要とされている。

■ 予算プロセス

　予算プロセスは予算の編成，執行，決算からなる。まず，各省庁は前年8月31日までに概算要求を財務大臣に行うが，わが国では，1961年度より97年度まで，前もって閣議決定された，概算要求の総枠を示す概算要求基準の

範囲内で要求する方式が採用されていた。98年度には，国の財政危機を背景に，個別の主要な経費毎に定められた削減・抑制目標に従って概算要求を行う方式が導入された。

概算要求を受けて，財務省主計局は各省庁からヒアリングを行うなど，査定作業を実施する。12月下旬には翌年度の経済見通し，予算編成方針の枠組み，税制改正大綱が策定され，財務省原案を閣議に提出，各省庁に内示される。その後，財務省と各省庁との間での復活折衝を経て，財務大臣は最終案を閣議に提出，政府案としての予算が決定される。

政府案は，衆議院の予算先議権という憲法規定に基づいて，まず衆議院に提出され，予算委員会での審議の後，本会議で審議，議決される。その後，参議院に送付され，同様の手続きがとられ，予算は成立する。参議院が衆議院と異なった決定をした場合には，両院協議会が開かれるが，それでも一致を見ない場合には衆議院の議決が国会の議決となる。また，参議院が衆議院で可決された予算案を受け取ってから30日以内に議決しない場合には，予算は自然成立する。

予算は適正かつ厳密に執行されなければならない。経費の性質や時期的な理由などで，予算編成時点では具体的な内容が不明なものについて，適正な予算執行を確保するために，各省庁の長は，公共事業などの経費について，支出負担実施計画書を財務省に提出し，財務大臣の承認を得ることになっている。また，各省庁が実際に支出するためには，支払計画を作成し，財務大臣の承認を得る必要がある。

一会計年度の予算の執行が完結すると，7月31日までに各省庁の長は決算報告書を財務大臣に提出しなければならない。それに基づいて作成された決算は閣議決定を経た後，各省庁の決算報告書を添付して会計検査院の検査を受ける。その後，決算は検査報告書とともに国会に提出され，審議を受けることになる。ただし決算は国会の議決事項ではないため，予算執行の効力には影響を与えない。もちろん，議会審議の結果，不正の事実があれば，政府の責任が問われることは言うまでもない。決算は財政資金が予算通り使用さ

2　財政制度

れたかどうかを確認することだけに重点が置かれており，決算で指摘された財政運営の問題点が翌年度の予算編成に反映される仕組みは備わっていない。このことが，予算に比べて決算に対する議会や国民の関心を薄めている。

　以上が，一般的な予算プロセスである。当該年度開始前に成立する予算を本予算あるいは当初予算と呼んでいる。予算が年度開始までに成立しないという事態が生じた場合には，本予算が成立するまでの間，必要最小限の経費に限って予算を作成し，国会の議決を経る。これを暫定予算と言う。また，年度途中で災害や景気対策の必要性などの特別な事情が発生し，予算の変更が必要になった場合には補正予算を組み，国会の議決を経たうえで執行することがある。戦後の歴史を見ると，国の一般会計において暫定予算が組まれたのはまれだが，補正予算は毎年度計上されている。

□ 2-3　財政投融資 □

■財政投融資とは

　財政投融資とは，中小企業の金融支援，病院や福祉施設の建設整備，資源の獲得といった政策を実現するための，国による長期・低利資金の融資，出資活動である。国や地方公共団体が提供する公共財・サービスの財源は主として税によって賄われる。しかし政策の中には，国がその信用に基づいて資金を集め，有償で事業機関などに配分することにより，効率的・効果的に推進することが可能なものもある。このような政策目的を実現する仕組みの一つが，財政投融資である。図2-2に示すように，具体的な資金供給方式には，財政融資，政府保証，産業投資の3つがある。財政投融資計画は予算とともに国会に提出され，承認されることになっている。

　国が資金調達のために発行した債券などは，期限が来れば利子つきで返済しなければならない。資金を預かった政府は，それを運用し，借り入れた資

図 2-2 財政投融資の仕組み

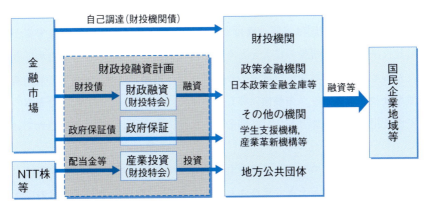

(出所) 財務省ホームページ

金に運用収益を上乗せして債権者に払い戻す必要がある。税と異なるのは，このように有償の資金であるという点である。また，税は政府が強制的に徴収するのに対して，財政投融資の資金はあくまでも受動的なものである。

　財政投融資はもともと，郵便貯金や強制加入の厚生年金・国民年金，任意加入の簡易保険等を公的部門の活動資金として利用することにより，社会基盤整備等に重要な役割を果たしてきた。しかし日本経済が成熟化し，市場メカニズムも整備される中で，政府活動のさまざまな側面における事業の肥大化や硬直化，非効率化などが大きな問題となってきた。財政投融資についても，融資先である特殊法人の肥大化や非効率化が大きく取りざたされた。そこで2001年度に財政投融資制度の改革が行われ，郵便貯金や年金積立金の全額を財政投融資として活用する仕組みから，真に必要な資金だけを財投債（財政投融資特別会計国債）等によって市場から調達する方式へと変更された。こうすることによって，真に必要な資金需要に対応した資金供給が可能となった。

2　財政制度

■日本経済と財政投融資

　財政投融資は日本の経済発展にきわめて重要な役割を果たしてきた。1960年代に入ってわが国は民間設備投資主導型の高度経済成長期に突入するが，財政投融資はその規模の拡大とともに，財投計画発足当初に中心を占めてきた基幹産業分野に対する投融資のウエイトを，道路，運輸，通信等の産業基盤型社会資本ストックの整備に移していった。そして，こうした社会資本の整備を担う事業主体として，特別会計，公団，事業団が数多く設立されていく。

　財投資金は元利の支払が必要な有償の資金であり，この点が一般会計における公共投資財源と大きく異なるところである。したがって，公共投資に財投資金を利用する限りにおいては，公共投資そのものに採算性が要求されるのであり，このためにも，一般会計から独立した事業体によって社会資本整備が進められる必要があった。こうして公団や事業団は一般会計から事業を引き継いだり，一般会計では処理することが望ましくないと考えられる新規事業の実施の受け皿となったのである。ちょうどこの時代には，わが国は欧米先進諸国へのキャッチ・アップを目標にさまざまな社会資本の整備を行う必要があり，一般会計では十分に対処できないもの，あるいは対処することが望ましくないものも多く生まれてきた。こうした活動が財政投融資に依存して行われたのである。

　しかし，欧米諸国へのキャッチ・アップを果たし，経済全体も成熟化していく中，財政投融資の下で活動する特殊法人の肥大化や非効率性が大きな問題となってきた。そこで，これらの問題に対処するために，特殊法人への資金供給を支える財政投融資制度の抜本的な改革が2001年度に実行された。

　このほか，政策コスト分析の導入により，財政投融資対象事業について，将来，補助金や出資金の機会費用などの政策コストがどの程度生じるのかを明らかにすることで，財政投融資のディスクロージャーが進み，事業の妥当性の判断材料の提供，財投機関の財務の健全性の確保などが促進されることになった。

32

また，最近では，リーマンショック（2008年9月）による経済・金融危機や，東日本大震災（2011年3月）のような，わが国の社会経済情勢を左右する出来事に関連した資金需要に対応したり，民間資金の呼び水となる長期リスクマネー（政策的必要性は高いがリスクのある事業の資金）の供給を強化したりしている。

□ 2-4　地方財政制度 □

■憲法と地方自治

　わが国の地方自治は第二次世界大戦後の憲法改正によってその姿を大きく変えた。戦前においても地方自治制度は設けられてはいたが，明治憲法には地方自治の規定は存在しない。地方自治制度は法律によって規定されていただけで，法律によって地方自治のあり方はどのようにでも変更可能というのが実態であった。戦後になると，日本国憲法は地方自治について新たに1章を設け，地方自治は憲法で保障されるものとなった。このことは法律の改正だけでは地方自治が制限され得ないことを意味している。

　憲法は第8章，第92条から95条において，地方自治に関しての重要な規定を設けている。とくに第92条では，「地方公共団体の組織及び運営に関する事項は，地方自治の本旨に基いて，法律でこれを定める」と規定している。ここで「地方自治の本旨」とは，一般的解釈として，「住民自治」と「団体自治」の両方を含むとされている。

　住民自治は，地方の行政は地方の住民によって処理されるべきだというものであり，イギリスやアメリカの地方自治はこの考え方が中心である。団体自治は，国から独立した法人格を持つ地方公共団体の存立を認め，地方の行政はこれによって処理させるべきだというものであり，ドイツやフランスでは団体自治の考え方が中心である。完全な地方自治を確立するためには，こ

33

の2つの自治が備わっていなければならない。憲法第92条の規定によって「地方自治法」「地方財政法」「地方公務員法」「地方税法」「地方交付税法」「地方公営企業法」等の地方自治に関するさまざまな法律が制定され，地方自治制度に関する事項が具体化されている。また憲法第94条は，「地方公共団体は，その財産を管理し，事務を処理し，及び行政を執行する権能を有し……」と謳い，戦前にはなかった一般的な権限を地方公共団体に付与したのである。これによって，地方公共団体が実施し得る事務の範囲は大きく拡大することになる。

■国と地方の財政関係

　国の財政に財政法があるのと同様，地方財政運営のルールは地方財政法によって定められている。国民福祉を増進するための行政事務は，その内容と性格とによって，国と地方間に配分されているが，それぞれの事務を実施するために必要な全費用は事務を実施するところが負担するとされている。これは行政責任を明確にするためである。

　しかし，地方公共団体が実施している事務の中には，例外としてその経費の全部または一部を国が負担するとされている。すなわち第1は，法令に基づいて実施しなければならない国と地方公共団体相互の利害に関係する事務のうち，その円滑な運営を期するために，国が進んで経費を負担する必要のあるもの，第2は，国民経済に適合するように相互的に策定された計画に従って地方公共団体が実施しなければならない，法律または政令で定める土木等の建設事業に要する経費，第3は，災害に係る事務で地方の一般財源では賄いきれないものに要する経費，第4は，国会議員の選挙，最高裁判所裁判官国民審査のように，もっぱら国の利害に関係のある事務を行うために要する経費（経費は全額国が負担）である。

　以上の経費について，国と地方の負担割合は個別の法律に規定されており，国は負担分を地方公共団体に交付する。このような使途が特定された財政トランスファーを国庫支出金と言う。国庫支出金には，この他にも，その施策

を行うため特別の必要があると認められるとき，または地方公共団体の財政上特別の必要があると認められる場合には，国は地方公共団体に対して補助金を交付することができるとしている。前者を奨励的補助金，後者を財政援助的補助金と呼ばれることもある。

　近代国家では納税義務者，課税標準，税率，徴収の方法といった課税要件は法律で定めなければならないという租税法律主義がルールとしてとられている。地方税の場合には，法律の代わりに地方の条例で課税要件を定めることになっているが，課税できる税目，税率などの主要な課税要件の大枠は地方税法という国の法律によって決まっている。

　地方財政支出のうち，国の負担分を除いた額は原則として地方税で賄われる。しかし，経済力が弱いために地方税だけでは不足する地方公共団体には，不足分を国が補てんする仕組みが存在する。これを国の財政調整機能と呼び，その役割を担っているのが地方交付税である。

　図2-3は国と地方の財政関係を示している。税収面での国と地方の比率は61対39と国税が多いが，実質的な支出面では国42，地方58と逆転している。このように，地方の財政収入においては，国庫支出金，地方交付税といった国からの財政トランスファーが重要な役割を果たしているが，このことが地方公共団体の財政運営をコントロールするとともに，地方の財政責任（アカウンタビリティ，accountability）を弱める原因になっているとも言われている。

■地方財政計画

　地方財政は地方交付税や国庫支出金などの，国からの財政トランスファーを受け取って運営されていることから，国の予算は地方財政に影響を与えると同時に，地方財政が決まらなければ，国の予算編成は進まないことになる。そこで，各省庁は財務省への予算要求を提出するとともに，補助事業のように地方公共団体の負担をともなうものについて総務省に調書を提出する。これらを受けて財務省は予算編成作業を，総務省は地方財政計画の策定作業に

2 財政制度

図2-3 国の財政と地方の財政（2017年度）

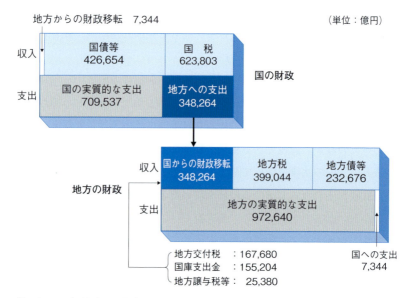

（注1） 国の歳出総額は一般会計と，交付税及び譲与税配布金，エネルギー対策，年金（子ども・子育て支援勘定のみ），食料安定供給（国営土地改良事業のみ），自動車安全特別会計（空港整備勘定のみ），東日本大震災復興特別会計の6特別会計の純計決算額である。
（注2） 国から地方への支出は地方交付税，地方譲与税及び国庫支出金の合計であり，地方の歳入決算額によっている。
（資料） 自治省『地方財政白書』より作成。

取りかかるが，地方の財政収支見通しに過不足が生じた場合には，それを解消するための地方財政対策が行われる。これではじめて国の歳出が固まり，予算案が決定するのである。

地方財政計画は地方財政のマクロ的な見通しであるが，歳出歳入額は標準的な水準をベースに算定されていることから，地方財政のあるべき姿を表していると言える。もちろん，地方財政計画は地方公共団体の実際の財政運営を制限するものではなく，地方公共団体の財政活動の実績である決算額とは金額の面で隔たりがあって当然である。

しかし，地方公共団体が標準的な行政水準を確保しようとしても財源に不足が生じる場合には，地方交付税率（地方交付税の総額は所得税，法人税な

ど国税の一定割合として決定されるが，この割合のこと）の見直しや，財源不足額に対処するための建設地方債の増発などによって埋めるといった，地方財源を保障する機能を持っていることから，地方財政計画は地方の財政運営に少なからぬ影響を与えるのである。

その他にも，地方財政計画には国の経済見通しや税制改正による増減収を含む税収見通し，国の施策等，地方公共団体の予算編成や財政運営にとって重要な情報が含まれており，地方公共団体にとっての財政運営上の指針としての役割も果たしている。

● 練習問題

1. 国債発行が法律で規制されているのはなぜか。また，どのようなケースにおいて国債発行は認められるかについて説明せよ。
2. 予算の機能について述べ，その機能を十分に果たすために必要な予算原則について説明せよ。
3. 予算にはどのような種類のものがあるか説明せよ。
4. 予算プロセスについて説明せよ。
5. 財政投融資とは何か。その仕組みと役割について述べよ。
6. わが国の財政システムは国と地方公共団体の二段階方式をとっている。国と地方の財政関係について，その特徴を説明せよ。

第　3　章

日本の財政問題

　現在，わが国の財政は国，地方ともに巨額の赤字を抱えており，財政改革は喫緊の課題だと言われている。わが国の財政は本当に危機的な状態にあり，このままの状態が続くと財政は破綻するのだろうか。また財政赤字はなぜ問題なのだろうか。さらには，財政危機を引き起こした原因はどこにあるのだろうか。それは一時的なものなのか，それとも構造的なものなのだろうか。本章では，わが国財政の最大の問題と言われる財政赤字の累増の実態を明らかにし，財政改革の必要性を検証しよう。

3　日本の財政問題

□ 3-1　財政赤字の累増 □

■均衡予算主義の時代

　戦後日本の最大の課題は生産力回復による経済の再建であった。そのために復興金融公庫は復金債を発行し，生産力増強の資金を提供した。しかしながら，復金債の日銀引受けや終戦処理のための財政拡大は，インフレーションを引き起こした。「物」が十分に準備されていないのに，「通貨の供給量」が増加したためである。

　わが国では，1947（昭和22）年度以降，一般会計については均衡予算主義が採用されていた。均衡予算主義とは，財政支出は租税収入などの経常的な財政収入を超えてはならないとする伝統的な考え方である。収入は増税のような制度改正を行わない限り経済状況によって決まることから，財政支出の膨張に歯止めがかかる。しかし，一般会計のみの均衡ではインフレーションに対処できないことから，49，50年度予算においてドッジ・ラインが導入され，一般会計に加えて，特別会計，政府関係機関を含めた財政全体の収支均衡を図るとされた。このドッジ・ラインによる総需要の圧縮によってインフレーションは一気に収束に向かう。その後，景気対策という意味合いから，総合収支の均衡は放棄されるが，一般会計については均衡予算主義が維持された。

　戦後復興期を経て，1950年代の半ばからわが国は高度経済成長への軌道に乗るが，それとともに財政は公共事業，社会保障関係費等の増加によって拡大を続けていく。しかし，わが国の税制は所得税や法人税が中心であり，税収弾性値（税収の伸び率÷GDP成長率）が大きいことから，経済成長以上に税収が増加する仕組みとなっていた。高度経済成長を背景とした税の自然増収に支えられ，一般会計における均衡予算が維持されるどころか，毎年のように減税が実施された。税制や歳出構造を所与としたときに，経済が完全雇

40

用水準にあるとした場合に生じるであろう財政余剰を完全雇用余剰と呼んでいるが，成長経済下では，税の自然増収が政府支出の増大を上回り，完全雇用余剰が増加して経済活動を抑制する効果を持つ。税率の引下げは，こうした財政的歯止め（フィスカル・ドラッグ，fiscal drag）と呼ばれる状況を回避するために必要だったのである。

■ 均衡予算主義から赤字公債の発行へ

しかし均衡予算主義は長くは続かなかった。日本経済は1960年代の半ばに不況に突入し，当初予算の段階で均衡していた65年度予算は，図3-1のように，年度途中に歳入補てんのための公債発行を盛り込んだ補正予算を組むことを余儀なくされた。さらに66年度予算では，当初から，財政法第4条で発

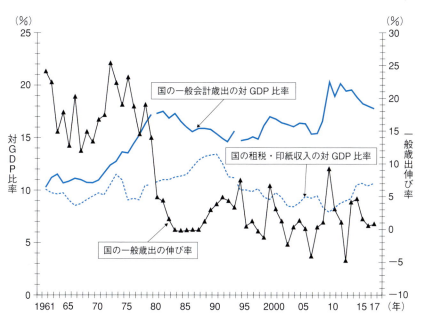

図3-1 財政収支の不均衡と予算編成方針

（注）国の一般会計及び印紙収入は決算，一般歳出は予算ベース。GDPは，1960-79年は90年基準，80-93年は2000年基準，94-2017年は11年基準。
（資料）財務省主計局調査課『財政統計』，内閣府『国民経済計算年報』より作成。

3 日本の財政問題

行が認められている建設公債（2–1節参照）を発行し，ここにわが国の財政はそれまでの均衡予算主義と決別するのである。

いったん上向いた日本経済も，70年頃から景気の後退局面に入った。さらに，71年には，当時のニクソン・アメリカ大統領がドルの金交換停止を含む新経済対策を発表し，世界経済が大きな打撃を受けるというニクソン・ショックによって景気はさらに悪化していった。そこで政府は減税や公共事業によって景気対策を講じるが，これによって景気は過熱化の様相を呈するようになった。しかも73年10月の第一次石油ショックがこれにかさなり，異常なインフレが発生したため，政府は一転して強力な総需要抑制政策を講じたのである。その結果景気は急速に下降し，74年には戦後初のマイナス成長を記録するに至った。これを背景にマクロ政策の基本スタンスは拡張型に方向を転換する。しかし，不況は法人税を中心に税収を大きく減少させており，政府は75年度の補正予算によって赤字公債（特例公債；2–1節参照）の発行を余儀なくされるのである。

■財政危機の時代

税収の伸び悩みと，財政支出の拡大によってその後も国債は累増し，公債費負担が財政運営を圧迫するなどの問題が表面化したため，政府は1980年度を財政再建元年と位置づけ，財政再建への取組みを本格化させた。これによって，国の義務的な経費である地方交付税交付金と公債費を歳出から除いた一般歳出（当初予算ベース）の対前年度伸び率は大きく低下した。しかし，財政再建の手法は，概算要求の段階で一定の枠を設けるシーリング方式と呼ばれる一律削減であった。つまり，それまでプラスを維持してきたシーリングであったが，82年度には伸び率を原則ゼロとするゼロ・シーリングが導入され，83年度以降は前年度を下回る要求枠（マイナス・シーリング。85年度以降はマイナス要求基準と呼ばれる）となり，投資部門については88年度の概算要求で対前年度伸び率はゼロに戻るが，経常部門はその後もマイナス要求基準が続いていく。

42

3-1　財政赤字の累増

　だが，一般歳出の抑制にも限界がある。そこで政府は各種のテクニックを駆使して当面の財政収支の帳尻を合わせようとした。その一つが，本来なら，一般会計が特別会計や地方公共団体，社会保障基金に支払わなければならないものを先送りするかくれ借金と呼ばれるものである。

　シーリング方式，かくれ借金に加え，バブル経済期の税の自然増収が加わって，90 年度には特例公債の発行ゼロが実現する。しかし，91 年に入ると，わが国の景気はストック調整等から調整局面に入るが，バブル崩壊や円高という要因が重なり，経済はきわめて厳しい状況に追い込まれる。一方，90 年度に特例公債からの脱却を果たしたこともあって，92 年 3 月の緊急経済対策を皮切りに，その後の財政運営は景気に配慮した積極型となり，財政悪化の度合いはますます大きくなっていった。

■財政赤字の国際比較

　2018 年度末現在，国債残高は約 883 兆円（建設公債 273 兆円程度，特例公債 579 兆円程度）と見込まれ，国民 1 人当たりでは約 700 万円となる。国にはこの他にも，特別会計の借入金等があり，これらを合計した国の長期債務残高は，18 年度末で 915 兆円程度（見込み）にも達する。

　近年の経済状況の悪化によって他の先進国も財政事情は悪化している。しかし，表3-1 によって，日本の財政事情（国）を先進国と比較してみると，一般会計の公債依存度は 18 年度で 34.5% と，イギリスの 2.3%，ドイツの 0.0% に比べて高水準である。また，利払率（＝利払費の歳出総額に占める割合）も高く，とくに長期債務残高の対 GDP 比率については 167.8% と最悪の水準である。

　80 年代の財政危機はどちらかと言えば国の問題であり，地方財政には比較的余裕があった。近年は，地方債をはじめとする地方の借入金残高が 19 年度末で約 194 兆円（地方債残高 144 兆円，その他 49 兆円）に達しており，地方財政もきわめて厳しい状況にある。国と地方の債務の重複を差し引くと，18 年度末の国および地方の債務残高は約 1,107 兆円（政府見通し）であり，こ

43

3　日本の財政問題

▶表 3-1　財政事情（国）の国際比較

（単位：％，（　）内は年度）

	公債依存度	利払費／歳出総額	長期政府債務残高（国）の対 GDP 比率
日　本	10.6 (90) 34.5 (18)	15.6 (90) 9.2 (18)	45.6 (90) 167.8 (18)
アメリカ	10.8 (18)	7.7 (18)	96.3 (17)
イギリス	2.3 (18)	7.0 (18)	81.7 (17)
ド イ ツ	0.0 (18)	6.1 (18)	34.4 (16)
フランス	26.6 (18)	12.6 (18)	70.0 (16)

（資料）　財務省資料等より作成。

図 3-2　財政赤字の要因

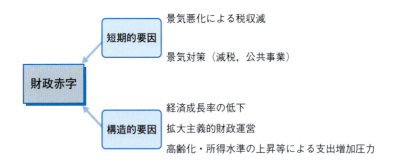

の数値は GDP の約 196％ という水準になる。

　こうした巨額の財政赤字を発生させた要因は，図 3-2 のように短期的なものと構造的なものとに区分できる。現在の赤字について言えば，短期的な要因は経済の停滞による税収の低迷であり，公共投資増を中心とした経済対策であろう。景気が低迷すると公共投資の出番が増えるのも構造的なものと言えなくはないが，しかしそれはあくまでも裁量的な要因に基づくものである。

　構造的要因は短期的な要因が解消されたとしてもなお存続するものであり，経済成長率の低下による税収の伸びの鈍化といった歳入面の要因と，拡大主

義的財政運営，超高齢化をはじめとする社会経済情勢の変化による財政支出の増加といった歳出面の要因とがある。現在の財政赤字には短期的要因による部分が含まれていることは疑いないが，問題は構造的要因によって財政支出が増大していることである。

■ **基礎的財政収支（プライマリー・バランス）**

　財政状況を示す指標として基礎的財政収支（プライマリー・バランス）が使われることが多くなっている。一般的な財政収支は，「税収＋税外収入」から「債務償還費を除く歳出」を差し引いた収支であるのに対して，基礎的財政収支は，「税収＋税外収入」から「国債費（債務償還費＋利払費等）を除く歳出」を差し引いた収支のことである。

　2018年度の国の一般会計当初予算で見ると，財政収支は19.4兆円の赤字，基礎的財政収支は10.4兆円の赤字となる（図3-3）。基礎的財政収支が均衡するというのは，利払費及び債務償還費を除いた歳出が税収等の公債金収入（借金）以外の収入で賄われる状況である。

図3-3　財政収支と基礎的財政収支（2018年度の国の一般会計当初予算ベース）

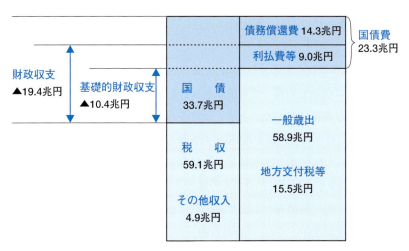

（出所）　財務省資料より作成。

3　日本の財政問題

3-2　財政赤字の構造的要因

■膨張する財政支出

　現在の財政は，所得水準の上昇，個人で解決できない問題の増大など，さまざまな理由でその守備範囲を拡大している。それでは，わが国の財政支出は，戦後どのように推移してきたのだろうか。図 3-4 は一般政府の財政支出の対 GDP 比率と人口 1 人当たり金額の推移を示している。財政支出の対 GDP 比率は，

$$\frac{財政支出}{GDP}=\frac{財政支出}{人口}\times\left[1\Big/\frac{GDP}{人口}\right]$$

となるから，人口 1 人当たり金額が大きいほど高く，人口 1 人当たり GDP が大きいほど低くなる。

　対 GDP 比率で見た最終消費支出（1-1 節参照），公的総固定資本形成（1-1 節参照），社会保障給付費（年金や医療の社会保障給付と生活保護の合計）の大きさは，1960 年代まではほぼ一定の水準を推移してきた。1 人当たり金額は大きくなっているが，高度経済成長によって支出の膨張がうち消されたのである。

　ところが 70 年代に入ると対 GDP 比率で見た財政規模は急激に拡大し始める。73 年秋に発生した第一次石油ショックを境に，わが国の経済基調が高度成長から安定成長に移ったことも，比率を押し上げた一つの要因ではある。しかし，1 人当たり支出額が 60 年代を上回る勢いで増加していることからもわかるように，わが国は 70 年代に，福祉国家の建設をスローガンとして大きな政府への道を歩み始めるのである。こうした政策スタンスの変化は，「新経済社会発展計画」(1970 年）以後に決定された数次の経済計画において公共部門の拡大が政策課題とされ，『経済白書』(現在は『経済財政白書』）でも公共部門のウエイトの拡大が，とくに福祉政策を中心に主張されるようになった

46

3-2 財政赤字の構造的要因

図 3-4　膨張する政府活動

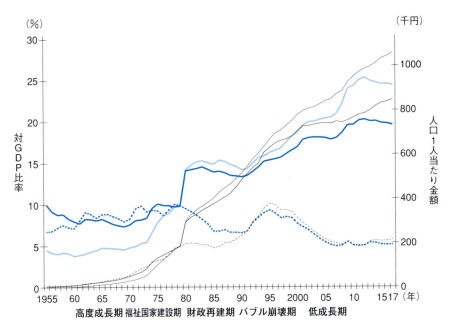

（注）　79 年度までは 68 SNA，80 年度から 93 年度は 93 SNA，94 年度からは 2008 SNA を使用。79，80 年度間における政府最終消費支出と社会保障給付費のシフトは，この SNA 概念の変更によるところが大きい。
（資料）　内閣府『国民経済計算年報』より作成。

ことに具体的に表れている。

　高齢化を背景に社会保障給付は拡大を続けるが，80 年代に入ると財政再建への取組みもあって，政府最終消費支出と公的総固定資本形成の対 GDP 比率の上昇には歯止めがかかる。しかし，90 年代に入ると再び財政支出の増加圧力が強まり，一方でバブル崩壊による経済の低迷もあって，財政支出の対 GDP 比率は上昇に転じている。

47

3　日本の財政問題

■福祉国家と大きな政府

　1970 年代の福祉国家建設の背景には，①高度経済成長によって経済的には豊かになったけれども，住宅や生活関連型の社会資本が未整備であること，②欧米先進国と比べて福祉政策が立ち遅れていること，③国際的に見ても，日本の財政支出の対 GDP 比率は低く，また租税負担率も低いために，国民負担の増加を図る余地が存在することなどがあった。この時代に社会保障関連施策を中心に次々と制度が新設されていく。71 年には，経済的困窮の原因とされた「多子」に対処するための児童手当が創設され，73 年には医療保険の家族給付率が 5 割から 7 割に引き上げられるとともに，高齢者の医療については本人負担分を公費で肩代わりする老人医療費支給制度が実現した。さらに 73 年には，サラリーマンを対象とする厚生年金の給付水準を現役労働者の賃金の一定割合（60%）として設定するとともに，自営業者などを対象とする国民年金についても給付水準が 2.5 倍に引き上げられた。また，年金給付額の目減りを防止するための物価スライド制の導入も 73 年であった。

　73 年は従来の経済成長優先から福祉優先への転換を図る画期的な年と位置づけられ，政府はこの年を福祉元年と呼んだ。その結果，73 年度の国の一般会計の社会保障関係費は対前年度比で 28.8% 増となり，その後も 74 年度 36.7% 増，75 年度 35.8% 増と，この 3 年間で予算額は 72 年のじつに 2.4 倍に膨れ上がった。

　福祉国家建設の時代のいま一つの特徴は，国税を使ってでも全国民に保障する最低限の水準を意味するナショナル・ミニマムの考えが確立したことである。一方，地方財政にあっては，ナショナル・ミニマムに対して地方公共団体が単独で上乗せをするシビル・ミニマム論に基づいた財政運営が各地に広がっていった。

　福祉国家建設によって財政が膨張したのは日本だけではなく，先進諸国に共通した現象であった。1980 年代の後半に入ると，福祉国家時代の財政運営に対して反省が生まれ，アメリカではレーガン大統領によるレーガノミックスが，イギリスではサッチャー首相によるサッチャリズムが市場への回帰を

めざして推進された。わが国でも国鉄や電電公社の民営化等の改革が実現した。しかし，福祉国家建設の時代にさまざまな制度が創設されたことから，社会保障給付は高齢化を背景に老人医療，年金を中心に増え続け，財政を圧迫し続けている。また，ナショナル・ミニマムの考え方の下で拡大した公共部門の守備範囲を縮小することも容易ではない。このように考えると，わが国が現在直面している財政危機の原因は，70年代に起こった大きな政府論にあるとも言える。

■ 増分主義と財政支出

　人間は無限の欲求を持っている。民間財の場合，消費者は予算制約と選好に従って，市場メカニズムを通じて自らの欲求を充足する。支払う意思をともなわない欲求は需要とは認められず，市場での取引から排除される。つまり，民間財の場合には受益と負担が連動していることで，効率的な資源配分が達成されるのである。ところが，財政によって提供される財・サービスは税や公債によって財源が賄われるため，受益と負担の関連が断ち切られやすく，国民は負担増を意識しないままに政府に対して数多くの要求をぶつけることになる。このような財政需要に優先順位を付け，限られた資源を有効かつ効率的に配分するメカニズムが予算編成の本来の役割である。

　ウェーバー（M. Weber）のように，官僚を公共の利益を追求する者としてとらえ，公共領域での機能を遂行するうえで技術的優位性を持つ者ととらえる立場もある。しかし，ニスカネン（W. A. Niskanen）のように，自らの効用を最大化することが官僚の行動原理であり，そのために自分が属する部署に配分される予算を最大にするように行動する者として官僚をとらえ，そこに官僚機構が資源配分における非効率性を発生させる原因が存在すると考える立場もある。つまり，つねに拡大圧力がかかっている国民の財政需要と官僚の予算獲得行動とが結びつくとき，財政支出は容易に膨張する危険性がある。

　こうした利己的動機から各省庁が提出する予算要求を，政策の優先順位を

3 日本の財政問題

総合的に判断したうえで調整するのが財務省である。しかし財務省は個別政策に関する情報の不足や専門性の欠如等の理由で，議員や各省庁あるいは利益集団の圧力に対して受動的な戦略をとらざるを得ない。抜本的な制度改革によって財政支出の削減を実現することは容易ではないのである。現行の制度とそれに基づいて獲得される予算は，各制度の所管省庁をはじめ，族議員，利益集団などの既得権として堅く守られている。よほどの事情がない限り，この既得権をつき崩すことは難しい。こうして予算編成方式として採用されるのが増分主義（incrementalism）である。

■増分主義と予算配分の硬直化

経済が成長しているときには税の自然増収を中心に財源の増加が見込まれる。増分主義とはこの増加分をどのように振り分けるかに重点を置く予算編成方式である。予算編成担当者は現行のプログラムを全体として検討することはしない。過去の実績を問題にするよりは，むしろ過去の実績と比較して変化した部分に注目し，それを重点的に検討・査定するのである。

民間企業のように利潤や売上といった数量化可能な経営指標を持たず，意思決定プロセスがきわめて複雑な公共部門の場合，最適な予算配分を一義的に決定することはほとんど不可能である。かつて予算編成の新たな試みとして注目され，1960年代の一時期にアメリカで採用されたPPBS（Planning-Programming-Budgeting System）が失敗したのも，政府行動つまり意思決定メカニズムの複雑さを考慮せずに，政府が自在に最適化行動をとり得るという前提のもとで政策形成を考えようとしたことに原因があると言われている。

予算編成はきわめて複雑で時間のかかる仕事である。しかも，政府の役割が複雑多岐にわたる現在，予算編成において技術的に容易で，利害の対立する構成員から最大公約数的な合意が得られる方法が必要となる。とくに，政策的な裁量の余地がなく，制度上受動的に決定されてしまう義務的な支出で予算の大部分が占められるわが国の財政においては，前年度実績をベースにした増分主義的予算編成方式が支配的にならざるを得ない面があることも否

定できない。しかし，増分主義の最大の欠陥は，過去に決定された制度自体が存在根拠を失っていたとしても，そのコストと便益との比較がなされないままに存続してしまう点にある。

80年代に入ってから今日に至るまでの財政再建の手法として採用されてきたマイナス・シーリングも，結局は財源が不足する分を各政策間に一律に配分するという減分主義（decrementalism）であり，増分主義にともなう弊害を払拭できるものではない。そのため，経済が回復し税収が増加し始めると，再び増分主義に転換するという問題を抱えている。今日の財政危機は，予算配分の硬直化を打破できない予算編成方式にも原因がある。

3-3 財政赤字の問題点

■財政運営の硬直化と財政破綻

公共投資を中心とした財政支出の増加にともなって財政赤字が累増すると，図3-5に示すように，国民経済に望ましくないさまざまな効果をもたらすことにもなる。まずは，歳出に占める公債費の比率が上昇し，財政運営の硬直化を招くことである。財政支出から地方交付税と公債費を除いた一般歳出が圧迫されると，資源配分，所得再分配，経済安定化といった財政の機能を有

図3-5 財政赤字の問題点

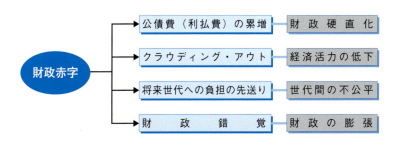

3 日本の財政問題

効に働かせることができなくなる。

2018 年度末の国債残高は約 883 兆円と見込まれ，国債費は 23 兆 3,020 億円（当初予算ベース）が計上されている。将来的にも国債発行が続き，利払費が増加していくと，財政運営の硬直化どころか財政破綻を招く可能性はないのだろうか。これに対してドーマー（E. D. Domar）は，国債残高が累積していったとしても，税収も GDP の成長に応じて増加していくので，「公債発行額の伸びが GDP の伸びと同じであるなら，国債残高の対 GDP 比率や利払費のシェアは一定の値に収束し，財政破綻は生じない」のであるから，心配する必要はないとした。これをドーマー法則と呼ぶ。

しかし，利払費の財源が国債発行で賄われる場合，利子率が経済成長率を上回るなら，利払費のシェア，国債依存度はともに 100％ となり，国債残高の対 GDP 比率は無限大に発散し，財政は破綻する。また，かりに成長率が利子率を上回っていたとしても，国債残高の対 GDP 比率等は高い値で収束する可能性がある。表 3-2 は国債に関する諸指標がどのような値で収束するかの計算式である。たとえば名目 GDP 成長率を 2.0％，利子率を 1.0％ とし，利払費を除く歳出と税収の対 GDP 比率を，17 年度の実績値を用いてそれぞれ 16.1％，11.5％ とすると（財政の数値は当初予算，GDP は実績），国債残高の対 GDP 比率は 17 年度の 157.0％ が 468.7％ に，国債依存度は同じく 35.3％ が 44.4％ に，利払費のシェアは 9.4％ が 22.2％ と高い数値に収束することになる。ただ，2010 年度の数値をベースに計算した際には（本書の第 3 版），それぞれ 945.1％，70.4％，35.2％ であったことを考えると，その後の財政再建への取り組みの効果が出ていると言える。

将来の財政状況がどのように変化するかを基礎的財政収支の概念を用いて考えてみよう。基礎的財政収支が均衡している場合には，国債の新規発行分は国債償還と利払費にのみ充当される。つまり，

国債新規発行額＝国債償還費＋利払費
国債新規発行額−国債償還費＝国債残高の増加＝利払費

であり，国債残高は利払費に相当する額だけ増加する。この場合，名目 GDP

▶表 3-2　成長率が利子率よりも高い場合の国債に関する指標

国債残高の対 GDP 比率	$\dfrac{\text{A} \times (1 + \text{成長率})}{(\text{成長率} - \text{利子率})}$
国債依存度	$\dfrac{\text{A} \times \text{成長率}}{(\text{利払費を除く歳出／GDP}) \times \text{成長率} - (\text{税収／GDP}) \times \text{利子率}}$
利払費のシェア	$\dfrac{\text{A} \times \text{利子率}}{(\text{利払費を除く歳出／GDP}) \times \text{成長率} - (\text{税収／GDP}) \times \text{利子率}}$

（注）　ただし，A＝利払費を除く歳出の対 GDP 比率－税収の対 GDP 比率。

　成長率が名目利子率に等しければ，国債残高は名目 GDP 成長率と同じ率で増加するので，国債残高の対 GDP 比率は一定に保たれることになる。基礎的財政収支の均衡は，したがって財政の持続可能性において重要なのである。

　そして，国債残高の対 GDP 比率を低下させるためには，基礎的財政収支の黒字（対 GDP 比率）は，「国債残高の対 GDP 比率」×「利子率-成長率」以上でなければならない。上の計算では，経済成長率が利子率を上回ると想定したが，ここで，内閣府「中長期の経済財政に関する試算」(2018 年 7 月）で想定されている数値（ベースラインケース：名目経済成長率 1.6%，名目長期金利 2.1%，いずれも 2027 年度予想値）を用いると，長期的に，国債残高の対 GDP 比率を低下させるためには，対 GDP 比率で 0.67% 以上の基礎的財政収支の黒字幅が必要ということになる。

■国債発行による経済へのダメージ

　現在，わが国では民間部門の貯蓄が投資を上回り（貯蓄超過），しかも戦後半世紀にわたって蓄積してきた国民の貯蓄が 1,900 兆円（家計の金融資産額，2017 年末）にも達していることから，国債の購入資金は十分に存在すると言われている。しかし，現役時代に蓄えた貯蓄は退職後に取り崩して消費に回るというライフ・サイクル仮説や，将来，税負担や社会保険料の負担が増加することによって可処分所得の伸びが鈍化することを考えると，高齢化の進

行によって将来的には貯蓄率は低下する。このため政府債務が民間貯蓄を吸収してしまい，民間の資本蓄積を阻害するというクラウディング・アウトがわが国でも発生することは十分に考えられる（クラウディング・アウトについては第9章で詳しく解説する）。公共部門による資金需要が増加し，金利が上昇することで民間の資本蓄積が妨げられると，中長期的な経済成長を抑えることになり，将来世代に負担を負わせることになる。

1980年代初頭に不況に直面したデンマークは，景気刺激を目的に財政政策を実施したが，金利上昇の効果が財政出動によるプラス効果よりも大きかったと言われている。金利上昇によるマイナス効果を回避しようとすれば通貨供給量を増やさざるを得ず，この場合にはインフレーションにつながる可能性がある。

また，国債が国内の貯蓄だけで賄えなくなれば，資金を海外に求めなければならなくなる。たとえばアメリカ人が日本の国債を購入したとしよう。このことは日本にドルが流入することを意味する。日本ではドルが売られ円が買われることから円高になる。円高は日本の輸出減・輸入増となり経常収支の黒字幅を減少させてしまう。このメカニズムは，財政赤字によって金利が上昇し，高い金利を求めて外国通貨が流入してくる場合にもあてはまる。これをマンデル=フレミング効果と言う。かりに財政赤字が公共投資の景気対策に期待した結果生まれたとしても，このようなメカニズムによって公共投資の効果は相殺されてしまうのである。

また，国債残高があまりに大きくなると返済可能性に対する市場の信用を失い，そのため高い金利を付けなければならなくなって国債発行のコストを増大させたり，財政政策に対する内外の信用を失墜させたりすることにもつながりかねない。

■世代間の不公平と財政錯覚

国債による財源調達は財政負担を将来世代に先送りすることを意味している。現在，建設国債の発行が財政法第4条で認められているのは，社会資本

のように将来世代にも利益が及ぶものの財源については，利用時払いの原則に基づいて将来世代にも負担を求めるほうが世代間の公平性という点から望ましいからである。

　しかし，現在の公共投資によって整備される社会資本が将来世代の利益にならない場合や，むしろ維持管理の費用のほうが利益よりも大きくなる場合には，公共投資は将来世代への負担として残されることになる。現在の建設公債は60年かけて償還されることになっており，2000年に発行された国債の負担は2060年まで残るのである。また，かりに社会資本が将来世代の利益になるものであったとしても，現時点での予算決定という政治プロセスに参加できない将来世代にとっては，現世代の決定を押しつけられるという問題が残る。この点に着目して国債の将来世代への負担を主張するのがブキャナンである。とくに特例公債については，その便益は明らかに現世代だけが受けるのであり，将来世代は負担するだけである。このように，財政赤字をともなった財政運営は財政民主主義の基本ルールに反するのである。

　ラーナー（A. P. Lerner；新正統派）はこうした将来世代負担論を否定している。国債発行が内国債で行われた場合，その時点で国民が利用できる資源の量が増加するわけではなく，また，国債の償還が将来世代の税で行われたとしても，その時点で利用できる資源の量は変化しない。したがって，国債発行が将来世代に負担を残すことはないというわけである。ただ，国債が外国債で発行された場合には，発行時点で利用可能な資源は増加し，償還時には利用できる資源は減少するため，国債発行は将来世代に負担を残すことになる。この主張からすれば，内国債の範囲にとどまっているわが国においては，国債は国民間での所得移転にすぎず，将来世代の負担は発生しないことになる。しかし，利用可能な資源の量という視点で見た場合にはこのように言えたとしても，個人間では所得再分配効果が発生しているし，受益と負担を通じた世代間の不公平は避けられない。

　ボーエン（W. G. Bowen），デービス（R. G. Davis），コップ（D. H. Kopf）は次のように国債発行の将来世代への負担を主張する。国債発行時点の世代

は，国債購入によって消費が減少するが，国債償還時に消費を取り戻すことができるのに対して，将来世代は国債償還のための税負担の増加によって消費が減少し，これを取り戻すことはできない。これに対して，合理的期待の立場をとるバロー（R. J. Barro）は，子供の将来の消費の減少は親にとってもつらいことであるから，親は遺産を増やすだろう。したがって，国債は発行時点での世代である親が負担する，というのである。しかし，親のこうした合理的期待に基づいた行動が現実的なものであるかどうかについては，検証の余地が残されている。

さらに，国債発行による財源調達は現世代にとって負担感が希薄である。つまり，公共財の財源が国債で賄われることは，公共財の価格に当たる税負担が小さくなることを意味し，財政錯覚と呼ばれる現象によって財政支出拡大の要求につながりやすい。その結果，財政赤字がさらに膨らみ，将来世代への負担がますます大きくなる。「均衡財政主義が財政規模の過度の膨張を防いできた」と考え，国債依存度の引下げが求められるのも，国債発行による財政錯覚を重視してのことである。

● 練 習 問 題

1. 戦後のわが国の財政運営の歴史を財政収支バランス（国債発行状況）に焦点を当てて論ぜよ。

2. わが国の財政事情を欧米先進国との比較によって説明せよ。

3. わが国の財政支出は1970年代に大きく膨張した。福祉国家の建設期とも言えるこの時代の財政運営の特徴を説明せよ。

4. 基礎的財政収支（プライマリー・バランス）とは何か。また，国債残高の対 GDP 比率を引き下げるための条件について述べよ。

5. 財政赤字にはさまざまな問題点があると言われている。以下の点について説明せよ。

   ①財政運営の硬直化と財政破綻

   ②財政赤字と経済へのダメージ

6. 公債の負担について，代表的な論者の主張を説明せよ。

第 4 章

政府支出の理論と実際

　政府は民間部門から税を中心とした財源を調達し，そ
れを支出することで公共財やサービスの生産に必要な資
源を手に入れる。効率の悪い方法で公共財・サービスの
生産が行われるなら，資源は無駄に使われることになる
し，国民のニーズに合ったものでなければ政府の財政支
出はやはり資源のロスを発生させる。どのような条件が
満たされれば，政府支出は効率的になるのだろうか。効
率化の条件を満たすにはどのような仕組みが必要なのか。
また，政府支出はますます増大する傾向にあるが，その
背景は何か。本章では，国民福祉の向上の観点から，政
府支出のあり方について理論と実際の両面から考えてみ
よう。

4-1 政府支出の理論

■政府支出と経済効率

　政府支出は公共財やサービスの供給に必要な資源を手に入れるために行われるものであり，支出自体に意味があるわけではない。しかしここでは，政府支出を公共財・サービスの供給と同じ意味で使うことにする。政府支出の目的の一つは，市場メカニズムによって達成される資源配分を変更し，経済効率性を高めることにある。資源配分を変更することで社会が追加的に獲得する便益を社会的限界便益（marginal social benefit）と言い，変更によって社会が被る追加的な費用を社会的限界費用（marginal social cost）と言う。この概念を使うと，効率性ルールは次のように表現することができる。

　社会的限界便益が社会的限界費用とちょうど等しいとき，経済は効率的である。もし，社会的限界便益が社会的限界費用よりも小さかったり，大きかったりするときには，資源配分を変更することで効率性は改善される。

　しかしながら，資源の量が現状のままでも，政府が効率的な生産方法に変えることによって，今よりも多くの財やサービスが生産できたり，利用できる資源を余らせたりできるなら社会にとっては追加的費用をともなわないで便益を追加することができる。つまり，政府は限られた資源をもっとも有効に活用して，国民に提供できる公共サービスの水準を最大限に高めなければならない。これを生産の効率性と呼ぶことにしよう。

　ところが生産の効率性を満たすことはそれほど容易ではない。公共財を生み出す際に生じる技術的非効率性はX非効率性と呼ばれ，これは組織が大きくなるにつれて，その構成員に労働意欲の減退が生じたり，あるいは市場的競争条件が欠如していることによって，無駄とか非効率性を排除しようとするインセンティブが弱まるなどの理由で発生する。生産の効率性を高めるためには，政府は事業毎にかかったコストを計算し，同じ目的を達成するうえ

図 4-1 政府支出における 2 つの効率性

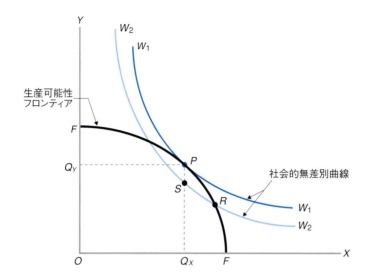

でもっとも安上がりの手段はどのようなものかをつねに検討することが必要である。具体的には人事管理，事務管理，事務・事業の民間委託化，地方公共団体の場合には広域行政（10-1 節参照）などが検討課題となる。

　政府支出における経済効率性を改善する方法はこれだけではない。政府が手に入れることのできる資源の量が同じであっても，公共財やサービスの供給量の組合せを変更することで社会全体の満足が高まることもあり得る。たとえば，ミサイルの生産を減らすことで減少する社会の満足（社会的限界費用）よりも，教育サービスの生産を増やすことで得られる社会の満足（社会的限界便益）のほうが大きいとすれば，現状の資源配分は非効率なのであり，ミサイルの予算を教育に移していくほうが良い。このように，政府は国民の選好に合った公共財・サービスを提供しなければならない。これを配分の効率性と呼ぼう。

　以上のことを表したのが図 4-1 である。FF は一定の資源で，生産の効率性を満たしたときに生産可能となる公共財 X と Y の組合せを示している。これ

4 政府支出の理論と実際

を生産可能性フロンティアと言う。資源を最大限に使っているにもかかわらず，公共財の供給量が *FF* よりも左下の領域にとどまっているなら（たとえば *S* 点），政府の生産効率は悪いということになる。したがって，生産効率の改善によって公共財の供給量を *FF* 線上に持ってこなければならない。これが生産の効率性である。

また，政府は *FF* よりも右上の領域で公共財を供給することはできない。これを可能にするためには，経済成長による税源の育成や増税，あるいは生産技術の向上などによって，生産可能性フロンティアを右上にシフトさせることが必要である。

それでは，*FF* 上であれば公共財のどの組合せを選んでもよいかというと，そうではない。いま，社会が公共財 *X* と *Y* の組合せに対して *WW* で表されるような社会的無差別曲線を持っているとしよう。社会的無差別曲線というのは，社会に同じ大きさの満足を与える公共財の組合せを示したものである。そして，右上にある無差別曲線ほど満足は大きい。このとき，国民の福祉水準を最大にする公共財の組合せは，W_1W_1 と *FF* とが接する点 *P* となる。これが配分の効率性である。もし，政府が点 *R* のような公共財の組合せを選んだとすれば，国民の福祉は W_2W_2 の水準にまで低下し，資源を効率的に利用していない *S* 点と同じことになってしまう。このように，政府が国民の満足を最大にするためには，国民が *X* と *Y* に対してどのような選好を持っているかを正確にキャッチしなくてはならない。

■ 公共財の最適供給

効率性ルールに従うなら，公共財の最適供給水準は，公共財の供給を1単位追加したときに発生する社会的限界便益が供給に必要な社会的限界費用に等しくなるところで決定される。

いま，1種類の公共財と3人の国民からなる社会があるとしよう。図4-2において，MB_a，MB_b，MB_c はそれぞれ，*A*，*B*，*C* という国民が公共財のさまざまな量の最後の1単位に対して支払っても良いと考えている金額，つま

図4-2 公共財の最適供給規模

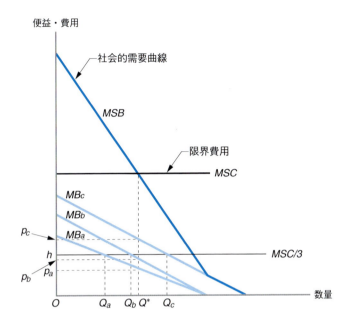

り私的限界便益を表しており，各人の需要曲線である。消費量が増えれば増えるほど，追加的な公共財から得られる満足は小さくなり（限界効用逓減の法則），支払ってもよいと考える金額は小さくなるため曲線は右下がりになっている。この公共財に対しては，C がもっとも大きい需要を示し，多くの量の公共財が供給されることを望んでいる。そしてもっとも小さい需要を示しているのは A である。このような需要量の違いは各人の所得水準の差や嗜好の違いによってもたらされる。

公共財は競合せず，複数の人が共同で消費するという物理的特性を持っている。したがって，公共財の消費において混雑現象が発生しないとするなら，公共財がもたらす社会全体の限界便益（社会的需要曲線）は，MB_a, MB_b, MB_c を垂直に加えることによって得られる。これが MSB である。付け加えておくと，消費が競合する民間財の場合には，社会的需要曲線は各個人の需要曲線

を水平に加えることによって導かれる。いま，公共財を1単位追加して生産するのに必要な費用（限界費用）を MSC とし，説明を単純にするために一定であるとする。このとき，社会的に見た公共財の最適な供給量は，効率性ルールから MSB と MSC とが等しくなる Q^* となる。

このように各個人の限界便益の総和が限界費用に等しくなるところまで公共財を供給するのが資源配分の効率性から見て望ましい。これをサムエルソンのルールと呼ぶ。

■多数決投票の帰結

それではこの最適供給量 Q^* はどのようにして達成されるのだろうか。公共財がどのようなメカニズムで供給されるのかについてはいくつかのモデルがある。ナッシュ均衡は，他人の公共財に対する選択を自らの選択とは独立であるとみなして，各人が最適な公共財の負担を決める，というものであり，この均衡では公共財の供給は過小になる。

公共財の最適供給量は，A が p_a，B が p_b，C が p_c に等しい負担を行うことで実現する。つまり，このときに，最適供給量である Q^* のところで各人の私的限界便益と各人の負担（私的限界費用）が等しくなるからである。問題はこのような負担配分がどのようにして決定されるかである。

リンダール均衡は次のようなプロセスによって公共財の最適供給量が実現されると考える。政府が各個人に公共財のそれぞれの負担比率を提示し，各個人はそれぞれの負担比率のもとで自分にとっての公共財の最適な需要水準を表明する。各個人が表明した需要量が異なる場合には，政府は負担比率を調整し，最終的にすべての個人の需要量が等しくなるところで公共財の供給量を決定するというのである。しかし，各個人が公共財に対する自らの需要を正確に表明するとは考えられないし，公共財のただ乗り問題は解決されない。ただし，リンダール均衡は公共財の便益に応じた税負担を行うという応益原則の考え方を提示するという意義を持っている（5-1節参照）。

市場メカニズムが働かない公共財の供給は，投票を通じた政治プロセスに

よって決定されることになるが，投票は効率的な結果をもたらすのだろうか。ここで，公共財の供給に必要な費用を A，B，C の３人に均等に負担させるという費用負担ルールがとられたとしよう。このときの公共財１単位当たりの各人の負担（私的限界費用）は Oh（$=MSC/3$）となるが，各人にとっての望ましい公共財の量は，それぞれの私的限界便益と私的限界費用とが等しくなるところで決まる。つまり A にとっては Q_a が，B にとっては Q_b が，C にとっては Q_c がそれぞれの望ましい供給量である。A にとっては Q_a を超えると追加的な負担が追加的な便益を上回ってしまうからである。

　政府は国民が等量消費する公共財の供給量を政治プロセスによってどこかに決定しなければならない。Q_a，Q_b，Q_c という３つのオプションが提示される場合には，各オプションが１票ずつ獲得するため投票では決着がつかない。そこで２つの選択肢からいずれが望ましいかを投票してもらうと考えよう。

　Q_a と Q_b が提示された場合には，A は Q_a に票を入れ，B は Q_b に投票する。C は Q_a よりも Q_b のほうが，自らのもっとも望ましい水準である Q_c に近いために Q_b に投票するであろうから，２対１で Q_b に決まる。Q_b はまた Q_c に対しても投票に勝つことになる。ただ，注意しなくてはならないのは，多数決投票で勝利を収める Q_b は多数の住民がそれを望んだからではなく，多数の国民の支持を得たことによって選ばれたにすぎないということである。つまり Q_b によって完全な満足を得るのは B だけなのである。

　こうして，多数決という政治決定方法がとられるなら，他の投票者をちょうど同数に分ける中位投票者（median-voter）が望ましいと考える予算が政策として採用される。政府が公共財の供給に関する諸決定をこのように行っていると考えるモデルを中位投票者モデルと呼ぶ。

　国民が自分の選好にもっとも近い予算規模をかかげて立候補する政治家に投票し，議会を通じて間接的に予算規模の決定にかかわるような議会制民主主義の場合にも，この中位投票者モデルの結果が得られることを付け加えておく。ただし，予算規模が同じでも供給される公共財の組合せが異なることはあるわけであり，この場合には予算規模の大小が投票を左右する唯一の争

4 政府支出の理論と実際

点とはならない。したがって，多数決投票は単一の公共財について，その量を決定する場合に適していると言える。

■オーツの地方分権定理

第1章で示したように，公共財の多くは，その便益の広がりが一定の地域に限られる地方公共財である。現在の中央集権システム下では，こうした地方公共財についても国が画一的に供給量を決定することになるが，このことによって地域住民の選好に合わない公共財が提供され，資源のロスが発生している可能性がある。地方分権は「各地域が地域の特性を踏まえ，自らの責任において主体的に政策形成を行える環境を作り出すこと」であり，政府支出における配分の効率性を実現するための改革なのである。

中央集権的な公共財の供給が資源配分の非効率性を生み出すことはオーツ（W. E. Oates）の地方分権定理により，次のように説明することができる。いま，社会に2つの地域 A，B があるとする。それぞれの地域内の住民は公共財に対して等しい選好を持つが，地域間では住民の選好は異なっていると仮定しよう。図4-3において，A 地域の住民の公共財に対する需要曲線は D_a，B 地域の住民の需要曲線は D_b で表される。この需要曲線の違いは，地域間の所得水準の格差が公共財に対する需要の差となって表れていると考えてもよい。その他にも，年齢構成，地理的条件等の違いも，地域間の需要の差を生じさせる。

ここで，公共財を供給するための限界費用を OP とすると，公共財の最適な供給量は，A 地域は OQ_a，B 地域は OQ_b となる。ここで，国が全国画一的に公共財の供給量を OQ_c に決めたとする。このときには，A 地域にとっての厚生のロスは ABC，B 地域にとっての厚生ロスは CDE となる。つまり，A 地域にとっては公共財の供給量は過剰であり，B 地域にとっては過小なのである。

地域間の選好が大きく異なるほど，三角形の面積で示される厚生のロスは大きくなる。このことは次のような意味を持っている。公共財が住民生活に

図 4-3 中央集権による効率ロス

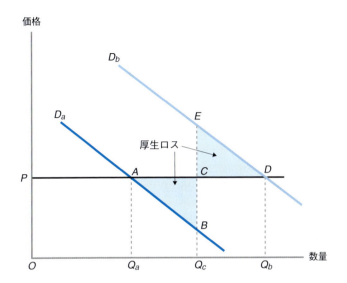

とって必需的なものである場合には，住民間に選好の差はそれほど大きくはなく，したがって，公共財は国が画一的に供給水準を決定したとしてもそれほど大きな厚生ロスは発生せず，生産の効率性を重視して規模の経済性による生産コストの縮減をめざせばよいことになる。だが，今日のように政府の守備範囲が拡大し，公共財が必需的で基礎的なものをはるかに越えるようになると，地域間で住民選好が大きく異なる可能性が高く，国による画一的な供給の限界を表面化させることになるのである。

4-2 政府支出の膨張要因

■経費膨張の法則と転位効果

以上のような政府支出を効率化するための理論とは独立した形で，第3章

で見たように，わが国の政府支出は1970年代の福祉国家建設期に大きく拡大した。しかし，政府支出が増大する傾向にあるのはわが国に限ったことではない。近代国家の形成過程で政府支出は増大する傾向があるという経費膨張の法則を唱えたのは19世紀後半のドイツの経済学者ワグナー（A. H. G. Wagner）である。彼によれば，中央政府も地方政府もたえず新しい機能を追加すると同時に，従来から抱える機能も新しい機能もより効率的かつより完全な形で遂行されるようになり，国家によって満たされる国民の行政需要はますます増大していく。

　ワグナーの経費膨張の法則は，政府活動が絶対量において拡大するのか，国民経済に対する比重が高まることを意味するのかは明確ではない。しかし，一般には相対的なもの（たとえば対GDP比率）としてとらえることが妥当とされている。

　また，ピーコック=ワイズマン（A. T. Peacock and J. Wiseman）は，1890年から1955年に至るイギリスの経費膨張傾向を実証研究した結果，政府支出は20世紀の2つの世界大戦を契機に飛躍的に拡大し，終戦後には元の水準にまで縮小しなかったという事実と，社会の変革期には，それにともなうさまざまな財政需要が増加して，財政支出が高い水準に移行する事実を明らかにしたうえで，転位効果（displacement effect）の仮説を唱えた。

　社会が平穏なときには，人びとが望ましいとする政府支出水準と，受け入れてもよいと考える租税負担水準との間には隔たりがある。ところが戦争などの緊急事態が発生すると，人びとは高い租税負担水準を受け入れる。そしていったん租税負担が高くなると，平時に戻って軍事支出が不要になっても，余った財源はこれまで望ましいと感じながらも，増税までして満たそうとはしなかった政府支出を賄うのに使われ，税負担は高い水準にとどまるというのである。

■ 政府支出膨張の要因

　しかし転位効果は，第二次世界大戦後に発生した政府支出の漸増傾向を説

明するには説得的ではない。ブラウン=ジャクソン（C. V. Brown and P. M. Jackson）は政府支出の膨張の理由を，公共財・サービスの需要と供給の両面から次のように説明している。

第1は，公的部門が生産する最終生産物に対する需要の増大である。公共財には道路や港湾のように財やサービスの生産活動に用いられるものと，公園や文化施設のように国民の効用を直接に引き上げるようなものとがある。後者の最終生産物としての公共財に対する需要は，民間財の消費が高度化・多様化するのと同じように，国民の所得水準の上昇とともに大きくなる。政府がこうした国民の需要に応えるように行動すれば，需要の増大は公共財のアウトプットを増やし，そのために必要な政府支出は膨張する。

第2は，公共財が生産される環境の変化である。公共財に対する需要の大きさが変わらなくても，公共財の生産費用は，社会・経済的，地理的環境の変化によって大きくなる。たとえば，交通渋滞の多発によってゴミ収集に手間取り，収集車の台数を増やさなければならないといったことや，地価が上昇したために，インフラ整備のコストが高くなるといったことを想定すればよい。公共財の生産環境が悪化した場合，サービス1単位当たりの供給コストは上昇し，需要の増大が生じていないにもかかわらず，政府支出は膨張する。

第3は，規模，構成，密度といった人口構造の変化である。複数の人が共同で消費し，利用者が増えても追加的な費用はかからない純粋公共財の場合には，人口が増加しても生産費が増えることはない。しかし，人口増加によって人口1人当たり費用負担分が小さくなるため，公共財に対する国民の需要は増加するだろう。費用負担である税金を公共財の価格と考えるなら，需要の価格弾力性が大きい公共財の場合には人口増加にともなう費用負担分の減少によって需要は大きく増大する。こうして，純粋公共財の場合にも人口増加によって政府支出額が膨張する可能性はある。

一方，所得水準の上昇による消費の高度化，多様化は，民間財の特性である消費の競合性を持つ公共財の供給を増大させた。このような準公共財の場合，

4 政府支出の理論と実際

人口増加は生産費の増加をもたらす。しかも人口増加にともなう人口密度の上昇は混雑現象という社会的費用を発生させ，国民の効用を低下させるだろう。このとき効用水準を一定に保つためには，さらに多くの資源を投入しなくてはならなくなる。これによって政府支出はいっそう膨張するのである。

近年のわが国における人口の高齢化によって社会保障関係費が増加するといったように，人口構成の変化も政府支出を増大させる要因である。高齢化が進んでも少子化が起こるので，その分，児童福祉や教育に対する支出が減少するのではないかという考えがあるが，政府支出には下方硬直性という特徴があり，現実には減少しない。

第4は公共財の質の向上である。とくに所得水準の上昇は公共財の量的拡大だけでなく，質の向上を求めることになる。たとえば，少人数教育や高度な設備を備えた会館のように，生産の効率性が満たされた状態において，より多くの労働や資本というインプットを投入することで実現する公共財の質の向上は，政府支出増大の要因となる。とくに地方財政の場合には，ある地方公共団体の公共財の質や量が他団体に波及するというデモンストレーション効果が生じやすく，公共財の質が高い水準で均衡する傾向があり，政府支出の増大は著しい。

第5は，公共財を生産するために必要な投入物（インプット）の価格の上昇である。人的サービスは別として，民間部門が提供する商品の場合，労働コストの上昇は生産性の向上によって吸収することができる。公共財とくに地方公共団体が供給する地方公共財には，労働それ自体が最終的な生産物であるもの，あるいは労働と施設がともに備わってはじめて機能するものが少なくない。このような労働集約的な公的部門では，労働コストの上昇を生産性の向上で吸収することができず，生産費が増加してしまう。このように，技術進歩，資本蓄積，大規模生産の利益を享受できる民間部門に比べて，公的部門の生産性は上昇しにくい。とするなら，将来的により多くの労働資源を行政に投入せざるを得ず，その結果，経済的停滞を引き起こすというボーモルの病（Baumol's disease）が生じるか，さもなければ，公共サービス水

70

準の低下に甘んじるしかないことになる。したがって，公共部門においても可能な限り生産性を向上させる努力が求められる。

■ リバイアサン・モデル

公共財の供給に関する意思決定と予算配分のプロセスは，有権者，政治家，官僚，利益団体等の活動の相互作用の産物である。そして，こうした各主体の私的利益の追求が社会的に見て望ましい結果を生み出す保証はなく，むしろ財政規模を必要以上に大きくする傾向がある。財政を取り巻く多くの主体が，各自の効用最大化行動をとることによって，政府はモンスターのように大きくなっていくと考えるのがリバイアサン・モデルである。

公共財の最適な供給規模を実現するためには，意思決定に参加する国民の側にコスト意識がなくてはならない。公共財の便益と費用の連動が断ち切られると，効率的な供給は妨げられる。この点についての一つの考え方は公共部門の規模はむしろ小さくなるというものである。税負担は感じ取られやすいのに対して，公共財の便益はそれほど明確な形で実感されることはないために，政府支出は社会的に望ましい規模に比べて過少になるというわけである。しかし，現実には多くの公共財の便益は特定の個人やグループに集中するのに対して，税負担は国民に広く及ぶことから，受益する人びとは特定の公共財に対して過剰な要求を出し，資源配分上のロスが生じることになる。このような現象をモラル・ハザードと呼んでいる。

とくに政治家は全納税者の利益よりもむしろ，票につながる特定の利益集団の代弁者として動きがちであり，これによって公共財に対する選好の情報が特定のグループに偏った形で行政府に伝えられてしまう。また，行政府も住民との摩擦を回避することや予算獲得を最大にするという行動によって，納税者の意思とは無関係に公共財を供給する可能性がある。こうして，政府支出は国民のニーズを反映しないままに膨張していく。今日の財政の膨張もこうした背景の中で生じたとも考えられる。

4　政府支出の理論と実際

■ 4-3　政府支出の構造 ■

■主要経費別分類による政府支出構造

　ほとんどの政策は予算が付くことで実行される。したがって，予算で示される政府支出構造を見れば，政策の重点やその移り変わりを知ることができるはずである。国家財政における一般会計の分類には，内閣の省を中心とした組織別分類である所管別分類，政府が国民経済から調達した財政資金が諸施策にいかに配分されるかを表す主要経費別分類，経費が国家のどのような機能に配分されているかを示す目的別分類，財政資金がどのような形で国民経済に環流するかを性質別に表す使途別分類がある。この他にも，国民経済計算による経済性質別分類，財政法上の公債発行可能経費別分類である財政法公債対象非対象別分類がある。

　表4-1の主要経費別分類によって予算配分がどのように推移してきたか見てみよう。この分類は時代によって分類項目が変化しているが，もっとも良く知られるものである。戦前（1934〜36年度平均）においてもっとも大きなウエイトを占めていたのは防衛関係費であり，全体のほぼ45%に達していた。戦後になると歳出内容は大きく変化し，社会保障関係費，文教及び科学振興費，地方財政関係費，公共事業関係費など，国民生活の向上に直接関係した項目のウエイトが大きくなっている。とくに社会保障関係費は人口の高齢化や年金・医療・福祉制度の充実によって2018年度（予算）では33.7%にまでウエイトを高めている。公共事業関係費はわが国の経済基盤を強化する目的から毎年大きな伸びを示していたが，80年代に入っての財政再建への取組みによってウエイトを落としている。また，景気対策との関連もあり，予算額は変動しやすい。

　近年の財政赤字と国債残高の累増によってそのウエイトを急速に大きくしているのが国債費である。地方公共団体間の財政力格差を調整するための地

4-3 政府支出の構造

▶表 4-1　主要経費別分類による予算の推移

(単位：億円，（　）内は％)

	戦前	1960	1970	1980	1990	2000	2010	2018
社 会 保 障 関 係 費	166 (0.7)	1,796 (11.4)	11,371 (14.3)	82,124 (19.3)	116,148 (17.5)	167,666 (19.7)	272,686 (29.8)	329,732 (33.7)
文 教 及 び 科学振興費	1,506 (6.6)	2,130 (13.6)	9,257 (11.6)	45,250 (10.6)	51,129 (7.7)	65,222 (7.7)	55,860 (6.1)	53,646 (5.5)
国 債 費	3,860 (16.9)	274 (1.7)	2,909 (3.7)	53,104 (12.5)	142,886 (21.6)	219,653 (25.8)	206,491 (22.5)	233,020 (23.8)
恩給関係費	1,745 (7.6)	1,318 (8.4)	2,991 (3.8)	16,400 (3.9)	18,375 (2.8)	14,256 (1.7)	7,144 (0.8)	2,504 (0.3)
地方交付税 交 付 金 等	67 (0.3)	2,865 (18.3)	16,629 (20.9)	73,877 (17.3)	152,751 (23.1)	149,304 (17.6)	174,777 (19.1)	155,154 (15.9)
防衛関係費	10,231 (44.8)	1,569 (10.0)	5,695 (7.2)	22,302 (5.2)	41,593 (6.3)	49,358 (5.8)	47,903 (5.2)	51,911 (5.3)
公 共 事 業 関 係 費	1,695 (7.4)	2,866 (18.3)	14,099 (17.7)	66,554 (15.6)	62,147 (9.4)	94,307 (11.1)	57,731 (6.3)	59,789 (6.1)
経済協力費	——	48 (0.3)	828 (1.0)	3,826 (0.9)	7,845 (1.2)	9,842 (1.2)	5,822 (0.6)	5,089 (0.5)
中 小 企 業 対 策 費	8 (0.0)	26 (0.2)	503 (0.6)	2,435 (0.6)	1,943 (0.3)	1,949 (0.2)	1,911 (0.2)	1,771 (0.2)
エネルギー 対 策 費	——	——	——	4,241 (1.0)	5,476 (0.8)	6,351 (0.7)	8,420 (0.9)	9,186 (0.9)
食 糧 安 定 供給関係費※	——	112 (0.7)	3,830 (4.8)	9,556 (2.2)	3,952 (0.6)	2,239 (0.3)	11,599 (1.3)	9,924 (1)
そ の 他 の 事 項 経 費	3,265 (14.3)	2,193 (14.0)	9,259 (11.6)	42,721 (10.0)	41,622 (6.3)	59,632 (7.0)	51,968 (5.7)	61,904 (6.3)
予 備 費	313 (1.4)	80 (0.5)	1,100 (1.4)	3,500 (0.8)	3,500 (0.5)	8,500 (1.0)	3,500 (0.4)	3,500 (0.4)
そ の 他	——	420 (2.7)	1,026 (1.3)		13,000 (2.0)	1,595 (0.2)	10,000 (1.1)	
合 計	22,856 (100.0)	15,697 (100.0)	79,497 (100.0)	425,888 (100.0)	662,368 (100.0)	849,871 (100.0)	915,810 (100.0)	977,128 (100.0)

※　2000 年度までは主要食糧関係費。
(資料)　財務省主計局調査課編『財政統計』より作成。

4 政府支出の理論と実際

方交付税も 15.9% という高い比率を占めている。18 年度予算で 6.3% と比較的大きなウエイトを示すその他の事項経費には，司法，警察，徴税等の諸経費や官庁の本省経費などの一般行政費が計上されている。

■所管別・目的別・使途別分類

主要経費別分類以外にも，表 4-2 のように予算は分類される。所管別分類は財政資金の支出にあたる行政機関別に予算を分類したものである。地方交付税を交付する総務省，国債費を負担する財務省，生活保護や年金保険，医療保険の国庫負担を行う厚生労働省，防衛庁・警察庁等を含み，防衛関係費や恩給費を支出する内閣府，道路整備・治山治水などの公共土木事業を担う国土交通省，公教育を所管する文部科学省などが多くの支出を行っている。ただ，所管別分類はどの省庁がどれだけの支出を行うかを示すだけで，経済的意味合いは小さい。

目的別分類は一般会計予算をその目的によって分類したものであり，内容は先の主要経費別分類と大差はない。ただ，主要経費別分類ではその他の事項経費に含まれていた司法，警察および徴税等の経費や本省経費は，目的別分類では国家機関費に含まれるなどの違いがある。

使途別分類は経費を人件費，物件費，補助費・委託費というように，政府が活動を行うにあたって労働や財などのインプットにどれだけの支出を行うかを示すものである。この分類では，他会計への繰入が約 55.8%，補助費・委託費が約 31.3% と大きな歳出割合を占めている。とくに他会計への繰入は，1955 年度の 23.7% と比べると，その比率は著しく増大している。これは，他会計への繰入の対象となっている特別会計の数が増加したことと，地方公共団体の財源として交付する地方交付税が増えていることに原因がある。

同じ地方公共団体に交付される資金であっても，地方交付税はいったん交付税及び譲与税配付金特別会計に繰り入れられるのに対して，義務教育や生活保護などに使途を特定した国庫支出金の大部分は地方公共団体に直接交付されるために補助費・委託費に分類される。他会計への繰入及び補助費・委

4-3　政府支出の構造

▶表4-2　所管別・目的別・使途別分類予算（2018年度）

（単位：億円，（ ）内は％）

所管別分類		目的別分類		使途別分類	
皇室費	99（ 0.0）	国家機関費	47,144（ 4.8）	人件費	37,389（ 3.8）
国会	1,426（ 0.1）	地方財政費	155,985（16.0）	旅費	1,001（ 0.1）
裁判所	3,212（ 0.3）	防衛関係費	52,033（ 5.3）	物件費	30,253（ 3.1）
会計検査院	175（ 0.0）	国土保全及び開発費	60,784（ 6.2）	施設費	36,555（ 3.7）
内閣	1,104（ 0.1）	産業経済費	27,147（ 2.8）	補助費・委託費	306,293（31.3）
内閣府	30,681（ 3.1）	教育文化費	51,488（ 5.3）	他会計への繰入	545,400（55.8）
総務省	160,969（16.5）	社会保障関係費	334,242（34.2）	その他	13,370（ 1.4）
法務省	7,638（ 0.8）	恩給費	2,495（ 0.3）	合　計	977,128（100.0）
外務省	6,967（ 0.7）	国債費	233,020（23.8）		
財務省	255,257（26.1）	予備費	3,500（ 0.4）		
文部科学省	53,093（ 5.4）	その他	9,292（ 1.0）		
厚生労働省	311,262（31.9）	合　計	977,128（100.0）		
農林水産省	21,304（ 2.2）				
経済産業省	9,365（ 1.0）				
国土交通省	59,392（ 6.1）				
環境省	3,273（ 0.3）				
防衛省	51,911（ 5.3）				
合　計	977,128（100.0）				

補助費・委託費，他会計への繰入のように，最終的な使途が明確でない支出が多く，このことが財政責任を不明確にする原因となっている。

地方財政費，社会保障関係費，国債費のような義務的な経費の比重がきわめて大きく，財政運営の硬直化が進んでいる。

最近の公債累増を反映して，財務省の比重が高まっている。

（資料）　財務省主計局調査課編『財政統計』より作成。

託費は，いずれも交付先において最終的には人件費や物件費などに使われるのであるが，一般会計予算の段階ではこれら経費の最終的な使い道は示されない。こうした経費が85％以上にも達する使途別分類は，予算の最終的な支出形態を示すうえではきわめて不十分と言える。

■主要な政府支出の現状と課題

⑴　社会保障関係費

　わが国は他の先進諸国に例を見ないスピードと規模で高齢化が進んでいる。1960年に5.7％にすぎなかった65歳以上人口比率は，18年には28.1％に達した。他方，わが国の合計特殊出生率（15歳から49歳までの女性の年齢別出

図4-4　合計特殊出生率の推移

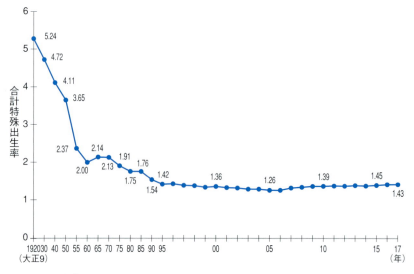

（資料）　厚生省『人口動態調査』より作成。

生率を合計した値で，1人の女性が一生に生む平均子供数）は図4-4に示すように，戦後大きく低下した。そして1970年代に入って低下傾向を示し，現在では1.4人前後となっている。こうした少子化の進行によって，国立社会保障・人口問題研究所は，25年の65歳以上人口比率を30%，50年には37.7%に，60年には38.1%に達すると予測している。国民の3人に1人が高齢者という時代がやってくるのである（人口の高齢化については7-1節で詳しく説明する）。

　人口の急速な高齢化は社会保障関係費の中心である年金，医療保険にかかる財政負担を増大させ，福祉関連支出の増加につながる。18年度予算における社会保障関係費は32兆9,732億円であった。内訳を見ると，年金，医療，介護にかかる給付費は26兆3,885億円（全社会保障関係費の80.0%），社会福祉費は4兆524億円（同12.3%）である。

　何らかの原因で貧困に陥り，利用できる資産や能力を用いても生活に困る

人びとに対して，憲法で定められた健康で文化的な最低限度の生活を保障することを目的とした生活保護は2兆9,009億円（8.8％，65年度には20.4％であった），保健衛生対策費は3,514億円（1.04％）にすぎない。いまや社会保障の中心は年金，医療，介護といった，だれもが普遍的にその受給者となるものである。

高齢者を対象とした社会保障は現役世代から退職世代へという世代間トランスファーの色合いが強く，今後，社会保障財源の調達方法によっては，世代間の不公平を発生させる原因ともなる（7-3節で詳しく解説する）。超高齢社会の負担増加と，経済の成長制約が懸念される今日，ポスト福祉国家時代にふさわしい社会保障を構築しなければ財政は破綻する。いま求められる社会保障改革の視点は，限られた資源を可能な限り必要な人（真の弱者）に重点的に投入し，そうでない人に振り向けられる資源をできる限り節約するというターゲット効率性の実現である。このことは同時に，政府の手から解き放たれた資源が個人の選択によって利用可能になることを意味している。社会保障に効率性といった経済計算を持ち込むべきではないとする考えもあるが，限りある資源の中で国民の負担を強いる制度であるからこそ，社会保障にも効率化と公平化が必要なのである。

(2) 公共事業関係費

戦後，一貫して地域政策，景気対策の中心的役割を担ってきたのが公共投資である。近年，予算におけるウエイトを低下させているとはいえ，公共投資への期待は依然として大きい。GDPに占める一般政府の総固定資本形成の比率を見ると，アメリカが3.2％，フランスが3.5％，ドイツが2.2％，イギリスが2.5％であるのに比べて，わが国は3.9％（17年度）と，近年，差は縮小しているが依然高い。わが国の社会資本整備の歴史が浅いことも理由の一つだが，景気対策としての公共投資にかかる期待の大きさも比率を高めている要因である。

公共投資が果たす役割を見たものが図4-5である。第1の役割は，道路，港湾，空港などの施設が物資の流通や人の移動を円滑にし，経済効率を高め

4 政府支出の理論と実際

図4-5 公共投資の役割

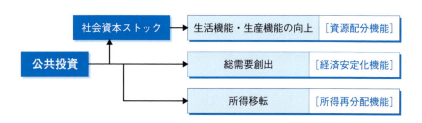

るといった生産機能の向上や，公園，上下水道，病院等の生活基盤となる施設の整備によって生活機能の向上を図ることである。また，公共投資によって整備された社会資本が，さらに土地資源の開発や工場立地を誘発するという二次的な効果もある。これら事業効果は公共投資という「フロー」が直接にもたらすものではなく，フローの蓄積によって生み出される社会資本ストックが提供するサービスによって生まれるものであり，財政の3機能（1-2節参照）では資源配分機能ということになる。

　第2の役割は公共投資というフローの金額による総需要の創出である。公共投資はそれ自体が経済に対する総需要となるとともに，その波及効果によって乗数倍の需要を形成する。第3の役割は公共投資が持つ所得移転である。公共事業による失業者の雇用は個人間所得再分配効果を発揮する。公共投資が経済力の弱い地域に重点的に行われ，その財源が富裕地域から調達されるなら，地域間再分配の役割を果たすことにもなる。また，事業効果や総需要創出効果が地域の経済パフォーマンスを強化し，結果的に所得再分配効果を発揮する。

　公共投資の本来の役割は第1の事業効果の達成であり，第2の総需要創出はあくまでも副次的なものと考えられる。第3の所得移転にしても，公共投資というフローに期待した政策効果は結局のところ持続せず，地域間格差を拡大させないためには公共投資という資金を注入し続けなければならない。ところが，これまでの公共投資政策は総需要創出効果や再分配効果への期待

が大きすぎたために，事業効果に対する配慮に欠いていたと言える。そのため，公共投資の「質」よりも，むしろ「量」が重要とされ，このことが事業効果を弱める原因となっていた。

また，道路関連では，道路，農道，林道，臨港道路事業が国土交通省，農林水産省で実施されているし，下水道関連では，下水道，農業集落排水，合併処理浄化槽事業が国土交通省，農林水産省，厚生労働省によって行われている。このような縦割りの予算配分は類似事業の重複実施を生む原因ともなっている。

公共事業の事業効果を高めるために，事業採択後一定期間経過した後にも未着工である事業や，長期にわたる事業を対象に再評価を行い，その結果次第で必要な見直しを行ったり，継続が適当と認められない場合は休止，中止とする再評価システムが導入されることとなった。しかし，事業採択段階において積極的に費用対効果分析を活用することが求められている。

また，社会資本整備に民間活力を導入することも必要である。イギリスでは，従来は公的部門が行ってきた投資について，民間の資金やノウハウを活用する PFI（Private Finance Initiative）と呼ばれる手法が 1992 年 11 月から導入され，現在では交通インフラ，情報システム，刑務所など幅広い公共プロジェクトに適用されている。民間側が公共プロジェクトの設計，建設，資金調達，運営までのすべてを行い，料金等の累積収入額が借入残高を上回った時点や契約後一定期間後に，施設が公共部門に移転されるタイプなど，PFIにはいくつかのタイプがある。完全な民営化と異なり，PFI の場合には公共部門は依然として重要な役割を果たすことになるが，PFI を導入することで，ややもすれば甘くなりがちであった事業リスクの見直しや，事業実績を基準に事業の効率的かつ効果的な運営へのインセンティブを与えるなどのメリットを手に入れることができると考えられている。

4　政府支出の理論と実際

● 練 習 問 題

1. 政府支出における効率性はどのような状態において達成されるのかを説明せよ。

2. 公共財の最適供給について説明せよ。また，最適供給を実現するものとしてのリンダール均衡をあわせて説明せよ。

3. 公共財の最適供給と地方分権の関係について述べよ。

4. 政府支出が膨張する要因としてはどのようなことが考えられるか説明せよ。

5. わが国の政府支出の構造と歴史的な移り変わりを，予算の主要経費別分類に基づいて説明せよ。

6. わが国における公共事業関係費の特徴について述べよ。

第 5 章

租税の原則と経済効果

　税は政府支出の最大の財源調達手段であり，しかも政府の徴税権は憲法で保障されている。だからといって，政府はどのような税を採用してもよいわけではない。税は課税から納税に至るプロセスで，資源の配分，所得分配などに対してさまざまな効果を発生させる。税制の設計はこうした効果を十分に考慮に入れて行われなくてはならない。望ましい税制を構築するために考慮すべき基準は何か。「税は公平でなければならない」と言われるが，公平とは何を意味しているのか。そもそも，税は最終的にはだれが負担するのか。本章では，税制改革を検討するうえで必要な考え方や知識を提供しよう。

5 租税の原則と経済効果

□ 5-1　税の役割と租税原則 □

■税の役割

　憲法第30条は「国民は，法律の定めるところにより，納税の義務を負ふ」と定めている。課税は国家権力であり，国民は義務として税を納める。市場経済では支払った対価の見返りとしてその都度商品やサービスを受け取る。ところが，直接の見返りが期待できない税の場合，納税するかどうかの判断を各個人に委ねていたのでは，不公平が発生するし，そもそも，ただ乗りが可能な公共財の財源は強制力を行使しなければ集まらない。

　このように納税は国民の義務として存在するのであるが，政府と納税者の関係をどのようにとらえるかによって，課税の根拠は次の2つの考え方に分かれる。一つは義務説であり，いま一つは利益説である。義務説は政府によって供給される公共財の利益と納税者との間の受益・負担関係を切り離し，税は国民（住民）の義務として徴収されると考える。一方，利益説は，納税者を公共財の受益者ととらえ，税はその利益に対する対価として位置づけられる。利益説をとりながら強制を根拠づけるのは，公共財の利益が広く国民全体に及ぶとともに，ただ乗りが可能だからである。

　義務説，利益説のいずれの考え方を採用するかで，税負担を国民にどのように配分するかも変わってくる。通常，義務説をとる立場からは，税は各個人の税負担能力（担税力，ability to pay）に応じて負担するのが公平であるとされ，一方，利益説をとる立場からは，各個人が公共財から受ける利益に応じて税を負担するのが公平だということになる。税負担配分の原則として，前者を応能原則，後者を応益原則と言う。

　税の主要な目的は政府が行う仕事に必要な財源を調達することであるが，今日の租税政策では，課税が持つさまざまな経済効果を利用して，資源配分，所得再分配，経済安定といった財政の機能を発揮することが期待されている

82

（財政の機能については第 1 章を参照）。公共財の財源として税を徴収するのは，民間部門から公共部門に資源を再配分するためである。しかし，財源調達よりも，むしろ資源配分を変更することを目的として課税の根拠が説明される場合もある。たとえば，酒やたばこに対する課税は価値がないと考えられる消費それ自体を抑制するための禁止税と考えられているし，公害という外部不経済を発生させる生産活動や消費活動を抑えるために，直接規制に代わる政策手段として環境税が用いられることもある。つまり，市場メカニズムに任せていたのでは消費や生産が社会的に見た望ましい水準を超えてしまう場合，税によって適正な水準を確保するのである。

所得再分配機能の主役は社会保障であるが，税も分配状態を適正なものに変更する手段として利用される。所得が多くなるに従って税負担率が高くなるという累進所得税は階層間の所得格差を是正する役割を持つ。また，相続税や贈与税は富の過度の集中を防止するという機能を果たしている。

税はまた，インフレーションや失業といった不安定な経済を調整する経済安定化機能を持っている。とくに累進所得税や法人税は，税収が景気に敏感に反応することによって消費や投資への影響を通じて国民経済における総需要の変動を緩和するという自動安定化機能を発揮している。また，税構造それ自体ではないが，減税や増税のように税負担水準を政策的に操作することで景気変動を緩和することもある。

■スミスとワグナーの租税原則

租税は強制的に獲得されるだけに，国民的合意に基づいた制度を構築しなければならない。課税のあるべき姿や，どのような税制が望ましいかを判断する基準となるのが租税原則である。租税原則は古くから議論されており，なかでもアダム・スミスの 4 原則と，ワグナー（4-2 節参照）の 9 原則が良く知られている。

個人主義的国家観を持ち，政府の活動は最小限度にとどめるべきだとするアダム・スミスは税の根拠を利益説に求めながらも，税は各人の担税力と収

入に応じて負担すべきとする公平の原則を最重要視した。その他にもスミスは，納税の期日・方法・金額は明瞭かつ確実であるべきとする確実性の原則，支払にもっとも適した時期や方法を採用すべきとする便宜性の原則，税の徴収費用は最小になるべきとする最小徴税費の原則をあげている。ただし，最小徴税費は単に徴税側の費用にとどまらず，納税者にかかる諸経費も含まれる。

　有機体説に基づく国家論を展開し，国家に積極的な役割を求めたワグナーは租税においても単に財源調達手段というだけでなく，所得や財産の再分配という社会政策的要素を取り入れるべきだとした。ワグナーが唱えた原則は，財政政策上の2原則（課税の十分性，課税の弾力性），国民経済上の2原則（正しい税源の選択，課税の効果を考慮した税種の選択），公正の2原則（課税の普遍性，負担の公平性），税務行政上の3原則（課税の明瞭性，便宜性，最小徴税費への努力）である。アダム・スミスの原則はどちらかというと納税者の側から見たものと言えるが，ワグナーの場合にはさらに課税当局の側から見た望ましい税の原則を追加したものになっている。

■現代の租税原則

　こうした過去の租税原則を受け継ぎながら，現在では，公平性，中立性，最小徴税費の3つが租税原則として一般的にあげられている。

　アダム・スミスが比例所得税を公平な税としたのに対して，ワグナーは所得格差の拡大を背景に所得分配の公正を考慮して所得格差を是正するところにまで踏み込んだように，公平性は，そのときどきの社会経済情勢や個人的な事情を背景とした主観的な判断を必要とする，あいまいな基準と言える。

　今日では，公平性は水平的公平（horizontal equity）と垂直的公平（vertical equity）の2つに分けて考えられている。水平的公平とは，「経済的に見て等しい状態にある（担税力が等しい）人びとは等しく取り扱われる（等しい税を負担する）」というものである。たとえば所得水準や扶養家族の数など，まったく同じ経済状態にある3人の人がいたとして，この人びとが同額の税を

負担することで水平的公平が達成される。垂直的公平は水平的公平とコインの裏表の関係にある。つまり，「経済状態が異なる（担税力が異なる）人びとは異なるように取り扱われる（異なった税を負担する）」というのが垂直的公平である。

　市場のメカニズムによってすでに効率的な資源配分が達成されているとき，政府の財源調達手段である税は，資源配分に中立的であることが望ましい。これを中立性の原則と言い，先の公平性と並んで重要な原則とされている。より具体的に言うなら，税は家計の消費行動や労働と余暇の選択，企業の生産活動を歪めてはいけないのである。歪みの存在は国民に税額を超える負担を強いることになるが，税額を超える負担を超過負担（excess burden）と言う。

　最小徴税費の原則は，納税者の納税協力費と徴税者の徴税費ができる限りかからないようにしなければならないというものである。そのためには税は簡素でなくてはならない。たとえ他の2つの原則が満たされても，膨大な徴税費を必要とする税は望ましくない。

■地方税固有の原則

　地方税も以上の一般原則を無視しては成り立たない。しかし，地方税は人口，面積，経済基盤などが異なる地方公共団体の財政を賄うものであることから，一般原則以外に地方税に固有の原則が必要であったり，一般原則のうちでどれを重視すべきかについては国税と異なった考えも出てくる。地方税の原則としては決まった解答があるわけではないが，おおむね以下のような原則をあげることができる。

(1)　安定性の原則と伸張性の原則

　地方税には，かねてより「安定性」と「伸張性」という，相反する2つの原則があると言われてきた。急激な都市化が行政需要の急増を招くなど，高度経済成長期にわが国の地方財政はその規模を，とくに大都市圏において大きく膨張させたが，これを可能にしたのは法人住民税や事業税のような伸張

性の大きい税目の存在であった。

しかし，今日のような成熟社会にあっては，地方公共団体の支出は職員給与や福祉サービスなどの義務的なものが多くなっている。投資的な支出にしても，それほど伸縮的ではなく，しかも，いったん施設ができあがると運営費などの維持管理にともなう支出が必要となる。したがって成熟社会にあっては，地方税は経済の変動に敏感ではかえって問題があると言え，むしろ安定的な収入をもたらすような税体系へのシフトや税構造の転換が求められている。

(2) 普遍性の原則

国税はどの地域で徴収されようと，すべてが国庫という一つの財布に集められ，支出される。したがって，地域間で税収が偏在しても問題はない。ところが地方税の場合は，2千を超える地方公共団体のそれぞれが公共財の財源調達のために徴収するのであるから，各地方公共団体の経済力を中心とした格差が地方税収入の格差，ひいては財政力格差に直結する。したがって，地方税としてはできる限りどのような地方公共団体も十分な税収を確保できる税目が望ましい。これを普遍性の原則と呼ぶ。

(3) 応益性の原則

第1章で触れたように，所得再分配や経済の安定化は国家財政の機能であり，地方財政は利益の帰属が地域的に限定される地方公共財の供給を中心的な機能としている。とするなら，所得再分配効果やビルト・イン・スタビライザー（景気の自動安定化装置）効果を発揮するための累進的な構造は国税に任せておけばよいことになる。したがって，地方税においては，公共財の財源を調達するための税を各納税者にいかに公平に配分するかに神経を集中させるべきなのであり，税負担の配分は応益原則を適用するべきであるという考え方が成り立つ。

地方税における応益性の原則は，国税のように担税力を重視するのではなく，公共財の受益を反映しやすいと考えられる税目によって，地域住民が広く負担を分かち合うという負担分任の原則として具体化されている。

5-2　公平な税とは

■垂直的公平と累進税

　担税力としてどのような尺度を採用すべきかという問題はあるものの，この尺度さえ決まれば，水平的公平の達成は理論的には容易である。ところが垂直的公平については，担税力の異なる人びとの間で税負担を「どの程度」異ならせるのかという問題を解決しなければならない。

　担税力の尺度としてもっともポピュラーなものは所得である。所得に対する税負担額の比率を平均税率と呼ぶ。図5-1には異なった構造を持つ3つの税について，所得と税負担額の関係を表す3本の線が描かれている。いずれも所得水準が上昇するにつれて税負担額は増加している。ところが，OAではY_1という所得水準のときの平均税率はOT_1/OY_1，Y_2のときの平均税率はOT_2

図5-1　累進税・比例税・逆進税

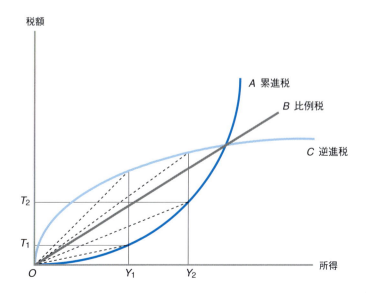

$/OY_2$ と，所得水準が上がるにつれて平均税率が上昇しているのに対して，OB の場合には平均税率は一定，OC の場合には平均税率は低下する。OA のように所得水準が上昇するにつれて平均税率が上昇していくような税を累進税，OB のように平均税率が一定の場合は比例税，OC のように平均税率が低下していく税を逆進税と呼んでいる。所得がわずかに変化したときに税負担額がどの程度変化するか（＝$\varDelta$ 税負担額/$\varDelta$ 所得）を限界税率と呼び，所得水準が上昇するにつれて，累進税の場合には限界税率は大きくなり，逆進税は小さくなる。

以上の3つの税はいずれも税額ベースでは担税力が大きくなると税額も大きくなっている。しかし，垂直的公平は累進税によってはじめて確保されると考えることが多い。

■応能原則と応益原則

応能原則による負担配分の観点からもっとも受け入れられやすい累進税の理論的根拠は，所得が高くなるほど追加的な所得から得られる追加的な効用（限界効用）は減少するため，所得が高い人には多くの税負担を求めたとしても犠牲（効用の減少）は小さいという点にある。このように，税による犠牲を基準に税負担のあり方を論じるのが犠牲説であり，次の3つの考え方がある。

第1は均等絶対犠牲であり，税負担による犠牲の絶対量をすべての人について等しくするというものである。第2は均等比例犠牲であり，もとの効用水準に対する犠牲の比率をすべての人について等しくするというものである。第3は，均等限界犠牲であり，税負担の最後の1円がもたらす犠牲，つまり限界犠牲をすべての人について等しくするというものである。所得が高いほど限界犠牲は小さいが，均等限界犠牲は限界犠牲が小さいところから順に税を徴収することになるため，税による社会全体の犠牲がもっとも小さくなる。

累進度は均等限界犠牲においてもっとも強く，次いで均等比例犠牲である。なお，均等絶対犠牲の場合には，所得の限界効用の形状によっては累進税に

ならない可能性もある。犠牲説は累進税の理論的根拠を示すものであったが，実は大きな弱点を抱えている。それは，犠牲説が個人間の効用比較が可能であり，効用の絶対量を測定できることを前提としているからであり，今日ではこれらの前提は否定されている。このように垂直的公平のあるべき姿については，結局のところ社会的な判断に委ねざるを得ないのが現実である。

　一方，公共財からの便益に応じて税負担を配分するという応益原則は，第4章で見たように，公共財の最適な供給と個人間への負担配分を同時に決定できるというメリットを持つ。だが，理論的にはともかく現実に適用するとなると，国民が公共財に対して正しい選好を表明するかといったことやただ乗りの可能性といった大きな問題を抱えることになる。しかし，受益者が比較的明確である道路整備のための目的税や，住民に密着した行政のための財源調達手段である地方税においては，応益原則をより柔軟に解釈したうえで適用することには十分な意味がある。

■転嫁と帰着

　税法で定められた納税義務者に課税のインパクトが生じたとき，納税義務者は税を回避するために，後述する転嫁や，勤労意欲の抑制，課税商品の買い控えなどの行動をとり，その調整過程の結果，税は最終的な負担者のところに落ち着くことになる。これを帰着と呼ぶ。

　今日，もっとも一般的に用いられている租税の分類は，直接税と間接税である。直接税と間接税の区分は，図5-2に示すように，課税当局がはじめから納税義務者と負担者とが一致すると考えている税金が直接税であり，所得税や法人税がその代表である。一方，課税当局が納税義務者と負担者とが異なることを予定しているものを間接税と呼び，消費税や酒税などがここに分類される。消費税を例にとるなら，納税義務者は事業を営む者であるが，消費税は価格に上乗せされることで，消費者が最終的な負担者となる。そして納税義務者が最終的な負担者に税を移転することを転嫁と言う。つまり，転嫁とは財やサービスの交換において価格の変更を通じて納税義務者が税負担

図 5-2 直接税と間接税

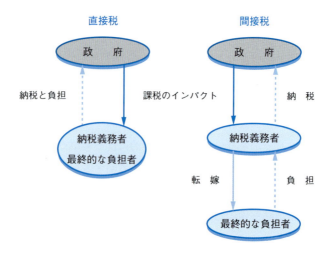

の回避を行う過程を指す。

　しかし，直接税，間接税の分類は制度的にはともかく，実態を表すとは限らない。賃金にかかる所得税は納税義務者である労働者が最終的に負担することが予定されている。ところが，労働者が賃金の引上げによって所得税の増税分を補てんしようとすれば，賃金の引上げが商品価格を上昇させ，消費者が負担することになる可能性がある。また，法人税は納税義務者である法人が利潤で負担することを予定しているが，実際には法人税が最終的にだれに帰着しているかは不明確である。

　転嫁の様態は市場の状態や景気動向など，課税時点での経済状況に大きく左右される。消費税の場合も事業者（生産者）はつねに消費者に税負担を移転するとは限らない。メーカーは課税部分を原材料の購入価格の値引きを求めることで原材料の供給者に負担させようとするかもしれないからである。このように，税負担が財やサービスの供給者の方向に移転されることを後転と呼び，財の需要者に移転されることを前転と呼ぶ。また，技術革新や生産性の向上によって課税分が吸収されるかもしれない。これを消転と呼ぶ。

5-2 公平な税とは

課税に反応したこのような調整過程は，課税のインパクト時点での税負担の配分に変更を加え，予定されたものとはまったく異なった負担配分状態をもたらす可能性がある。とするなら，課税の公平性はこの帰着を基準に判断されなければならない。

■ 消費税と転嫁

消費税が前転されたとしても，課税額のすべてが転嫁できるとは限らない。転嫁の程度は市場の状態や課税品目の特性に依存して決まるのであり，全額を転嫁できる場合を完全転嫁，一部しか転嫁できない場合を部分転嫁と呼んでいる。このことを特定の商品 1 単位に対して一定の金額が課税される個別消費税で見てみよう（このような税を従量税と呼ぶ。これに対して商品 1 単位当たりの価格に税率が適用されるものを従価税と呼ぶ）。図 5-3 (a) において，消費税の課税は供給曲線 SS の上方へのシフトとして表される。供給曲線は生産量を 1 単位追加するときに必要な追加的費用（限界費用）を表しているが，企業が納税義務者の場合には課税によって限界費用は商品 1 単位当たり税額分だけ増加するのである。

課税前には市場価格は p_1，供給量は q_1 であった。ここで 1 単位当たりの税額が t に等しい消費税が課税されると，企業は税額を上乗せして p_3 の価格で売ろうとするだろう。ところがこの価格では消費者は q_3 しか購入しようとせず，超過供給が発生するため，課税後の均衡点 E_2 に達するまで価格は下落する。このときの税込価格は p_2 となり，消費者は課税前に比べて (p_2-p_1) 分だけ高い価格を支払わなければならない。一方，税抜き価格は p_4 となり，1 単位当たりの企業の手取り収入は課税前に比べて p_1-p_4 だけ減少する。このように，消費税の課税によって購入量が減少することで，課税分 t の一部は消費者が負担し，一部は企業に帰着するのである。消費者は課税前に比べてより高い価格で少ない商品しか購入できなくなり，効用の減少という負担を負い，一方，企業にとっては販売量が減少し，しかも税抜き価格（手取り価格）が低下することで利潤を減らすという負担が発生する。

91

5 租税の原則と経済効果

　このような帰着パターンは需要と供給の価格弾力性（価格の変化率に対す
る需要や供給の変化率の割合）に依存する。図5-3(b)および(c)には，需要
の価格弾力性が小さいケースと大きいケースが取り上げられている。価格が
変化しても需要される量がそれほど変化しない場合は弾力性が小さく，少し
の価格変化で需要量が大きく変化する場合は弾力性が大きいという。(b)の弾
力性が小さいケースでは，課税後の消費量（販売量）の減少は小さく，税込
み価格の上昇幅は大きい。そして，消費税は消費者に帰着する部分が大きく
なる。(c)の弾力性が大きいケースでは，課税後の消費量の減少が大きく，価
格の上昇幅は小さい。そして，消費税は企業に帰着する部分が大きくなる。

　このように，同じ個別消費税であっても，課税品目の弾力性の大きさによ
って課税後の消費量の変動が異なるために，消費者に転嫁できる程度は違っ
てくるのである。租税原則のところでも触れたように，課税によって経済主
体の行動が歪むと超過負担が発生する。したがって，消費税としては，需要
の価格弾力性が小さな商品やサービスに課税するほうが望ましいとも考えら
れそうである。この点については，後に詳しく取り上げたい（6-3節参照）。

　以上は需要の価格弾力性が異なるケースであるが，供給の価格弾力性が異
なる場合にも同じことが当てはまる。供給において価格弾力性が小さい場合
は供給曲線が垂直に近づくことであり，弾力性が大きいとは供給曲線が水平
に近づくことである。消費税がかかり，税抜き価格が低下した場合には，企
業は供給量を減らすことで抵抗し，価格を上げることでそれまでの税抜き価
格を維持しようとする。税抜き価格が低下したとき供給量を大きく減少させ
ることができる商品は，課税によって税込み販売価格が大きく上昇し，消費
税の多くが消費者に帰着することになる。ところが，ホテルの客室のように，
一定の施設があり客室を遊ばせておくわけにはいかない場合，税抜き価格が
低下したからといって客室の供給量を減らすことはない。このように供給の
価格弾力性が小さな商品については，企業は供給量を減らすことで課税に対
抗できず，したがって，消費税は企業に大きく帰着することになる。この点
を図を書いて確かめてもらいたい。

92

5-2 公平な税とは

図5-3 消費税と転嫁

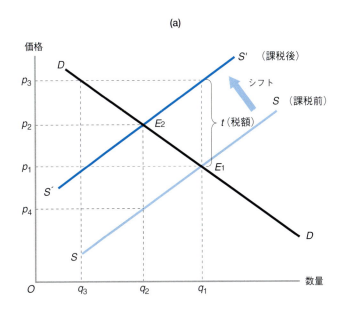

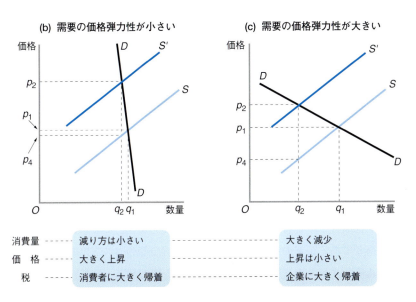

5 租税の原則と経済効果

■税の帰着における個人と企業

税の帰着において最後に触れておかなければならない重要な点は，税は最終的には必ず個人に帰着するということである。直接税と間接税の分類の他に，課税のインパクトが個人なのか企業なのかを基準に個人課税と企業課税に税金を分類することができる。所得税や相続税は個人課税であり，納税義務者が事業を営む者である消費税や，法人が納税義務者である法人税は企業課税に分類される。

個人課税の負担は個人に帰着すると考えられるが，企業課税の帰着は明確でない場合が多い。消費税は通常，消費者に帰着すると考えられるが，上で示したように課税前に比べて企業の利潤を減らす可能性もある。企業課税の主役である法人税は法人利潤を課税ベースとし，利潤で負担することが予定されているが，価格に上乗せされて消費者に転嫁される可能性もないわけではない。いずれにしろ，企業課税に対しては，図5-4に示すように，企業は課税額を価格に上乗せするか，労働者に対して支払われる賃金を削減するか，利潤を減らすなどの方法で対応することになる。問題は利潤で負担したり，生産性の向上で税を吸収する場合に，最終的にだれが負担を行うかである。

通常，企業は労働，土地，資本といった生産要素を，その所有者に報酬を支払うことで手に入れ，生産活動を行っている。たとえば，労働に対しては賃金が，土地を借りることに対しては地代が支払われる。利潤は資本を提供してくれた株主への報酬であり，赤字企業の場合には株主は報酬を受け取ることはできない。利潤が株主の報酬であるということは，資金を出し合って会社を設立することを想定すればよい。儲け（利潤）は出資者に還元されるだろう。現在のように，企業が保有する株主が多くなってはいるが，これも最終的には個人株主に帰属するのである。

企業が税額分を原材料の供給者に後転したとしよう。この場合には，原材料の供給者である企業の利潤が減少するか，賃金等のコストの縮減で負担されるだろう。また，生産性の向上によって税を吸収する（消転）場合は，もし税がなければ生産性の向上によって賃金や利潤が増えていたはずである。

94

図5-4 企業課税の帰着

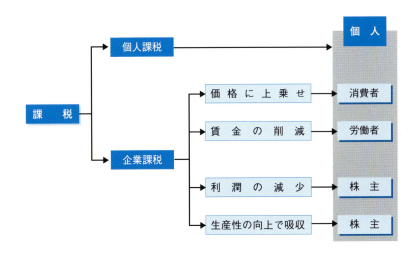

　このように考えていくと，企業課税は，企業が納税義務者となっていたとしても，最終的には個人が負担することになる。とするなら，税の公平性の議論は個人のレベルで行われなければならないことになる。大企業には企業課税を重課し，中小企業の税は軽減するという租税政策がとられやすいが，最終的な負担者である個人のレベルで考えた場合，このような政策が公平な課税に結びついているかどうかは疑わしい。

5-3　課税と経済効率

■所得税と勤労意欲

　「所得税があまりにも重すぎると，働く意欲を失わせてしまい，経済活力の面から問題であるばかりでなく，税収も入ってこないのではないか」と主張されることがある。所得税の存在が労働時間に影響を与えるなら，それは中

5 租税の原則と経済効果

立性という租税原則に照らしても問題がある。このように，所得税と労働意欲との関係は望ましい税制を検討するうえで重要なポイントなのである。

　私たちは1日24時間を労働と余暇に配分している。余暇時間とは食事や睡眠など，労働以外の目的に使われる全時間のことである。いま，時給1,000円で 8 時間の労働をしている人がいるとしよう。ここで，所得税がかかった場合，労働（供給）時間はどのように変化するのだろうか。図5-5を用いて説明しよう。図では縦軸に労働を提供することで得られる所得が，横軸には余暇時間がとられている。余暇には最大でも OB （24時間と考えればよい）しか割くことはできず，OB から実際の余暇時間を差し引いた残りが労働時間となる。すべての時間を労働に費やしたときに得られる所得が OA である。AB は所得税がかかる前に個人が実現することのできる所得と余暇の組合せを表す予算線である。この線の傾きは1時間当たりの所得（時給）を表している。

　労働は所得を生み，余暇は所得を生むことはないが個人にゆとりや教養を与えることで効用（満足）を与えてくれる。つまり，労働による所得獲得と余暇時間はいずれも個人の効用をもたらすという点で代替的なのであり，私たちは満足を最大にするように24時間を労働と余暇に配分する。i_1, i_2, i_3 は所得と余暇の無差別曲線であり，同一線上での所得と余暇の組合せは個人に同じ効用水準を与える。所得税が存在しない場合，個人が AB 線上でもっとも高い効用を得ることができる点は a であり，このときの余暇の量は OL_1（労働は $OB-OL_1$）である。

　ここで比例所得税が課税されたとする。このときには予算線は B を中心として所得税分だけ左下に振れることになる。税率が AC/OA のとき新たな均衡点は b となり，余暇の量は OL_2 と，課税前に比べて減少している。所得税は労働を促進したのである。ところが，税率が AD/OA まで上昇すると予算線は DB となり，均衡点は c，余暇は課税前より多い L_3 となる。このように税率によって所得税が労働意欲に与える影響は異なるのである。この理由を考えてみよう。

96

図5-5　所得税と労働

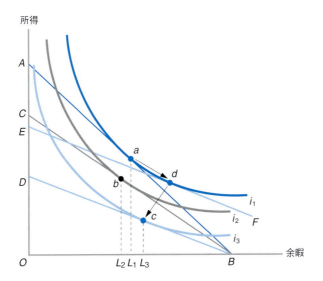

　所得税が労働意欲に及ぼす影響は2つの相反する効果を合成したものである。いま，課税後の予算線が DB のとき，この個人に対して課税前の無差別曲線 i_1 に接するように，一定額の給付を与える（給付額は DB と EF の縦の距離に等しい）。このことで個人の効用は課税前の水準に戻る。しかし，EF の傾きは AB のそれよりも小さくなっている。課税前に時給が1,000円であったとしよう。このときには余暇1時間のコスト（労働を1時間減らすことで失う所得）は1,000円であるが，50%の税率の所得税がかかった場合には，余暇1時間のコストは500円（手取り所得に等しい）に低下する。傾きが小さくなったことは余暇のコストが小さくなったことを表している。余暇のコストが相対的に小さくなったことによって余暇が増加するが，これを代替効果と呼び，図中では a から d への移動として表される。

　一方，所得税が課税後所得を減少させると，従前の所得水準を確保しようとして労働供給が増加する。これを所得効果と呼び，d から c への移動で表される。つまり，所得税が労働に与える影響は，労働供給を抑制する代替効

5 租税の原則と経済効果

果と労働を促進する所得効果のネットの効果に依存するのである。b 点の場合は所得効果が代替効果を上回っていたわけである。

　所得効果は所得税によって手取り所得が総額でどれだけ減るかが影響するので平均税率に依存し，代替効果は余暇1単位のコスト（＝労働1単位の手取り所得）の大きさに影響されるので限界税率に依存する。累進税率構造を持ち，所得水準が上昇するにつれて限界税率が上昇する所得税は，したがって代替効果が大きく表れ，労働意欲を損なう可能性が高くなる。次に，所得額（つまり労働時間）に関係なく一定の金額を納める定額税（lump-sum tax）の場合には，課税後の予算線は AB を平行にシフトしたものとなり，労働と余暇の相対コストを変化させることはない。したがって代替効果は発生せず，労働に影響するのは所得効果だけである。定額税と所得税が個人の効用にどのように影響するかを比べると，代替効果によって労働と余暇の選択に歪みが生じる所得税は，課税後に個人に与えられる効用水準は同額の税負担である定額税よりも低くなる。選択に歪みを与えない定額税に比べて効用水準が低下した部分を超過負担と呼ぶ。

■ 所得税と税収

　税収を増やすためには税率を引き上げればよいと一般に考えられている。ところが，税収は課税ベースに税率をかけたものであるから，税率を引き上げても，勤労意欲が減少して課税ベースである所得が減少すれば税収は増えないかもしれない。もし，所得税の税率が100% なら，だれも働こうとはしないであろうから税収はゼロになってしまう。

　図 5–6 のように，税率がある水準を超えると税収が減少し始めることを表した曲線は，考案者であるラッファー（A. B. Laffer）教授の名をとってラッファー曲線と呼ばれ，アメリカのレーガン税制改革で行われた所得税減税の背景になっていると言われている。税率を引き上げても税収が減少する領域を禁止領域と呼ぶが，税収が減少に転じるのは高税率によって勤労意欲が減退することだけが原因ではなく，節税行動が活発になったり，所得の捕捉が

図 5-6 ラッファー曲線

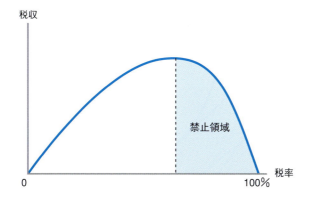

困難な現物給付（フリンジ・ベネフィット）に給与の形態がシフトすることも税収減の原因である。税収が減少し始める税率水準を実証的に明らかにすることは困難であるとしても，ラッファー曲線は所得税政策について重要な示唆を与えている。

■個別消費税と超過負担

1989年に消費税が導入されるまで，わが国の間接税は個別消費税だけで構成されていた。その中心である物品税は，贅沢品に課税対象を絞ることで公平性の原則を達成することが期待されていた。ところが，国民の所得水準の上昇にともなう消費の高度化，多様化の過程で，贅沢品とそうでない物との区別がつきにくくなり，公平性の原則はしだいに満たされなくなってきた。また，消費の選択肢が拡大した中で特定の商品のみが課税対象となっていると，国民の消費選択を歪め，資源配分上の効率性を損なう可能性も大きくなっていた。このような制度疲労を起こしていた物品税をはじめとした個別消費税を廃止し，消費の実態に合わせた間接税の再構築の一環として，すべての商品やサービスに課税される一般消費税である消費税が導入されたのである。

5 租税の原則と経済効果

図 5-7 個別消費税と超過負担

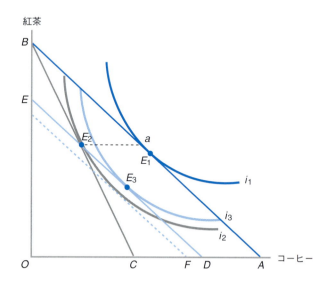

　物品税ではコーヒーは課税，紅茶は非課税であった。図5-7は横軸にはコーヒーの量が，縦軸には紅茶の量がとられている。AB は一定の所得制約下で消費できるコーヒーと紅茶の組合せを示す予算線である。コーヒーのみを消費すると OA の量を，紅茶のみを消費すると OB の量が手に入る。AB の傾きはコーヒーと紅茶の相対価格を表している。課税前にはこの個人は予算線上の E_1 でもっとも高い満足を得ていた。ここでコーヒーに課税され，価格が上がったために予算線が BC に変わったとする。つまり，コーヒーの税込み価格が上昇したために，全所得を使っても OC しか手に入らなくなるのである。このときには E_2 で満足は最大になり，コーヒーの消費量は課税前に比べて減少する。そしてコーヒーの量で測った税負担額は E_2a である。

　消費税が消費行動に与える影響は所得税と労働意欲と同様，所得効果と代替効果に区分して考えることができる。課税によりコーヒーの価格が上昇することは所得を減少させることになり，コーヒーと紅茶の消費量をともに減らす効果を持つ。これが所得効果である。ところがコーヒーの価格が課税に

100

5-3 課税と経済効率

よって上昇する（コーヒーと紅茶の相対価格が変わる）ために，個人はコーヒーの消費を減らし，紅茶の消費を増やそうとする。これが代替効果である。

物品税に対して現行の消費税はコーヒーと紅茶の相対価格を変えることはないので，予算線は課税前のそれを平行に移動させたものとなる。個別消費税である物品税と税額を同じにするためには，E_2 を通って AB に平行な予算線を描けばよい。このとき個人は E_3 で最大の満足を得ることができるが，それと接する無差別曲線は i_3 であり，コーヒーのみに課税される場合の i_2 よりも大きい満足を個人に与えることができる。このように，特定の商品のみに課税される個別消費税は所得効果だけでなく課税対象商品と非課税商品との相対価格を歪めることで代替効果を生み，税額が同じ一般消費税に比べて効用水準をさらに低下させるという超過負担を発生させてしまう。この超過負担の大きさはコーヒーの量で測って FD である。

個別消費税の超過負担は商品やサービス間の相対価格が変化することで生じる代替効果が原因で発生する。したがって，間接税のあり方としては課税対象をできる限り広くとるとともに，課税対象商品間で税率の格差を付けないようにすることが望ましいのである。

■ 課税と貯蓄

超過負担は，労働と余暇，コーヒーと紅茶といった選択可能な対象の一部にしか課税されない場合に発生する。商品やサービス間の相対価格を歪めないという点では所得税は一般消費税と同じであり，超過負担は発生させない。しかし，所得税は労働と余暇の選択を歪めるだけでなく，消費と貯蓄の選択にもくさびを打ち込むことになる。この点を表 5-1 で検討してみよう。

家計は獲得した所得を現在の消費にあてるとともに将来の消費に備えて貯蓄する。所得をどのように現在消費と貯蓄（将来消費）に振り分けるかは，貯蓄をするときの金利と消費パターン（現在消費と将来消費の選好）によって決まる。いま，金利が10%，所得が 10 万円であったとしよう。税が存在しないとき，個人が全額を貯蓄すると，来年には 1 万円の利子が発生し，来年

101

5　租税の原則と経済効果

▶表 5-1　課税と貯蓄

	税金がない場合	所得税の場合 （税率；10%）	消費税の場合 （税率；10%）
所　得	10 万円	10 万円	10 万円
手取り所得	10 万円	9 万円	10 万円
現在消費(a)	10 万円	9 万円	10 万円/1.1
全額を貯蓄した場合 来年の消費(b)	11 万円 （＝10 万円×1.1）	9 万 8,100 円 （＝9 万円＋9 万円×0.1×0.9）	10 万円 （＝(10 万円＋10 万円×0.1)/1.1）
来年の消費の現在 価値(c) （＝(b)/1.1）	10 万円	9 万 8,100 円/1.1	10 万円/1.1
現在消費を 1 円あ きらめて得られる 来年の消費（現在 価値換算後） ((c)/(a))	1.0 円	約 0.991 円	1.0 円

の消費額は 11 万円になる。しかし来年の消費額の現在価値は11 万円を（1＋金利）で割った 10 万円である。つまり，税がない場合は，現在消費を 1 円あきらめることで，来年の消費を 1 円（現在価値換算後）手に入れることができる。

　ここで 10% の所得税が課税されるとしよう。手取り所得は 9 万円となる。全額を貯蓄すると 9,000 円の利子が付くが，これにも 10% の所得税がかかるために，来年の消費に使える金額は 98,100 円，現在価値は 98,100 円/1.1 となる。つまり，所得税の場合には，現在消費を 1 円あきらめても，来年には約 0.991 円（現在価値換算後）しか消費できないことになり，これは将来消費の相対価格が上昇したことを意味する。このため，貯蓄は抑えられる。

　所得税の代わりに税率 10% の消費税が課税された場合にはどうなるだろうか（ここでは現在消費と将来消費の相対価格を問題としているので，税額は所得税の場合と同じでなくてもよい）。全額を貯蓄に回すとすれば，消費税はかからないために，利子を加えて来年には 11 万円の資金が手元に残る。これを消費すると，税抜き消費額は 10 万円（＝11 万円/1.1）である。このように

5-3 課税と経済効率

消費税の場合には，1円の現在消費をあきらめることで1円の来年の消費（現在価値換算後）を得ることができ，現在消費と将来消費の相対価格は課税前と同じであることから，消費と貯蓄の選択に歪みを与えることはない。

　貯蓄すれば税がかからないために，消費税は消費を抑える効果を持つように見える。しかし，貯蓄された分はいずれは消費され，その時点で消費税がかかるのであるから，現在消費を抑えることはない。消費税が消費を減らすのは，課税によって価格が上昇し，実質所得が減少するからなのであり，貯蓄も同様に減少するのである。

　以上のように，所得税は所得稼得時に課税されることから貯蓄にまわる分にも課税され，さらに貯蓄から発生する利子に課税されるのに対して，消費税の場合には消費時にのみ課税されることが，このような違いを発生させたのである。勤労所得のみに課税する勤労所得税の場合には，消費税と同じように消費と貯蓄の選択を歪めることはない。つまり，現在消費と貯蓄の選択に関しては，所得税は超過負担を発生させ，消費税と労働所得税は発生させないのである。

■経済効率と分配の公正

　各種の税金と超過負担の発生の有無，および分配の公正への配慮の可能性を整理したものが表5-2である。包括所得税は商品やサービス間の選択を歪めないが，余暇に課税できないことや利子も課税されることから，労働と余暇，消費と貯蓄の選択において超過負担を発生させる。勤労所得税は商品やサービス間，労働と余暇の選択については包括所得税と同じであるが，利子を課税対象としないために消費と貯蓄に歪みを与えない。このように，中立性という租税原則からは勤労所得税が包括所得税よりも優れているが，分配の公正への配慮については，利子をはじめとした資産性所得をも課税対象とする包括所得税に軍配が上がる。また，所得税は累進税率構造を採用することで分配の公正への配慮が可能となるが，これによって労働意欲の阻害効果は大きくなる。

103

5 租税の原則と経済効果

▶表5-2 各種税金と経済効率性，分配の公正への配慮

	経済効率性（超過負担の発生の有無）			分配の公正への配慮の可能性
	商品間の選択	労働と余暇	消費と貯蓄	
包括所得税	○	×	×	○
勤労所得税	○	×	○	△
一般消費税	○	×	×	×
個別消費税	×	×	○	○
定 額 税	○	○	○	×

（注） 経済効率性については，超過負担の発生がないものを○，あるものを×，分配の公正へ
の配慮の可能性については，可能性があるものに○，ないものに×を付けた。

　すべての商品とサービスを一律に課税する一般消費税は商品・サービス間の選択を歪めることはない。しかし，所得水準が上昇するにつれて所得に占める消費の割合（平均消費性向）は低下するため，一般消費税の負担は所得に対して逆進的な構造になる（一般消費税の逆進性問題については6-3節で詳しく説明する）。個別消費税は課税対象を贅沢品に限定することで累進的な税負担構造を実現し，公正な分配への配慮の可能性を残すが，商品・サービス間の選択において超過負担を発生させる。このことは，贅沢品に重い税率を適用し，生活必需品に低い税率を適用するという複数税率を採用した一般消費税の場合にも同じことが言える。

　定額税は労働や消費をはじめとした経済行動とは無関係に課税されることから，すべての項目において超過負担を発生させない。ところが所得水準とは関係なく一定金額を負担しなければならないことから分配の公正への配慮はまったくなされない。

　このように，税金においても経済効率性と公正との間にトレード・オフの関係が存在し，このことが租税政策を困難にしている。経済効率と公正のいずれを重視すべきかは時代や国によって異なるが，複数の税からなる租税体系を持つ場合には，その組合せの中で経済効率と公正のバランスを確保することが可能となる。

104

練習問題

● 練習問題

1. スミスとワグナーの租税原則について述べ，現代の租税原則としてはどのようなものがあるかを説明せよ。

2. 地方税には税の一般原則の他にも，地方税に固有の原則があると言われている。地方税の原則について説明せよ。

3. 商品に対する需要の価格弾力性の違いを考慮しながら，消費税の転嫁について説明せよ。

4. 所得税が勤労意欲に与える影響について述べよ。

5. 1989年にわが国は消費税を導入したが，そのとき物品税が廃止された。このような間接税の改革は経済効率の改善につながると言われている。この点について説明せよ。

6. 課税が貯蓄行動に及ぼす影響について説明せよ。

7. 経済効率性と分配の公正に及ぼす効果は税によって異なる。効率と公正を基準に，代表的な税を総括的に評価せよ。

第 6 章

日本の税制と税制改革

　わが国の税制は，所得税，消費税，法人税など多くの税から成り立っている。これはほとんどの国の税制に共通した構造であるが，国民が負担する税の水準は国によって異なるし，どの税にウエイトがかかっているかも国によって特徴がある。しかも，社会経済情勢の移り変わりとともに，税体系や個別の税の構造は変化するものである。経済のグローバル化，経済社会の成熟化，少子・高齢化といった潮流の中で，わが国の税制は今後いかにあるべきなのだろうか。本章では，所得税，消費税，法人税などの主要な税について，その課題を明らかにし，改革の方向を探ることにしよう。

6 日本の税制と税制改革

■ 6-1 日本の租税構造 ■

■租税負担率と国民負担率

たとえば所得税が家計の可処分所得を減らしたり，消費税をはじめとした間接税が商品やサービスの価格を引き上げるというように，税金は国民にとって負担である。国民全体の税負担水準がどのくらいであるかを表すのが租税負担率であり，これに年金や医療の保険料からなる社会保障負担を加えたものを国民負担率と呼ぶ。しかし，政府が国民のために供給するさまざまな公共財の財源の中心は税金であることから，租税負担率（国民負担率）は政府活動の規模と密接な関連を持っており，国民の財政に対する期待や要求が大きくなれば，比率は上昇し国民生活を圧迫することになる。

2018 年度（実績見込）の日本の租税負担率は 25.3%（国民負担率は 42.8%。以下において，かっこ内は国民負担率）であった。この数値は，アメリカの 24.7%（33.1%）とほぼ同水準であるが，イギリスの 36.3%（46.9%），ドイツの 31.2%（53.4%），フランスの 40.8%（67.2%），スウェーデンの 53.6%（58.8%，外国はいずれも 16 年度）に比べると低い。しかし，今後，急速に超高齢社会への道を歩む日本においては，社会保障関係費等の財政需要が増大するため，租税負担率や国民負担率は急速に上昇していくことは確実である。

なお，従来使われてきた国民負担率には，将来世代への負担の先送りである財政赤字が含まれていない。国民負担率に財政赤字を加えた負担率は潜在的な国民負担率と呼ばれ，18 年度には 48.4% に達している。1997 年 11 月に成立した「財政構造改革の推進に関する特別措置法」では，今後の財政運営は潜在的な国民負担率を 50% 以下に抑えることが留意されていたが，1998 年に景気の影響を受け，停止が決まった。その後，2009 年に 50% を超え，それ以降も 49% 前後をたどっており，今後の超高齢化社会を考えると，効率的かつ効果的な社会保障政策の追求や，公的部門のスリム化などは不可欠である。

108

そして，それでもなお避けることができない国民負担の増大をどのような種類や構造の税金で受け止めていくかも，今後の重要な課題である。

■日本の租税体系

　各国の租税体系は通常，複数の税で形成されている。これは，財政の規模が大きくなるにつれて単一の税では税収調達能力に限界があるというだけでなく，前章で見た租税原則のすべてを単一の税で満たすことは困難だという理由もある。複数の税が相互に補完し合って，全体としてバランスのとれた租税体系を作り上げることができるのである。この考えをタックス・ミックスと呼んでいる。

　わが国の国税と地方税の構造は表 6-1 に見られるように，所得，消費，資産，流通という全税源にわたって多くの税から成り立っている。国税は所得税と法人税で約 50% を占め，都道府県税も同様に所得課税に偏った税体系である。1989 年度に課税ベースの広い間接税である消費税が導入され，19 年 10 月から税率が 10% に引き上げられたが，消費課税は国税の 39.5% である（17 年度）。消費課税の比重は地方税になるとさらに低下し，市町村税では 4.1% にすぎない（17 年度。ただし，都道府県税である地方消費税の半分は市町村分であり，地方消費税交付金として市町村に渡される）。

　地方においてこのように消費課税のウエイトが小さいのは，国税としての消費税が導入されたことを契機に，たばこ税は従価税を廃止して従量税だけに，電気税，ガス税および木材引取税は廃止，料理飲食等消費税は特別地方消費税（2000 年 3 月 31 日に廃止された）に姿を変え，娯楽施設利用税は課税対象施設をゴルフ場に限定されゴルフ場利用税に変更されるなど，個別消費税の多くが廃止，縮小されたことにも原因がある。なお，地方消費税は 1997 年度から消費税の 25%（消費税の税率は 4 %，地方消費税の税率は 1 %）として導入されたが，19 年 10 月からの税率 10% 引き上げにより，消費税の 28%（消費税の税率は 7.8%，地方消費税の税率は 2.2%）と増してきている。

　1980 年代後半に入って，GDP のようなフローに比べて国富（ストック）の

109

6　日本の税制と税制改革

▶表6-1　国税と地方税の体系（2017年度）

（単位：10億円，（　）内は％）

		国		都道府県		市町村	
所　得	所得税	18,882	道府県民税・個人	4,959	市町村民税・個人	7,471	
	法人税	11,995	道府県民税・法人	762	市町村民税・法人	2,224	
	地方法人特別税	1,858	道府県民税・利子割	59			
			道府県民税・配当割	176			
			道府県民税・株式等譲渡所得割	182			
			事業税	4,194			
		[52.5]		[56.2]		[45.1]	
		32,735	(62.0)	10,332	(19.6)	9,695	(18.4)
消　費	消費税	17,514	地方消費税	4,735	市町村たばこ税	862	
	酒　税	1,304	道府県たばこ税	141	入湯税	23	
	たばこ税	864	ゴルフ場利用税	45			
	揮発油税	2,396	軽油引取税	949			
	地方揮発油税	256					
	石油ガス税	17					
	航空機燃料税	67					
	石油石炭税	691					
	電源開発促進税	326					
	とん税	10					
	特別とん税	12					
	関　税	1,024					
	たばこ特別税	134					
		[39.5]		[31.9]		[4.1]	
		24,615	(78.5)	5,870	(18.7)	885	(2.8)
資　産	相続税・贈与税	2,292	自動車税	1,541	固定資産税	8,937	
			鉱区税	0	軽自動車税	249	
			固定資産税（特例）	4	鉱産税	2	
					特別土地保有税	1	
					事業所税	371	
					都市計画税	1,277	
					固定資産等所在市町村交付金	88	
		[3.7]		[8.4]		[50.8]	
		2,292	(15.5)	1,545	(10.5)	10,924	(74.0)
流　通	自動車重量税	637	不動産取得税	407			
	印紙収入	1,052	自動車取得税	190			
			狩猟税	1			
		[2.7]		[3.2]		[0.0]	
		1,689	[73.9]	597	(26.1)	0	(0.0)
合　計		[100.0]		[100.0]		[100.0]	
		62,380	[61.0]	18,397	(18.0)	21,508	(21.0)

（資料）　日本租税研究協会『税制参考資料集』より作成。

6-1 日本の租税構造

量が拡大するというストック経済化が進展する中で，資産課税の重要性は高まっている。しかし，国税において相続税，贈与税といった資産課税は全体の3.7％にすぎない。市町村税では土地，家屋，機械などの償却資産に課税される固定資産税があるため，税収の約半分が資産課税となっている。

1949年5月，連合国軍最高司令官の要請で，アメリカのシャウプ（C. S. Shoup）博士を中心とする使節団が来日し，同年9月15日に日本税制の全面的改革案が発表された。これが戦後日本税制の骨格を築いたシャウプ勧告である。シャウプ勧告は恒久的かつ安定的な税制を確立し，直接税中心型の税制を構築しようとした。そして国と地方の税源分離を理想とした。だが，現実には国，地方がともに財政規模を大きくしてくると，完全な税源分離は不可能であり，国と地方の間で税源の重複が見られるようになる（シャウプ税制と，その後の地方税については10-4節で詳しく解説する）。各税源における国と地方の税収配分は，資産課税において市町村のウエイトが大きいことを除くとおおむね国への配分が多く，全体では国が61.0％，地方が39.0％である。一方，支出面では国が42％，地方が58％と比率の逆転が見られる（第2章図2-3参照）ことから，税収と支出のギャップを埋めるために，国から地方への税源移譲が必要ではないかという主張もある。

■租税体系の国際比較

わが国の租税体系の特徴は国際比較によってさらに明らかになる。表6-2を見ると，国税の場合，わが国の所得課税のウエイトは約54％であり，アメリカに次いで大きくなっている。イギリスは約49％，ドイツは約45％，フランスでは約38％である。しかし，個人所得課税に限ればそのウエイトはフランスに次いで小さく，国民所得に対する個人所得税の比率も低い。一方で，わが国においては法人所得課税のウエイトが24.5％と他国と比べると圧倒的に大きい。

消費課税については，わが国のウエイトは40.5％，連邦レベルで課税ベースの大きな消費税を持たないアメリカに次いで小さい。それに対して，イギ

111

6 日本の税制と税制改革

▶表6-2　税負担の税収構成比（2017年度）

（単位：％）

		日本	アメリカ	イギリス	ドイツ	フランス
国	個人所得課税	29.8	69.3	37.0	39.9	22.6
	法人所得課税	24.5	13.5	11.5	5.3	15.4
	消費課税	40.5	5.6	41.1	54.7	54.7
	資産課税等	5.2	11.6	10.4	0.1	7.3
	合　計	100.0	100.0	100.0	100.0	100.0
	直間比率　直	57.8	93.5	55.6	48.6	42.4
	間	42.2	6.5	44.4	51.4	57.6
国十地方	個人所得課税	31.0	50.2	34.7	44.2	17.3
	法人所得課税	22.0	9.2	10.8	8.7	11.8
	消費課税	33.3	20.6	38.5	42.7	48.9
	資産課税等	13.8	20.0	9.8	4.4	22.0
	合　計	100.0	100.0	100.0	100.0	100.0

（注1）　社会保障負担（税）は除いている。
（注2）　アメリカの直間比率は2016年度，それ以外はすべて2017年度。
（資料）　OECD, *Revenue Statistics* より作成。

リス41.1％，ドイツ54.7％，フランス54.7％と，付加価値税の税率がきわめて高くなっているヨーロッパの先進国では消費課税のウエイトは大きい。資産課税についてはすべての国で，国税においてはそれほど大きな役割を果たしてはいない。国税と地方税を合計した場合でも，法人所得課税のウエイトが大きいというわが国の特徴は変わらない。

　わが国の国税を直接税と間接税に区分すると，1989年度には直接税の比率は74.2％に達していた。その後，バブル経済の崩壊とそれに続く不況による法人税の落ち込みや所得税減税によって，直接税の比率は低下し17年度には57.8％となった。この値はイギリスとほぼ同水準である（表6-2）。イギリスでは1975年度には直接税の比率は63.7％に達していた。その後，79年に誕生したサッチャー政権は，政権誕生直後に所得税の税率引下げとフラット化による所得税減税を実施し，一方で付加価値税の税率引上げによる増税を実施した。その後は幾度の付加価値税の増税に加え，所得税と法人税の減税を

112

実施しており，2020年までに更なる法人税の減税が予定されている。こうした，タックス・ミックス型税制改革を大規模に行うことによって，イギリスは今日の直間比率に到達したのである。

最適なタックス・ミックスや直間比率を一義的に決定することはできない。それは，租税原則のうちのどれを重視すべきかは時代や国によって変わるからである。今日，わが国では高い直接税の比率を低くすべきであるという主張が見られるが，これは適正な直間比率を目標として設定したものではなく，本格的な高齢社会の到来や国際化といった社会経済情勢の変化の中で，所得税や法人税が持つ固有の問題点をできる限り小さくしようとする政策の延長線上にあるものだと考えるべきである。

■ 所得課税，消費課税，資産課税のメリットとデメリット

適正なタックス・ミックスを実現するためには，所得課税，消費課税，資産課税のそれぞれが持つメリットとデメリットを理解しなければならない。所得課税は，①大きな経済力を持っている人に多くの負担を求めるという垂直的公平を達成することができる，②各種の控除を設定することで，担税力（税を負担する能力）についてきめ細かな配慮を加えることができる，③累進税率構造を採用することで，税制が景気を自動的に安定化するというビルト・イン・スタビライザーの機能を果たす，というメリットを持つ。しかし一方で，①累進税率構造が勤労意欲や投資意欲などを阻害し，経済の活力を削ぐ可能性がある，②所得の把握が困難であり，経済力が同じ人びとに同じ負担を求めるという水平的公平を満たさないおそれがある，③とくに法人所得課税は好景気時には税収は大きく伸びるが，景気が悪化すると税収は大きく落ち込むというように，税収の変動が激しく，財政運営を不安定なものとする，といったデメリットを持つ。

消費課税は，①消費支出は所得ほどには景気変動の影響を受けないために，安定的な税収が見込める，②経済力を消費でとらえた場合に水平的公平を達成しやすい，といったメリットを持つが，①所得税のように個々の納税者の

113

6 日本の税制と税制改革

事情に配慮した税負担を求めることができない，②一般消費税の場合には所得に対する税負担率が逆進的になる，といったデメリットを持つ。

資産課税は，①経済社会のストック化に対応して，富の集中を防止したり，資産格差を是正できる，②垂直的公平を達成するうえで所得課税や消費課税を補完できる，というメリットを持つが，一方で，①資本蓄積を阻害し，長期的な経済成長率を低下させる可能性がある，②利子や配当といった資産性所得の捕捉が困難，③キャッシュ・フロー（現金の流れ）がなくても課税される，といったデメリットが指摘されている。

■ 6-2 所 得 税 ■

■所得税の仕組み

わが国の所得税はシャウプ勧告以来，種類の異なる所得をすべて合算し，これに累進税率を適用するという総合課税を原則としている。所得は利子所得，配当所得，商工業，農業などの事業所得，不動産所得，給与所得，退職所得，土地や株式の譲渡所得，山林所得，クイズの賞金や生命保険の満期返戻金などの一時所得，年金などの雑所得の 10 種類に分類され，それぞれに応じた所得金額の計算方法がある。そしてこれらの所得を合算し，税率が適用される。ただ，利子や配当のように，他の所得から切り離して，とくに定められた税率で課税するという分離課税が適用される所得もある。

所得税は，収入にそのまま税率が適用されて税額が算出されるわけではない。収入を得るためには相応の経費が必要であり，図 6-1 のようにこの必要経費を差し引いた金額が所得となる。サラリーマンなどの給与所得者についても給料を稼ぐために経費が必要であるが，自営業者のように個々の必要経費を実額控除するのではなく，収入の一定割合を経費とみなす給与所得控除という制度が適用される。給与所得控除は，①勤労費用の概算控除，②他の

114

図6-1 所得税額の算出プロセス

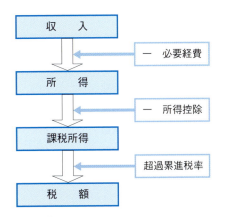

所得との負担調整のための控除、という性格を持つものと解釈されている。2018年の給与所得控除は、年収500万円の場合154万円、1,000万円の場合220万円というように、収入金額が多くなるにつれて控除額は大きくなるが、収入に対する比率は低下していく仕組みになっている。

サラリーマンも実額控除の道が完全に閉ざされているわけではない。かつてはサラリーマンには概算控除である給与所得控除だけしか認められてはいなかったが、自営業者などとのバランスを考え、通勤費、転勤にともなう引越費用などの支出（これを特定支出と言う）が給与所得控除を超えるときには、その超える部分も控除できるという制度が1988年12月の所得税改革によって設けられた。しかし、特定支出は①通勤費、②転勤の引越費用、③研修費、④資格取得費、⑤単身赴任者の帰宅旅費、⑥図書費や衣類費、交際費などの勤務必要経費の6項目に限られ、たいていの場合、給与所得控除を超えることはないため、実額控除を適用するサラリーマンはごく少数である。

給与収入から給与所得控除を差し引いて求められる所得から、さらに各種の所得控除を差し引くことによって課税所得が算出される（表6-3）。所得控除は人的控除と、雑損控除や社会保険料控除などのその他の控除に分かれる。前者はさらに、基礎・配偶者・扶養控除などの基礎的な非課税部分と、障害

6　日本の税制と税制改革

▶表6-3　所得税の税率（2019年4月1日現在）

課税所得	税率
195万円以下の金額	5%
195万円を超える金額	10%
330万円を超える金額	20%
695万円を超える金額	23%
900万円を超える金額	33%
1,800万円を超える金額	40%
4,000万円を超える金額	45%

者・老年者控除のように通常の人と比較して生活上追加的な費用を必要とする人びとに対するものとに区分される。

　次に，課税所得に超過累進税率を適用して所得税額が計算される。超過累進税率とは，課税所得にいくつかの段階（ブラケット）を設け，課税所得の各段階を超える金額にそれぞれの累進税率を適用するというものである。2019年度の所得税の税率は表6-3のようになっているが，たとえば課税所得が500万円の場合の所得税額は，

195万円×0.05＋（330万円－195万円）×0.1＋（500万円－330万円）×0.2
＝57.25万円

となる。もし，330万円超695万円以下の所得の全体に20%の税率が適用されると，330万円を少しでも上回れば税額は一気に増加し，税引き後所得が逆転する。超過累進税率によって，税引き後所得の逆転現象を避けることができるのである。

■ 税率と課税最低限

　所得税の特徴は，①税率が累進構造を持っていること，②一定の所得金額までは税がかからないという課税最低限を持つことである。この2つの要素は，個々の納税者の所得税負担額を決定するうえで重要であるが，所得税構

6-2 所 得 税

造が垂直的公平をどの程度重視しているかを示す尺度でもある。一般に，税率の累進度が大きいほど，また課税最低限が高いほど垂直的公平を重視していると考えられる。

表6-4はわが国所得税の税率構造と課税最低限（夫婦子供2人の標準世帯のケース。子供のうち1人は特定扶養控除の対象者）の推移を見たものである。シャウプ勧告以降，最高税率が引き上げられるとともに，税率の刻みも増え，1970年には19段階に達した。その後，80年代の前半に至るまで，所得税の強い累進構造は維持されることになる。

しかし，税率の刻みが多く設置されていると，インフレーションによって名目所得が増加しただけであるにもかかわらず，限界税率の高い階層に所得が乗ってしまうと，税負担率が上昇する。この現象をブラケット・クリープと呼ぶ。この問題を解決するためには，インフレ率に応じて課税最低限や各税率の適用される所得の幅を拡大するという物価調整減税を行えばよい。これによって，所得が物価上昇分だけ上昇しても，適用される税率は変わらない。また，税率のフラット化もブラケット・クリープ現象を回避する方法の一つである。つまり，比例税率であれば所得水準が上昇しても税負担率は上昇しない。

1980年代に入ると，こうしたブラケット・クリープ問題とは別に，強い累進構造を持つ所得税は勤労意欲を阻害し，経済活力を削いでしまうのではないかといった考えが先進国で広がり，税率のフラット化の方向が模索されるようになる。アメリカでは1986年10月にレーガン税制改革が実現し，11%から50%の14段階に刻まれていた税率は15%と28%の2段階にフラット化され，現在は7段階に改正されている。

わが国でも，1978年から83年にかけては物価調整減税が実施されなかったことから，77年には86%であった給与所得者のうちの納税者の比率が83年には91%に上昇した。こうした事情から，84年には課税最低限の引上げと税率の刻みを19段階から15段階にフラット化するという所得税減税が実施された。その後，税率構造のフラット化はさらに進み，1989年には10%から

117

6 日本の税制と税制改革

▶表 6-4 所得税の税率構造と課税最低限（夫婦子供 2 人世帯の給与所得者）

年	税率の範囲	段階数	課税最低限 (A)	(A)/平均 国民所得
1950	20—55％	8	71千円	
53	15—65	11	71	
55	〃	〃	205	65.6％
57	10—70	13	205	52.5
60	〃	〃	289	50.0
62	8—75	15	289	38.4
65	〃	〃	474	43.4
69	10—75	16	474	23.3
70	〃	19	880	37.4
71	〃	〃	1,003	40.0
72	〃	〃	1,037	35.8
73	〃	〃	1,121	31.9
74	〃	〃	1,507	37.0
75	〃	〃	1,830	41.3
77	〃	〃	2,015	36.9
84	10.5—70	15	2,357	29.2
87	10.5—60	12	2,615	28.4
88	10—60	6	2,619	26.5
89	10—50	5	3,198	30.7
93	〃	〃	3,277	28.0
95	〃	〃	3,539	29.4
98	〃	〃	3,616	30.2
99	10—37	4	3,821	32.1
2000	〃	〃	3,842	31.6
04	〃	〃	3,250	27.1
07	5—40	6	3,250	26.5
11	〃	〃	2,616	23.3
15	5—45	7	2,854	23.3
17	5—45	7	2,854	22.4

（注1）　夫婦子ども 2 人世帯。子ども 1 人は特定扶養控除を適用。
（注2）　国民所得は，1950 年度以前は「国民経済計算（1953 SNA）」，55 年度から 79 年度までは「国民経済計算（1968 SNA）」，80 年度から 94 年度までは「国民経済計算（1993 SNA）」及び 95 年度から 17 年度までは「国民経済計算（2008 SNA）」による実績額であり，それぞれ接続しない。

6-2 所　得　税

50％ の 5 段階となった。さらに，99 年 4 月からは「勤労意欲・事業意欲の維持・向上」の観点から，1,800 万円を超える課税所得には37％ の税率が適用され，税率は 10，20，30，37％ の 4 段階にフラット化された。そして，国から地方への税源移譲が行われた 2007 年からは，5〜40％ の 6 段階に改正され，2015 年からは最高税率が 45％ の 7 段階に区分されている。このように，所得税は数次にわたって減税が実施されたために，税収調達機能が弱まったと言われている。

課税最低限は，すべての人に無条件に認められる基礎控除や給与所得控除をはじめとする各種の所得控除を行った後に，ちょうど課税所得がゼロとなる所得水準のことである。所得控除には配偶者控除や扶養控除といった人的控除が含まれるために，家族構成が異なれば課税最低限は異なる値をとる。夫婦子供 2 人の給与所得者の課税最低限の推移を見ると，1955 年にそれまでの 7 万 1,000 円から 20 万 5,000 円に引き上げられ，99 年度には 382 万 1,000 円となったが，2004 年には 325 万円に引き下げられた。そして，11 年には年少扶養控除，特定扶養控除（上乗せ分）が廃止されたことによって，課税最低限は 261 万 6,000 円に下がった。これは「控除から手当へ」の流れを受けたものである。

課税最低限を人口 1 人当たり国民所得水準を 4 倍した平均国民所得に対する比率で見ると，55 年には 65.6％ に相当する高い水準であった。その後，課税最低限は引き上げられるが，経済成長によって国民所得がそれ以上に上昇したために，対平均国民所得比率は低下し，税率のフラット化が進んだ 1984 年以降はほぼ 30％ の水準で推移していたが，2017 年では約 22％ の水準となっている。

課税最低限と税率をどの水準に設定すべきかについては議論の分かれるところである。日本の所得税は，課税最低限が相対的に高く，しかも最低税率が 5％ と低いために，給与収入の低い階層での負担率は低く，その後，負担率が急速に上昇する構造になっていたことから幾度からの税制改正によって最高税率が引き下げられた結果，図6-2 に見られるように，フランスを除く

119

図6-2 給与所得税負担率の国際比較（夫婦子供2人世帯）

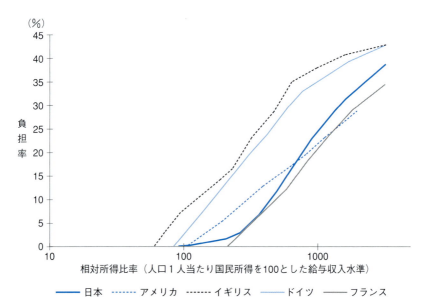

（注1） 2018年1月現在の税制による。
（注2） 各国の所得水準の差を考慮するため，給与収入階層は，各国の人口1人当たり国民所得を100とした相対値を用いて表している。
（資料） 日本租税研究協会『税制参考資料集』より作成。

他の先進国よりも低い負担となっている。ただし，課税最低限が円に換算して約188.5万円と低く，しかも20%という高い税率から始まるイギリス（税率の刻みは20%と40%と45%の3つ）とは対照的な構造である。

　高齢社会のコストを国民全体で負担していくという考えからすれば，課税最低限の引下げが必要である。しかし，現実問題として引下げが困難であるなら，消費税による財政負担が代替策として浮上してくる。

■給付付き税額控除

　近年，所得税などの税額控除を設け，低所得で控除しきれない世帯には給付金を支給する「給付付き税額控除」が提案されている。現行の所得控除は，所得水準が高く，適用される税率が高い所得が大きい人ほど税の軽減額が大

きく，高所得者に有利だと言われている。例えば所得控除が38万円だとすれば，適用される税率が10%の人の税の軽減額は38万円×10%で3.8万円であるのに対して，40%の税率が適用される人の軽減額は38万円×40%で15.2万円となる。所得控除を税額控除に変更することで，こうした現象は生じなくなる。

さらに，「給付付き税額控除」は，所得が低く控除しきれなかった税額部分があるとすれば，その額を給付することによって，低所得層における所得再分配効果を強化すると考えられている。つまり，所得税の負担がゼロである低所得者に対しても，税額控除が適用され，その額が給付されることになる。給付付き税額控除は，社会保障と税制を一体化することで現行制度の問題点を解決しようとする負の所得税として，古くから提案されてきたものである（負の所得税については第7章で解説する）。

■ 所得捕捉とクロヨン問題

所得税において垂直的公平と水平的公平を達成するためには，担税力の尺度である所得を的確に定義し，それを漏れなく捕捉しなければならない。所得は一般に，「納税者の資産価値を減少させることなく，財・サービスを支配できる経済力，つまり潜在的消費能力」を意味し，これに基づいて課税される所得税を包括的所得税と呼ぶ。この所得をヘイグ＝サイモンズ（R. M. Haig and H. C. Simons）は，

　　　所得＝消費＋純資産の増加

と定義した。ここで消費には，農家や自営業者の自家消費や，持ち家の人に発生する帰属家賃（かりに借家住まいであれば払わなくてはならなかったであろう家賃分），会社からのフリンジ・ベネフィット（現物支給）が含まれる。純資産とは資産マイナス負債であり，消費した残りの所得で負債を返済すれば，その分だけ純資産は増加する。また，株式や土地のキャピタル・ゲイン（値上がり益）も個人の潜在的消費能力を増加させることから，資産を売却して値上がり益を実際に手にしようがしまいが純資産の増加を生むことになり，

6 日本の税制と税制改革

所得にカウントする必要がある。

しかし，以上のような包括的所得に基づいて課税することが理想だとしても，実際には所得税はキャッシュ・フローに基づいて行われざるを得ないという現実から，帰属家賃をはじめとした帰属所得や，実際に資産を売却して利益を手にしたわけではない未実現のキャピタル・ゲインは課税所得にはカウントされず，課税対象から漏れている。

また，業種間で所得の捕捉率に差があり，このことが所得税における水平的公平を阻害する要因になっているとも言われる。クロヨンとかトーゴーサンと呼ばれる現象で，所得の捕捉率が，給与所得者は9割（10割），自営業者は6割（5割），農業所得者は4割（3割）であるため，同じ所得であっても業種間で税負担に差が生じるというのである。実際に所得の捕捉率がどの程度であるかを検証することは困難であり，公式にはクロヨンは存在しないとされている。しかし，過去に行われた所得の捕捉率に関するいくつかの研究は，業種間で捕捉率の違いがあることを検証している。また，4,870万人いる1年を通じて働いた給与所得者のうちで納税者は4,112万人，84.5%に上るのに対して，自営業者は527万人のうち，納税者は155万人で約29%，202万人の農家のうち，納税者は19万人で9.4%（いずれも16年）であり，ここでも，給与所得者の比率の高さが際立っている。

所得は収入マイナス必要経費であるから，収入を少なく算定するか，必要経費を多く計上すれば，所得を圧縮できる。これらの方法による所得の圧縮は脱税行為にあたるのだが，こうした過少申告を生む可能性には，業種間における所得捕捉の難易度の違いだけでなく，納税制度の相違も関係している。給与所得者の場合，給与収入が年間2,000万円を超える人や，2カ所以上から給与を受けている人などを除けば，会社が従業員の給与とともに納税額を計算し，税務署に納税するという源泉徴収制度が適用される。これに対して自営業者や農業所得者には，納税者本人が税額を計算し，自分で納税する申告納税制度が適用される。収入の捕捉の困難さと必要経費の認定のあいまいさが申告納税制度と結びつくことでクロヨン問題を発生させている。

6-2 所　得　税

■資産性所得と所得税

　所得税は本来，あらゆる所得を合算して累進税率を適用するという総合課税方式をとっている。所得の種類によって課税上の取扱いを異ならせると，水平的公平は確保できず，しかも，垂直的公平も達成できなくなる。しかし，現行の所得税では，所得の種類によっては総合課税方式が適用されないものがある。利子，配当，株式の譲渡益といった資産から発生する資産性所得である。

　利子については，少額貯蓄についてはマル優と呼ばれる非課税制度が適用されていた。しかし，この制度の不正利用によって課税の公平性が侵されたために，1987年9月の改正によって20%（国税の所得税が15%，地方税の住民税が5%）の源泉分離課税が適用されるようになり，今日に至っている。株式を保有することから得られる配当所得については，原則として，その支払の際に20%の源泉徴収が行われたうえで総合課税の対象とされ，税額控除である配当控除が適用されて最終的な税額が決定される。配当控除は6-4節で述べる法人税と所得税の二重課税を避けるために，法人段階で配当部分に課税された税額を個人段階で控除する制度である。しかし，少額の配当所得については源泉徴収だけで済ませることもでき，総合課税の対象からはずされている。

　株式などの有価証券の譲渡益は1989年4月を境に，原則非課税から原則課税に改められ，申告分離方式により課税されることになっている。

　このような資産性所得の課税の取扱いは貯蓄や資本蓄積の奨励といった政策的配慮や徴税の確実さという課税技術上の観点に基づいて行われることが多い。しかし，資産性所得の多くに総合課税が適用されないとなると，所得の高い階層では本来の累進税率よりも低い税率が適用されることになり，水平的公平や垂直的公平を満たさなくなる。とくに所得の高い階層では資産性所得の割合が大きいために，不公平が生じる可能性は大きい。

　課税の公平性確保の観点から総合課税を行うためには，資産性所得の正確な捕捉と同時に，複数の金融機関で発生する利子等を納税者毎に合算しなけ

123

6　日本の税制と税制改革

ればならない。これを名寄せと言う。アメリカですでに導入済みであり，わが国でも導入が検討されてきた納税者番号制度はこうした方向を追求するためのものである。2016年から税と社会保障などの手続きに使用する社会保障・税番号制度（マイナンバー制度）が開始され，税務署では個人番号（マイナンバー）を使用し納税者の情報を管理できるようになった。簡単に仕組みを説明しておこう。まず，各納税者に個人番号が与えられ，金融機関で預金する際に，この番号を告知する。金融機関は預金者に利子を支払う際には，個人番号を記載した資料を税務署に提出する。納税者は利子所得について自分の個人番号を記載した確定申告書を税務署に提出するが，税務署は金融機関から提出された資料に基づいて，各納税者毎に所得の名寄せを行い，確定申告書の内容を確認する。課税の公平性を確保する観点から導入が叫ばれる一方で，プライバシーを侵害するという反対論もある。

◻ 6-3　消　費　税 ◻

■取引高税から付加価値税へ

　大平内閣の一般消費税（仮称），中曽根内閣の売上税の二度に及ぶ失敗の後，1989年4月からわが国にも課税ベースの広い間接税である消費税が導入された。課税ベースの広い間接税を類型化すると，課税段階の数に着目して単段階課税と多段階課税とに区分することができる。単段階課税は流通過程の特定の段階で課税されるものであり，1990年までカナダで採用されていた製造業者売上税，オーストラリアで採用されている卸売売上税，アメリカやカナダの州段階で現在採用されている小売売上税の3種類がある。多段階課税は，輸入，製造，卸売，小売の全流通段階において課税されるものであり，全段階の売上に課税される取引高税や，売上から仕入を引いた付加価値にかかる付加価値税に分類される。付加価値税はまた，税額算出の仕組みの違いによっ

124

図6–3 付加価値の概念図

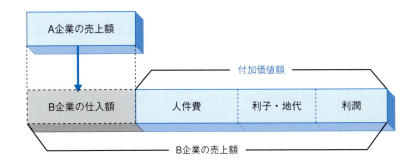

てEU型付加価値税をはじめとするいくつかの形態に分類できるが，わが国の消費税は付加価値税の一形態である。

付加価値というのは，企業が仕入れてきた原材料に加工等を施して販売するときに，付け加えられた新たな価値のことであり，図6–3のように，「売上額－仕入額」で表される。これは同時に，人件費，利子，地代，利潤から構成される。消費税は企業毎に付加価値に課税され，納税義務者である事業者が税務署に納税する。しかし，消費税を事業者が負担するわけではなく，次々に転嫁され，最終的に消費者が負担することが予定されている。

ヨーロッパ諸国が現在の付加価値税を導入する以前には，多くの国で企業の売上額そのものに課税される取引高税が課されていた。取引高税の税率をt，A企業の税抜き販売額を500とすると，A企業はB企業に税込価格$500 \times (1+t)$で販売する。次にB企業は500の付加価値を付けてC企業にこの製品を売るとすれば，税込み販売価格は $\{500 \times (1+t) + 500\} \times (1+t) = 500 \times (1+t)^2 + 500 \times (1+t)$ となり，税に税がかかる（tax on tax）という税の累積が生じることになる。そして，同じ商品であっても，製造から販売までが同一の企業で行われる場合に比べると，多くの流通過程を経て取引される場合のほうが税込価格は高くなり，競争上不利な立場に置かれることになる。このように，取引段階が多いほど累積する税額が大きくなることから，企業の垂直的統合を誘発することになる。これも税が持つ歪みの一つである。

6 日本の税制と税制改革

また，同じ商品でも取引段階数によって含まれる税額が異なると，国境税調整がうまくいかなくなる。間接税については，仕向地主義と言って，輸出品は税抜き価格で国境を渡り，輸出先でその国の間接税が課税されるという方法がとられている。これは輸入品と国産品との競争条件を同じにするためである。ところが，輸出品であっても，国境を越えるまでは国内で使われるものと同じように取引高税がかかっているため，輸出の段階で税を還付する必要が生じる。これを国境税調整と呼ぶが，取引高税の税率は一定でも，取引段階数によって含まれる税額が異なると，正確な税の還付を行うことができない。以上のような取引高税の欠陥をなくすためにヨーロッパで導入されたのが EU 型付加価値税である。

■ 付加価値税の仕組みとメリット

付加価値税は売上そのものではなく，付加価値（売上マイナス仕入）に課税することで税の累積を排除できる。事業者が税務署に納める税額は，

> 納税額＝税抜き売上×税率－税抜き仕入×税率
> 　　　＝（税引き売上－税引き仕入）×税率＝付加価値×税率

となる。

売上および仕入が税込みの場合には，

$$ 税込み売上 \times \frac{税率}{1+税率} - 税込み仕入 \times \frac{税率}{1+税率} $$

である。

表6-5 によって付加価値税が最終的にどのように消費者に転嫁されていくかを見てみよう。付加価値税がない場合，製造業者は製品を卸売業者に 500 で販売する。仕入をゼロとすると付加価値は 500 である。卸売業者はこれに 200 の付加価値を付けて小売業者に 700 で，次に小売業者は 300 の付加価値を付けて 1,000 で消費者に販売する。

ここで税率 10% の付加価値税が導入されると，製造業者は 50 の税額を税務署に納めるが，この分は製品価格に上乗せされ（税込価格は 550），卸売業

6–3 消費税

▶表6–5 付加価値税の仕組み

流通段階	課税無しの場合		付加価値税が課税された場合		
	仕入	売上	納税額	仕入	売上
製造業者	——	500	500×5％＝25	——	525
卸売業者	500	700	700×5％−500×5％＝10	525	735
小売業者	700	1,000	1,000×5％−700×5％＝15	735	1,050

者に転嫁される。卸売業者の売上にかかる付加価値税は70であり，770の税込価格で小売業者に販売するが，税務署に納める税額は製造業者に対して支払った税額50を差し引いた20となる。小売業者は税抜き価格1,000に10%を乗じた額100を上乗せして消費者に販売し，税務署には100（売上にかかる税額）から卸売業者に支払った税額70（仕入にかかる税額）を差し引いた額30を納めることになる。このように，付加価値税が存在しない場合には消費者は1,000で商品を購入できていたが，付加価値税導入後は1,100を支払わなければならなくなる。しかし，付加価値税の場合は，取引段階数に関係なく，この商品の付加価値総額が1,000であれば最終的な価格は1,100となることから，企業の垂直的統合は起こらない。また，最終価格に1/1.1をかければ税額が確実に算出され，国境税調整も容易である。

　税務署に納められた税額は100（＝50＋20＋30）であり，これは最終的には消費者が全額負担する。アメリカの州段階で採用されている小売売上税の場合には，小売段階で消費者が負担する100の税を小売業者が税務署に納めるが，付加価値税の場合には，100の税を製造業者，卸売業者，小売業者が分けて納税することになる。もし，小売業者の段階で脱税が起こったとして（実際に，付加価値税の場合も脱税は小売段階に多いと言われている），小売売上税の場合には税の全額100を取り損なうことになるが，多段階税である付加価値税の場合には，脱税の被害は30に抑えることができる。脱税に強いのも付加価値税の特徴である。

　このように，付加価値税は売上から仕入を差し引いた付加価値に課税する

6 日本の税制と税制改革

のであるが，仕入の範囲をどのように設定するかで課税ベースは変わってくる。機械などの資本財の購入も仕入に含まれ，それにかかっている付加価値税を売上にかかる税額から差し引くことができる付加価値税を消費型付加価値税と呼ぶ。資本財の購入は，古くなった機械を置き換えるための減価償却の部分と新規投資の部分に分けられる。このうち減価償却部分のみの控除を認める付加価値税を所得型付加価値税と呼び，資本財の購入をまったく控除しない付加価値税を GNP 型付加価値税と呼んでいる。EU で採用されている付加価値税やわが国の消費税は消費型付加価値税である。

■ インボイス方式と帳簿方式

付加価値税は累積課税を排除するために仕入にかかる税額を売上にかかる税額から控除するが，仕入税額をどのように算定するかによって，税額別記の書類によるインボイス方式と自己記録（帳簿上の記録）による帳簿方式（アカウント方式とも呼ばれる）に分類される。

前者に属するものとしては，付加価値税額が記載されているインボイスの発行を取引のつど義務づけ，これを用いて仕入税額控除を行う EU 型付加価値税がある。これに対して帳簿方式は，各事業者が税務署に納める税額を帳簿に基づいて計算することになっている。

インボイス方式と帳簿方式を比べた場合，脱税防止には前者に軍配が上がる。A 企業が B 企業に製品を販売したとしよう。インボイス方式の場合，A が B に対して発行するインボイスに販売額と税額を過小に記載すれば，A は本来納めるべき税額よりも納税額を少なくすることができる。ところが，このような操作をすると，B は仕入額（したがって仕入にかかる税額）が実際よりも小さく記載されているインボイスを受け取ることになり，B の納税額は納めるべき金額よりも大きくなってしまう。このように，インボイスを用いることで，A 企業（B 企業）が納税額を小さくしようとすれば，B 企業（A 企業）の納税額が大きくなり，不正なインボイスの発行を取引を行う企業が相互に牽制するという，クロス・チェック機能が発揮される。自己の帳簿

に基づいて納税額を計算する帳簿方式の場合には，こうしたチェック機能は働かない。

　ただ，インボイス方式でも，消費者にインボイスを発行しない小売業者の段階ではチェック機能は働かず，脱税が起こる可能性はある。また，実際に不正を防止するためには，税務当局は膨大な量に上るインボイスを相互に付き合わせる必要があり，脱税の防止はやはり税務調査に依存せざるを得ないのが実態である。しかし，インボイスという証拠書類の存在は，税務調査が入る可能性とタイアップすることで，脱税防止の抑止力としての力を発揮する。また，インボイス方式の採用は，自営業者や農業者における所得の捕捉にも活用でき，クロヨン問題の解決にも貢献するのではないかという考えもある。

　わが国では，取引慣行や納税者，税務関係者の事務負担に配慮した結果，帳簿方式が採用された。しかし，10％への税率引上げと同時に軽減税率が採用されると，商品によって税率が異なり，帳簿方式では正確な仕入れ税額控除が行えない。そこで，軽減税率採用開始4年後にインボイスに記載された仕入れ税額のみを控除することができる「適格請求書等保存方式（インボイス制度）」が導入される。

■小規模事業者への配慮

　帳簿方式の採用は納税事務の簡素化に関する配慮であったが，小規模事業者には別段の配慮がなされている。

　消費税の納税義務者（最終的な負担者ではない）は，①法人・個人の区別なく日本国内で事業を行う者，②外国から商品を輸入する者であるが，消費税導入時には，個人事業者については前々年（法人については前々年度）の課税売上高が3,000万円以下の場合には納税義務が免除されることとなっていた。これを事業者免税点制度と言う。小売段階で免税事業があったとしよう。免税業者であっても税込みで仕入を行っているのであるから，消費者に販売される価格はその分だけ高くなる。しかし，免税業者が課税事業者のよ

6 日本の税制と税制改革

うに5％の消費税分を上乗せして販売したとすれば，売上にかかる税額から仕入にかかる税額の差額分が税務署に納付されず，事業者のポケットに入ることになる。こうした益税問題等へ対処するために，その後，中小事業者への特例は見直され，2004年から課税売上1,000万円以下の事業者が免税となっている。

さらに2011年の消費税法の改定から，個人事業者は前々年の課税売上高が1,000万円以下であっても，前年の1月1日から6カ月の特定期間（法人の場合は前年度事業開始日から6カ月）の課税売上高が1,000万円を超えた場合は課税事業者となることが適用要件として追加された。その改定の背景には，課税期間の課税売上高が多額であっても免税事業者になったり，反対に1,000万円以下であっても課税されたりするような不合理な現象がある。なお，課税売上高に代えて，支払給与の合計額によっても免税事業者と判定ができる。

事業者免税点制度とは別に，中小事業者の納税事務負担を軽減するために，年間課税売上高が5,000万円以下（消費税導入時には5億円以下）の事業者には，課税売上高から納付税額を計算できる簡易課税制度の採用を選択することが認められている。この制度は，卸売業等については売上の90％を，小売業については80％を，製造業等については70％を，サービス業等については50％を，不動産等については40％，その他の事業者については60％相当額を仕入とみなすものである。この比率をみなし仕入率と呼ぶ。卸売業を例にとると，簡易課税制度を選択した場合の納付税額は，

$$納付税額＝売上高 \times 10\% － 売上高 \times 90\% \times 10\%$$
$$＝売上高 \times 1\%$$

として算出される。

簡易課税制度の採用は本来なら国や地方に入るべき消費税を事業者が取り込むという益税問題を発生させる。つまり，実際の仕入率がみなし仕入率よりも低い（これは実際の付加価値率がみなし付加価値率よりも高いことを意味する）事業者の場合，本来納めるべき税額（＝実際の付加価値額×税率）と簡易課税制度を選択した場合に納めればよい税額（＝みなし付加価値額×

税率）との差額は事業者が取り込むことができるのである。

　フランスにも，年間売上が一定以下の個人事業者に対して税務当局との協定によって税額を確定するフォルフェ制度の選択が認められていたが，1999年よりこの制度は廃止され，その代わりに免税点が引き上げられた。

　益税対策としてインボイスの保存を義務付けるインボイス方式の導入，創設当初は年間売上高5億円以下であった簡易課税制度の適用の引下げ，卸売業90%，その他80% という2分類であったみなし仕入率の細分化など，導入後に改善はなされてはいるが，税率を10% に引き上げたことで益税額がふくらむ可能性もあり，今後の動向が注目される。

■ 消費税の逆進性問題

　所得に占める消費支出額の割合（平均消費性向）は所得水準が高くなるにつれて低下する。したがって，全消費支出に一定の税率で課税される消費税の場合，所得に対する負担額の比率は所得が高いほど低くなる。図6-4は2017年の消費税（税率は10%）の年間収入階級別負担率を見たものである。世帯の負担率は所得水準が上昇するにつれて9.36% から2.87% 程度にまで低下し，逆進的な負担構造を示している。税率が現在のように低いときには，逆進性問題はそれほど大きく取り上げられることはないが，将来，消費税率がヨーロッパ並に引き上げられるとすれば，逆進性問題が表面化することは必至である。

　逆進性は食料品などの生活必需品に対する課税を軽減することで緩和することができる。図6-4には現行の課税ベースから食料品の軽減税率を導入した場合の負担率をあわせて示している。最低の所得階層では負担率が9.36% から8.85% に約0.51 ポイント低下するのに対して，最高所得階層での負担率の低下は0.09 ポイントと小さい。このように食料品に軽減税率を適用することで，完全ではないにしても逆進性を緩和することができる。

　付加価値税の先進国であるヨーロッパでは，非課税品目の設定や，軽減税率，標準税率，割増税率を使い分けることによって負担の逆進性を緩和して

6 日本の税制と税制改革

図 6-4 消費税の負担構造（2017 年）

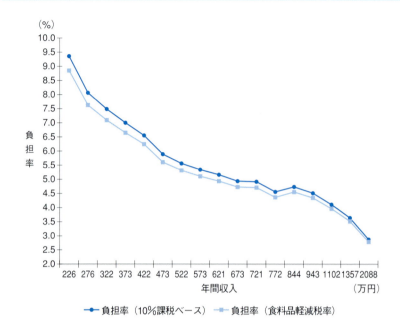

（資料）総務省『家計調査年報』より作成。

いる。たとえばイギリスでは，食料品，新聞，医薬品などに，前段階の税額を還付し，したがって付加価値税による価格の上昇がまったく起こらないゼロ税率を適用している。ただ，イギリスのこの措置は課税ベースを大きく減少させることになるため，他の EU 諸国の批判を受けているが未だに多くの品目がゼロ税率である。その他にも家庭用燃料や電力には 5％ の軽減税率が適用されている。ドイツでは，食料品，新聞，国内近距離旅客輸送などに 7％ の軽減税率が適用される。20％ という高い標準税率を持つフランスでは，食料品や書籍，水などには 5.5％ の軽減税率が，新聞，雑誌，医薬品等には 2.1％ の軽減税率が適用されている。なお，加盟国の税制調和をめざそうとしている EU では，標準税率を 15％ 以上とし，食料品，新聞，医薬品等の一定の品目については 5％ 以上の軽減税率を 2 段階まで設けることができるとしてい

る。

　すべての財やサービスを課税対象とする一般消費税は，商品間・サービス間の消費選択には歪みを与えない（第4章を参照）。しかし，余暇には課税できないために労働と余暇の選択には中立的ではない。そこでゴルフやテニス用品など，レジャーと補完的な関係にある財・サービスに重い消費税を課すという最適間接税の考えがある。しかし，実際にヨーロッパで採用され，わが国でも導入が予定されている複数税率は，こうした資源配分上の配慮からではなく，むしろ負担能力に応じて税を負担させるという公正上の配慮から採用されていると言える。

　このように生活必需品を課税対象から除外することによって逆進性を緩和することができるが，非課税措置を含む複数税率の採用は次のような問題を抱えることになる。

　第1は消費者選択の歪みである。これは消費税導入前に存在した物品税の欠点として問題にされたところであるにもかかわらず，消費税に再びこの問題を持ち込むことになる。非課税措置は低所得層以外の階層にも適用されるために，放棄される税収は相当な規模に上り，同額の税収を上げようとするなら，課税品目の税率を高く設定しなければならない。これによって，消費者選択の歪みはさらに大きくなる。

　第2は逆進性を緩和する方法としての切れ味の悪さである。つまり，低所得者に非課税措置を限定することができないために，失われる税収の多さに比べて逆進性緩和の効果はそれほど上がらない。

　第3は課税品目と非課税品目（軽減税率）のボーダーラインの問題である。たしかに食料，保健医療といった品目は所得が高くなっても消費量がそれほど増えないという意味で，需要の所得弾力性は小さい。しかし，同じ食料品でも米とキャビアというように，品目をさらに細かく区分していけば弾力性にはバラつきが出てくるはずである。この点を考慮して，財・サービスを必需的なものとそうでないものとに区分して非課税や軽減措置を適用することは困難である。わが国では，飲料食料品をレストランなどの店内で飲食する

6 日本の税制と税制改革

と軽減税率対象外になる。このような線引きを実際のビジネスに落とし込むのは簡単ではないという議論も出ている。

たしかに消費税は逆進的ではあるが，すべての税目が累進性を確保しなければならないのかという疑問もある。複数の税目で租税原則をバランス良く満たしていくとすれば，所得税や資産税を含めた税体系全体で負担の公平性を確保するという考え方や，さらに進んで，公平性は財政支出を含めた財政全体で判断すべきだという考えも出てくる。税負担が逆進的であっても，財政支出が低所得層に重点的に支出されれば財政全体を通じた再分配効果は達成できるからである。

消費税の仕組みによって逆進性を解消するのではなく，別途，給付付き税額控除を創設し，消費税の負担を給付によって相殺するという仕組みも提案されている。消費税逆進性対策税額控除方式としては，カナダの GST（Goods and Services Tax, 付加価値税）クレジットが知られている。GST クレジットは，世帯における人数（本人，配偶者，子供）と家族所得を基準として給付額を算定し，給付方式を採用する仕組みである。軽減税率はその効果が低所得層以外の階層にも及ぶが，このような給付付き税額控除は対象を低所得層に限定することができる。

□ 6-4 法 人 税 □

■法人税とは

法人税は法人の所得（利潤）にかかる税金であるが，その課税根拠には，法人をどのようにとらえるかによって2通りの考え方がある。一つは，法人企業はそれ自体が個人とは独立した課税主体だとする法人実在説であり，いま一つは，法人企業は株主の集合体にすぎず，法人税は株主の報酬にかかる個人所得税を法人段階で源泉徴収したものにすぎないとする法人擬制説であ

134

る。アメリカは法人実在説の考えをとっているが，わが国をはじめ，イギリス，ドイツ，フランスなど，ほとんどの国では法人擬制説の考えが採用されている。

法人実在説の立場からは，法人所得に対して法人段階と個人段階で別個に課税されても二重課税にはならない。これに対して法人擬制説の立場からは，法人税が株主に帰着するとすれば，個人段階でさらに所得税が課税されると二重課税になる。このような二重課税を回避するための方法として，かつてヨーロッパの諸外国においては，受取配当とそれにかかった法人税額の全部または一部を個人株主の所得に加算し，この所得を基礎に算出された個人所得税額から，加算した法人税額を控除する方式が採用されていた。このような方式をインピュテーション方式と呼ぶ。わが国で採用している個人株主の段階で配当税額控除を認める方法もインピュテーション方式の一種と言える。

2017年度時点で，わが国には内国法人と外国法人の合計で，284万870社の申告法人（連結法人については親法人と子法人の数を含む）があるが，そのうち赤字法人は187万1,011社に達している。このように多くの法人が法人税を負担していないことから，赤字法人にも課税すべきだとする考えがある。しかし，法人税の課税根拠を法人擬制説に求めるなら，赤字法人に対する課税は理屈に合わない。ただし，地方税の法人事業税のように，企業がその活動を維持できるのは道路や港湾といった公共サービスの利益を受けているからであり，法人はそれに対して相応の負担をすべきであるとする考え方は，法人所得課税を実在説的にとらえていると言える。その意味では，2004年から資本金1億円超の法人を対象として，法人事業税の一部に外形標準課税を取り入れ，赤字法人にも負担を求めるようになったことは妥当であると言える。しかし，赤字法人の多い中小法人には外形標準課税は未適用であり，現在，財源確保のために見直しが議論されている。

また，巨大法人には税率を高くするなど，法人の規模に応じて累進的な税率を設定するべきだという考えがある（実際には，中小法人には軽減税率が適用されている）。しかし，法人税が個人所得税の源泉徴収だとすれば，巨大

6 日本の税制と税制改革

法人の納税者が必ずしも高所得株主であるとは限らないことから，公平な税制とは言えない。

■ 増税と減税の歴史

戦後のわが国の法人税を振り返ると，図6-5 の法人税率の推移から明らかなように，1950 年代から 60 年代までは資本蓄積のための減税の歴史であり，70年代から 80 年代の終わりごろにかけてはほぼ一貫して財源調達のための増税の歴史であった。そして 80 年代の終わりから今日に至るまでは経済活力の増進のために減税基調にある。このように，法人税は政策手段として用いられてきた。

1950 年度に 35% であった法人税の基本税率は，特需景気による企業の収益力の向上を背景として，52 年度には一挙に 42% にまで引き上げられた。しかし，55 年度には資本蓄積の促進と輸出振興に配慮して税率は 40% に引き下げられ，58 年度にも租税特別措置の整理による負担増の見返りとして 38% に税率は引き下げられている。61 年度からは配当部分に軽課税率の適用が始まり，この配当軽課制度は 89 年度まで続くことになるが，65 年度と 66 年度には内部留保の充実を目的として留保部分の税率はそれぞれ 37%，35% へと引き下げられた。この減税は対前年度の法人税額に対して 5%，10% に相当する大規模なものであった。

しかし，1970 年代に入るとこのような傾向は一変する。70 年度には所得税減税の財源として税率は 36.75% に引き上げられ，74 年度には諸外国との税負担の均衡を図ると同時に所得税の大幅な減税財源を調達するために税率は40% に跳ね上がった。このときの増税率は対前年度税収比で 8% 弱に及んでいる。さらに 81 年度には，当時の国家財政の再建を目的として 42% への税率引上げが実施され，84 年度には所得税減税財源として税率は 43.3% と，戦後最高の水準に達したのである。また，税率の引上げに加えて，租税特別措置の整理等が行われたために法人税の負担は年々増大していった。

法人税は法人利潤で負担されることが予定されている税であるが，法人税

136

図 6-5 日本の法人税率

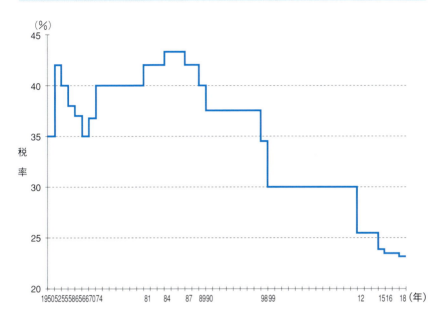

の最終的な帰着は現在のところ理論的にも実証的にも確かな答えが得られていない。しかも法人企業の多くが欠損法人であり，法人税を負担していない。このような，国民にとってもっとも痛みの小さい税の一つである法人税は，所得税をはじめとした個人課税の減税財源として，また膨張する財政支出を賄う手っ取り早い方法として利用されたのである。

■法人税率の引き下げ競争

わが国において法人所得課税が安易な財源調達マシンとして利用されている間に，欧米では法人税改革が着々と進んでいた。イギリスでは1980年代の初頭，サッチャー政権は当時の新保守主義の潮流の中で小さな政府をめざし，市場メカニズムを重視することによって資源配分を効率的にするとともに，経済成長を促進しようとした。法人税についても税率の引下げという形で負担軽減措置が講じられるようになっていく。

6 日本の税制と税制改革

図6-6 実効税率の国際比較

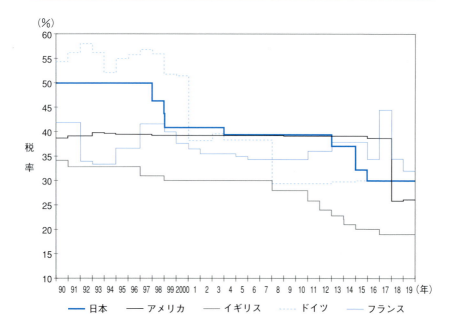

アメリカでは，1986年の税制改革において，81年の経済再生租税法に基づいて導入された加速度費用回収制度等の一連の特別措置が産業間に法人税負担の差を発生させているとしてこれらを廃止・縮減し，法人税率を引き下げる方向に政策を転換した。この改革によってアメリカ企業の法人税負担は増加し，収益力は低下した。しかし，産業間や資本設備間に存在していた税率の格差は大きく縮小し，法人税がもたらす投資への歪みは大きく是正されたのである。

このように，1980年代の後半以降，イギリスやアメリカは政策税制がもたらす資源配分の歪みを是正するために特別措置の整理によって課税ベースを拡大しつつ，法人税率そのものを引き下げる政策を実施してきた。その結果，図6-6の1990年代はじめの法人所得課税の実効税率（国税と地方税の合計）で見ると，日本とドイツが他の国々に比べて高い水準に取り残されてしまったのである。

6-4 法 人 税

　以上のような先進諸国の税制改革を踏まえて，わが国でも法人税の改革が先般の抜本的税制改革において実施され，図6-5で示されるように1989年度からは法人税の基本税率は40%に，翌90年度からは37.5%に引き下げられた。そして98年度には課税ベースの拡大と合わせて税率は34.5%に引き下げられ，99年度には30%，12年度に25.5%となり，18年度には23.2%にまで引き下げられた。この結果，地方税と合わせた実効税率は2019年度において29.74%となっており，アメリカやヨーロッパの国々に比べると未だ高い水準にある。

■経済活力と法人税

　今後進展するであろう国際分業の視点からわが国の企業戦略をとらえるなら，国内では創造的な技術開発と，それらを応用した新製品を生み出していかねばならない。こうした企業の投資活動と法人税とは切り放すことのできない関係にある。

　いま，企業が自由に使える資金を持っているとしよう。このとき企業は，①新たに設備投資を行うことで生産力を向上させて収益を得るか，②金融資産に投入し運用益を得るか，の選択をする。設備投資を1円行うことによって発生する追加的な生産物（これを資本の限界生産力と言う）を C とする。生産物の価格を1とすれば，設備投資による追加的な生産物の価値は C である。ところが金融資産と違って機械は時間とともに減耗する。ここで，経済的な減価償却率を δ（デルタ）とすると，これを損失として計上する必要がある。こうして，設備投資によって得られるネットの価値は $C-\delta$ となる。次に金融資産に投入する場合，利子率を i とすれば金融資産1円当たりの運用収益は i 円となる。企業はこうして，設備投資と金融資産への投入のどちらが有利かを考えながら資金の運用を行うのである。

　設備投資は大きくなればなるほど，追加的な投資から得られる追加的な生産物の価値は小さくなる。図6-7 (a)では，最初のうちは設備投資の収益が金融資産の運用益を上回っているが，Q_1 よりも投資を増やすと，金融資産の収

139

図6–7 法人税と投資行動

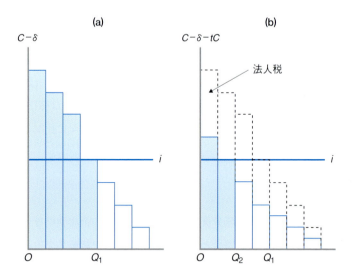

益が高くなり，設備投資を行うに値しなくなる。つまり，設備投資を実行するためには，減価償却 δ を差し引いたネットの収益 $(C-\delta)$ が i を超えることが必要なのである。このように，投資を実行するうえで最低限必要とされる限界生産物の価値 C は $i+\delta$ であり，このハードルを**資本コスト**と言う。景気が悪いときに金利を引き下げるのは，ハードルを下げることで企業の投資を増やすことができるからである。

ここで，税率 t の法人税が導入されるとしよう。法人税は投資の収益である C を tC だけ圧縮し，税引き後の純収益は $C-\delta-tC$ となる。企業は，この税引き後純収益が金融資産の運用収益（借入の場合は支払利息）に等しくなるまで投資を行うだろう。そして，法人税の導入によって企業が設備投資を実行するために最低限必要な収益 C'（資本コスト）は，

$$C'-\delta-tC'=i$$
$$C'=i+\delta+tC'$$
$$C'=\frac{\delta+i}{1-t}$$

6-4 法　人　税

となり，課税前に比べて上昇する。こうして，図6-7 (b) で示されるように，法人税導入前は Q_1 まで実行されていた設備投資は，法人税の導入によって Q_2 まで減少してしまうのである。

　ただ，実際には話はそれほど単純ではない。法人税の課税ベースからは，税法によって定められた減価償却分（法定減価償却）や借入利子分が控除されるからであり，もし，法定減価償却が経済的減価償却に等しく，設備投資が全額借入によって賄われる場合には，法人税は企業の資金運用に対して中立的となる。そして，法定減価償却が経済的減価償却よりも小さかったり，設備投資の一部が自己資金で賄われるといった，より現実に近いケースでは法人税は企業の設備投資を抑制する方向で影響を与える。

　資本コストの水準は法人税制だけでなく，利子率等の資金調達コストにも依存する。現時点では，日本の法人課税負担は，資金調達コストが低いことや投資の資金調達における借入比率が高いことによって埋め合わされていると考えられる。しかし，金利水準や投資資金の調達方法に各国間格差がなくなれば，法人税負担が日本の投資環境を相対的に悪化させる可能性がある。このように考えると，今後の日本経済を法人税制が左右するかもしれないのであり，最近の法人税減税には以上のような背景があった。

■経済活動のグローバル化と法人税

　かつて，生産に大規模な土地や多くの人手を必要とする企業は，国内の地方圏に生産現場を求めて工場を新設した。しかし今日では，労働コストをはじめとした日本の高生産コストを回避したり，海外の大きな市場を求めて，自動車や家電製品など，これまでわが国の経済を支えてきた企業の多くが生産現場を海外に移している。つまり，経済活動のボーダレス化の進展とともに，企業は設備投資の国際的な配分を検討するようになってきたのである。

　投資をどの国で行うかは，企業活動における海外と国内の代替可能性にかかっており，労働者の資質や能力等の違いによって外国での生産が不可能な場合には海外での設備投資は起こりにくい。しかし，今日では国内と海外と

141

は同じ製品を生産するうえで代替的な場所と考えられる。しかも，企業の投資資金には一定の制約が存在するから，国内投資と海外投資との間には明確なトレード・オフの関係が存在することになり，利潤の最大化を目的とする企業が海外直接投資を今後とも増やすことは十分に考えられる。

このような状況において，わが国の法人税負担が相対的に高い水準に維持されると，場合によっては海外での投資が有利となり，産業の空洞化に拍車をかける可能性すらある。

法人税と海外直接投資の関係をハートマン（D. Hartman）の理論をベースに結論だけを整理しよう。外国で発生した所得の課税には，源泉地課税（territorial approach）と居住地課税（residence approach）という 2 つの方法がある。源泉地課税は外国で発生した所得を発生地で課税し，自国では課税されないというものであり，居住地課税は外国で発生した所得に対して自国でも課税するものである。

わが国の税制では，国内に本拠を置く法人は，所得の源泉を問わずその稼得する全世界所得に対して法人税が課されることになっている。だが，このような所得には外国でも源泉地課税が行われるのが通常であり，居住地国課税と源泉地国課税の競合，二重課税がここに発生する。そこで，わが国では，外国で発生した所得に対する国内課税額を限度として，国内の納付税額から外国で納めた税額を税額控除できる仕組みを採用している。これが外国税額控除制度である。

海外直接投資によって発生した所得がただちに本国に送金される場合には，この外国税額控除制度によって海外での納税額が完全に税額控除されるなら，国内であろうと海外であろうと，投資から生まれる所得に対して同一の国内税制が適用されることになる。したがって，投資の国際的配分を決めるのは，自国と投資先国の税引き前資本収益率の大小ということになる。これを資本輸出の中立性と呼ぶ。要するに，海外投資は外国所得に対する日本の法人所得課税の影響を受けるが，投資受け入れ国の法人税の影響は受けないのであり，法人所得税負担の国内外格差は投資の国際的配分には影響しない。

しかし，海外直接投資で得られた所得が海外での再投資に用いられるとなると，話は違ってくる。このときには海外投資を行うかどうかは，海外での税引後の収益率と国内での税引後の収益率の大小関係ということになる。これを資本輸入の中立性と呼ぶが，海外で発生した所得がそのまま海外で再投資に利用される場合には，国内外の法人税負担の違いが日本企業の投資戦略に影響を及ぼすのである。法人税と海外直接投資の関係については実証的な研究を待たなければならないが，少なくとも理論的には影響を及ぼす可能性があることを法人税改革の一つの視点に据えるべきであろう。

　経済活動がグローバル化する中，国の税率差を利用することで一部の多国籍企業による過度な課税逃れが生じている。法人税率が低い国に利益を集め，納税額を抑えることで生じるが，特にIT（情報技術）の発展によって企業の所得を正確に把握することが困難になっている。経済協力開発機構（OECD）はこのような高度な課税逃れをBEPS（Base Erosion and Profit Shifting, 税源浸食と利益移転）と名付け，具体的な防止策の議論を進め，2015年10月に最終報告書をまとめた。今後は，価値が生み出された場所と課税が行われる場所を一致させるとの方針に従い，透明性と予測可能性の向上を図りつつ，国際的二重課税と課税逃れの問題に対処していくことが期待されている。国際課税上のルールの整備が世界的に進めば，企業の競争条件に関する公平性も増すはずである。

6-5　資 産 課 税

■相続税と贈与税の仕組み

　資産課税の代表は相続税と贈与税である。財務省の分類では，資産課税等となっており，利子，配当，譲渡益のような資産性所得に対する課税がここに分類されている。勤労期に貯蓄される資産は退職後に取り崩して生活費に

6 日本の税制と税制改革

あてられる。これがライフ・サイクル仮説である。しかし，現実には財産を残して死亡する人も多く，これを受け取る人は労せずして所得を得ることになる。この状態を放置しておくと，富の集中が起こったり，財産を持つ者と持たざる者との間に，人生のさまざまな側面で機会の均等が損なわれ，公正な競争社会が崩れる可能性がある。こうした問題を解決するために，死亡した人の財産を相続によって取得した人に対して相続税がかかる。また，生前に贈与された場合に課税されるのが贈与税である。

相続税は，アメリカやイギリスのように相続財産そのものに課税する遺産課税方式と，ドイツ，フランスのように相続によって財産を取得した相続人に課税する遺産取得課税方式に分類される。わが国の場合，相続税の総額を法定相続人の数と法定相続分とによって算出したうえで，各人の実際の取得財産額の割合に応じて配分する遺産取得課税方式を基礎とした法定相続分課税方式が採られている。

税率は，イギリスのように40%の単一税率を採用している国もあるが，わが国をはじめとしてアメリカ，ドイツ，フランス等は累進税率を採用している。ただ，アメリカは18%から40%（12段階），ドイツが7%から30%（7段階），フランスが5%から45%（7段階）であるのに対して，わが国の場合，10%から55%，税率の刻みが8段階という累進構造になっている。ただし，相続財産の全体に課税されるわけではなく，定額控除と法定相続人の数に応じた比例控除の合計である基礎控除額が差し引かれる。基礎控除額は経済状況等に合わせて何度も変更が加えられてきた。所得税を減税する一方で，資産課税の緩和が進められると，富の集中排除や資産格差の是正という公正な社会をめざすうえで必要な条件が満たされなくなる可能性がある。そこで，相続税が持つ富の再分配効果を強めるため，2015年度から基礎控除を引き下げる税制改正が行われた。その結果，改正前は定額控除：5,000万円，比例控除：法定相続人×1,000万円が，改正後には定額控除：3,000万円，比例控除：法定相続人×600万円となった。この結果，現在，配偶者と子供2人が相続した場合には相続財産総額が4,800万円（2018年度）までは相続税は

144

かからない。これを超過する財産が法定相続分に分割され，各相続分に累進税率が適用されるのである。また，配偶者には税額の軽減措置が設けられており，配偶者の取得財産が1億6,000万円以下（18年度），あるいは1億6,000万円を超えても法定相続分までであれば課税されない。

贈与税は1年間（1月1日から12月31日まで）に受けた贈与財産に基礎控除（110万円，2018年度）を差し引いた残りの金額に10%から55%の税率を適用して税額が算出される。

税は経済活動に歪みを与えてはいけない。財産移転についても同様である。生前贈与を容易にして，高齢者の保有する資産の次世代への移転を円滑化するために，2003年度税制改正において，相続時精算課税制度が創設された。この制度は，受贈者の選択によって，贈与時に贈与税を支払い，その後の相続時にその贈与財産と相続財産とを合計して算定する相続税から，すでに支払った贈与税額を控除することで，生前贈与と死亡時相続との税負担の差をなくし，財産移転の時期に中立的な税制をめざそうとしたものである。ただし，この制度の適用対象となる贈与者は60歳以上の父母または祖父母，受贈者は20歳以上の子である。

相続や贈与される財産は，相続税法に特別に定めがない場合には課税時における時価で評価されるが，宅地については公示地価の8割を目安とする路線価で評価される。ただし，小規模宅地等（200 m² までの部分）については，事業用，居住用に評価額の減額を認めている。公示地価というのは，国が毎年全国の地価について発表するもので，国や地方公共団体が用地を取得する価格や，国土利用計画法に基づく土地取引の判断基準になるものである。

■消費税へのシフトと資産課税の強化

竹下政権下での税制改革では，相続税，贈与税の最高税率が75%から50%に引き下げられるとともに，バブル経済によって地価が上昇したため，相続税の基礎控除が引き上げられた。これによって課税最低限は引き上げられたが，バブル崩壊とともに地価が大幅に下落したにもかかわらず，基礎控除は

6 日本の税制と税制改革

据え置かれたために，死亡者の内相続税が課税される者の割合は2014年度には4.4%にすぎなかった（バブル経済前の87年には7.9%）。しかし，2015年の相続税の基礎控除額の改正により，課税対象となる人が増えたことで，2016年には8.1%に増加した。

わが国の税制が所得課税から消費課税にウエイトをシフトさせてきたことを考えるなら，資産課税の強化は公平な税制を構築するうえで重要な改正であった。というのも，消費税は貯蓄の部分には課税されないからである。これからのあるべき税において，資産課税をどのように位置づけるかは重要な課題である。

● 練習問題

1. 日本の租税体系の特徴を欧米先進国との対比の中で説明せよ。
2. わが国における所得税の特徴を税率構造，課税最低限などの点から説明せよ。
3. 消費税は「税に税がかかる」という tax on tax の問題を排除し，企業の垂直的統合を引き起こさないと言われている。この点について説明せよ。
4. わが国の消費税の特徴はどのような点にあるかを説明せよ。
5. 消費税の負担はなぜ逆進的になるのだろうか。また，逆進性を緩和する手段と，緩和にともなう問題点について述べよ。
6. 法人税は企業の投資活動に影響すると言われているが，それはなぜか説明せよ。

第 7 章

社会保障の財政問題 I
――生活保障と年金――

　　財政の所得再分配機能を果たす中心的な手段は社会保障である。国民生活のセイフティ・ネットとしての役割を担う社会保障ではあるが，本格的な高齢社会の到来と財政危機という厳しい状況の中で，給付水準，財源調達方法など，多くの面で改革が必要である。高齢化の進行は年金や医療といった社会保障給付の規模にどのような影響を及ぼすのだろうか。年金財政は大丈夫なのか。なぜ現行の年金財政方式は世代間の不公平を発生させるのだろうか。本章では，社会保障の役割，高齢化の影響などを明らかにしたうえで，年金改革を中心に考えてみよう。

7 社会保障の財政問題 I

■ 7-1 超高齢社会と社会保障 ■

■社会保障とは

日本国憲法第 25 条は,「すべて国民は,健康で文化的な最低限度の生活を営む権利を有する」(第 1 項)として国民の権利をうたい,「国は,すべての生活部面について,社会福祉,社会保障及び公衆衛生の向上及び増進に努めなければならない」(第 2 項)として,国が社会保障制度を構築する義務を持つことを規定している。憲法のこの規定を基礎とし,生活保護法,老人福祉法など各種の個別法令によってわが国の社会保障制度ができている。

社会保障の意味や内容を明確にし,今日の制度の骨格を築いたのは,社会保障制度審議会(1949 年に設置された首相の諮問機関)の「社会保障制度の勧告」(1950 年)である。勧告によると,「社会保障制度とは,疾病,負傷,分娩,廃疾,死亡,老齢,失業,多子その他困窮の原因に対し,保険的方法又は直接公の負担において経済的保障の途を講じ,生活困窮に陥った者に対しては,国家扶助によって最低限度の生活を保障するとともに,公衆衛生及び社会福祉の向上を図り,もって,すべての国民が文化的社会の成員たるに値する生活を営むことができるようにすることをいうのである。」とされる。

戦後のわが国の社会保障制度の構築にも大きな影響を及ぼしたイギリスの「ベヴァリッジ報告」(*Report on Social Insurance and Allied Services*, 1942 年)は,「社会保障とは,老齢,廃疾,疾病,失業による収入の喪失,中断,および出産,死亡などによる一時的支出の増大というニードに対して,社会的に容認される最低限度の生活を,公的に保障する制度である」と定義している。

このように,社会保障(social security)とは,疾病や退職などの不測の事態に遭遇したために最低限度の生活を営めなくなった人びとに対して,社会の責任で最低限度の生活を保障したり(救貧対策),人びとが最低限度の生活以下に落ち込むことを未然に防ごうとするもの(防貧対策)である。

148

■日本の社会保障制度と目的

　上記「社会保障制度の勧告」によると，わが国の社会保障制度は社会保険，公的扶助（国家扶助），公衆衛生，社会福祉の4部門から構成される。表7-1は現行の社会保障制度を示したものであり，狭義の社会保障と言われている。これらに恩給，戦争犠牲者援護を加えたものが広義の社会保障である。なお，社会保障関連制度として，住宅政策および雇用（失業）対策がある。

　社会保険には医療保険，年金保険，労働者災害補償保険（いわゆる労災保険），雇用保険があるが，2000年4月から介護保険が新たに加わった。社会保険の目的は，特定の国民が疾病，失業など不測の事態に遭遇したときに被るであろう経済的損失を社会的にプールし分散することである。人びとはこれら不測の事態に遭遇する確率を事前に知ることはできないし，自らの死亡時期を正確に予測することも不可能である。各人がリスク発生の確率を最大に見積もったり，最長の寿命を予想して，それらに備えることは非効率と言える。リスク発生の確率や寿命の異なる多くの人が加入する保険システムを構築することで，経済的損失は分散されるのである。

　また，不測の事態が発生する確率がわかっている場合でも，個人は保険に加入することで不確実な損失を回避しようとする傾向がある。いま，不測の

▶表7-1　わが国の社会保障制度

部　門	制度の種類
社会保険	医療保険 年金保険 労働者災害補償保険 雇用保険 介護保険
公的扶助	生活保護
社会福祉	高齢者福祉 児童福祉 障害者福祉 母子・父子・寡婦福祉
公衆衛生 医療	感染症予防 精神衛生，予防接種など

7 社会保障の財政問題 I

図 7-1 危険回避行動と保険

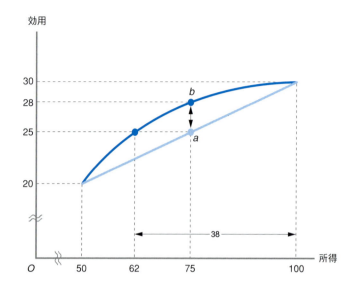

事態が起こらなかったとしたときの所得を 100, 不測の事態が発生したときの所得を 50 としよう。所得額の差 100−50 は病気にかかった場合の医療費だと考えてもよい。所得の限界効用が逓減するとし, 所得が 100 のときの効用を 30, 所得が 50 のときの効用を 20 とする (図 7-1)。

ここで, 不測の事態が起こる確率を 1/2 とすると, 保険に加入しない場合の<u>期待効用</u>は 25 (=20×1/2+30×1/2;図 7-1 の直線部分の *a* 点) となる。所得の期待値は 75 (=50×1/2+100×1/2) であるから, 保険料 25 (=100−75) を支払って, 確実に 75 の所得が保障される保険に加入した場合には, 効用は 28 (図 7-1 の曲線部分の *b* 点) となり, 保険に加入しないときの期待効用よりも大きくなる。つまり, 所得が 50 になるか 100 になるか不確実であるよりも, 確実に 75 の所得を手に入れるほうがこの個人にとっては好ましいのである。また, 保険料が 38 (=100−62;図参照) よりも小さければ, 手取り所得から生まれる効用は 25 よりも大きくなるので, この個人は保険に加入しようとするであろう。このように, <u>危険回避者</u>としての個人の行動によって,

保険の存在を説明することができる。

1972年に創設された児童手当は，児童を養育している者に対し現金給付を行うことによって，児童養育にかかる負担を軽減して生活の安定を図るとともに，児童の健全な育成とその資質の向上をめざすものであり，所得保障と児童福祉の向上という2つの機能を持っている。制度創設当初は第3子以降を対象としていたが，1985年から支給対象は第2子以降に拡大され，1992年から第1子にも支給されている。所得制限があり，前年の所得が一定以上（2019年の支給に際しては，専業主婦世帯で児童が1人（＝扶養親族等の数が2人）の場合，2018年の所得額が698万円）の場合には原則支給されない。

公的扶助は救貧対策であり，他の法律等に基づく給付がなされても，なお最低限度の生活を営むことができない場合にはじめて適用されることから，最終的なセイフティ・ネットである。社会福祉は高齢者，児童，身体障害者，母子世帯などの立場にある人びとが，その能力を十分に発揮できるように，収容施設・通所施設を設置したり，サービス給付などの現物給付を行うことを目的としている。

公衆衛生は結核その他の伝染病等の疾病を予防し，国民の健康の保持・増進を目的として，国民生活の基礎的条件を作り出すものである。その便益は広く社会にまで及ぶことから公共財としての性格を備えており，したがって財源は社会全体の負担（税）によって賄われる。2008年には国民保健の向上を図ることを目的として，がん検診や歯周疾患検診，健康教育や健康相談などを市町村が実施することとした健康増進法が制定されている。

■ 高齢化の速度と規模

21世紀を迎えて日本が抱える課題は多い。なかでも少子・高齢化は日本経済に大きな影響を与えるとともに，財政にとっても重大な影響を及ぼすものである。

わが国の少子・高齢化がヨーロッパの先進諸国よりも深刻なのは，そのスピードと規模が他国をはるかに上回っていることである。図7-2は65歳以上

7 社会保障の財政問題 I

図7-2 年齢別人口構成の変化

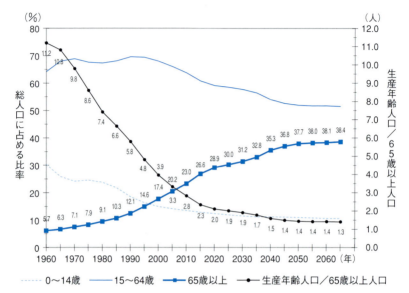

（注） 2015年までは実績。その後は国立社会保障・人口問題研究所「日本の将来推計人口（2017年推計）」によるもの。右目盛りは1人の65歳以上人口を何人の生産年齢人口で支えるかを示している。

人口の総人口に占める比率（以下，高齢化率とする）を示したものであるが，高齢化率が7％から14％に達するのに，イギリスでは46年（1929～75年），ドイツでは40年（1932～72年），フランスでは115年（1864～1979年），スウェーデンでは85年（1887～1972年），アメリカでは72年（1942～2014年）という長い期間を要しているのに対して，わが国では24年（1970～94年）しかかからなかった。

わが国では高齢化率は2020年には28.9％，30年には31.2％に達すると予測されている（図7-3参照）。同じ30年には，アメリカ20.4％，イギリス22.0％，ドイツ26.8％，フランス23.9％，スウェーデン22.1％という予測であるから，わが国の高齢化の程度がいかに大きなものであるかがわかる。1986年の推計では，高齢化率は2020年の23.6％をピークに，その後は低下すると予

図 7–3 先進諸国の高齢化率の推移および予測

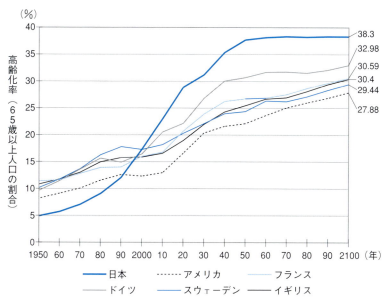

（出所）　国立社会保障・人口問題研究所『人口統計資料集』2019 年版より作成。

測されていた。ところが，1992 年の推計では高齢化率は高まると予測され，以降，高齢化の程度は大きくなっている。この原因は，出生率の推計値の下方修正と，図 7–4 に示すように，平均寿命が予想を上回って上昇したことにある。

1960 年には男性 65.3 歳，女性 70.2 歳であった平均寿命は，2017 年には男性 81.1 歳，女性 87.3 歳と，著しく伸びている。

1 人の女性が一生の間に生む平均の子供の数を表す合計特殊出生率（第 4 章図 4-4 参照）は 1955 年には 2.37 であったが，17 年には 1.43 に低下した。その結果，1960 年に 30% という高い値を示していた 14 歳以下人口比率は 15 年には 12.5% にまで低下し，30 年には 11.1%，60 年には 10.2% になると予測されている。合計特殊出生率が 2.1（人口置換水準）を下回ると新旧世代の 1 対 1 の人口再生産ができず，外国からの人口流入がない限りやがて人口は

7 社会保障の財政問題 I

図7-4 予想を上回って上昇した平均寿命の伸び（男性）

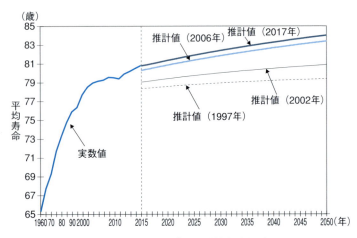

（出所）国立社会保障・人口問題研究所「日本の将来推計人口」

図7-5 総人口の推移

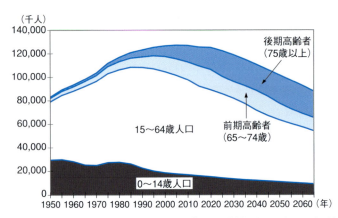

（出所）国立社会保障・人口問題研究所推計「日本の将来推計人口（2017年推計）」

減少を始めることになる。日本の人口は08年の1億2,808万人をピークに減少し始め，30年には1億1,913万人，65年には8,808万人になると予測されている（図7-5）。

図7-6 労働力人口およびその65歳以上割合の推移と見通し

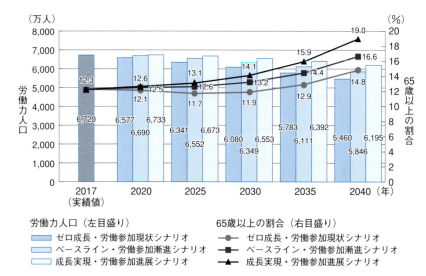

労働力人口（左目盛り）
- ゼロ成長・労働参加現状シナリオ
- ベースライン・労働参加漸進シナリオ
- 成長実現・労働参加進展シナリオ

65歳以上の割合（右目盛り）
- ゼロ成長・労働参加現状シナリオ
- ベースライン・労働参加漸進シナリオ
- 成長実現・労働参加進展シナリオ

（注）「ゼロ成長・労働参加現状シナリオ」とは経済成長と労働参加が進まないと仮定したケース、「ベースライン・労働参加漸進シナリオ」とは経済成長と労働参加が一定程度進むと仮定したケース、「成長実現・労働参加進展シナリオ」とは経済成長と労働参加が進むと仮定したケース。
（資料）労働政策研究・研修機構「労働力需給の推計──労働力需給モデル（2018年度版）による将来推計」。ただし、労働力人口に占める65歳以上の労働力人口の割合については、筆者が試算。

　戦後のわが国の経済成長は，企業の旺盛な投資意欲と，それを資金面で支える高い貯蓄率の相乗効果によってもたらされた。さらに，人口の年齢構成が比較的若かったことから労働力も同時に増加し，経済の潜在成長能力を高めた。しかし，人口が高齢化すれば貯蓄率の低下は避けられない。各家計は勤労期には貯蓄し，退職後にはそれを取り崩すという生活パターンをとるのが一般的である。これをライフ・サイクル仮説と呼ぶ。だとすれば，家計の貯蓄行動に変化がないとしても，人口の高齢化が進めばマクロで見た貯蓄率は低下する。さらに，家計所得の伸びが鈍化する一方で，公的負担の増加によって可処分所得の伸びも鈍るだろう。しかも出生率の低下は労働力人口の減少をもたらすことになり（図7-6参照），経済の潜在成長力にとっては痛手と言える。

7　社会保障の財政問題 I

労働力人口の減少と貯蓄率の低下は日本の経済活力を減退させる。日本経済の活力をいかに維持・増進するかも少子・高齢社会の大きな課題である。

■高齢化と社会保障給付

高齢化社会は社会保障を中心とした財政支出を膨張させ，必然的に大きな政府を招く。高齢者対象社会保障給付費の対国民所得比率は 1975 年度には 3.1% であったが，その後ほぼ一貫して上昇を続け，2015 年度には 19.9% に達した。わずか 40 年の間に約 16.8% ポイントも上昇したのである。一方，高齢者以外の人びとに対する社会保障給付は 6 〜 10% で推移している（図 7–7 参照）。

それではなぜ高齢者対象給付の比率は上昇したのだろうか。いま，高齢者対象社会保障給付費を W，国民所得を Y，老齢人口を O，総人口を P とすれば，W/Y は，

$$\frac{W}{Y} = \frac{W}{O} \times \frac{O}{P} \times \frac{P}{Y} \tag{7–1}$$

と表すことができる。ここから，高齢化が進む（O/P が大きくなる）と W/Y は上昇することがわかる。高齢化の進展が国民負担を押し上げると言われるのはこのためである。

だが，W/Y を上昇させる要因は年齢構成の変化だけではない。高齢者 1 人当たり社会保障給付費 W/O の増加も W/Y を引き上げるのである。1975 年度に 43 万 8,000 円であった W/O は，14 年度には 231 万 2,000 円へと，約 5.3 倍の大きさになっている。この期間中に人口 1 人当たり国民所得は 2.7 倍にしか上昇していない。このように，人口構成の変化もさることながら，給付水準が上昇してきたことが W/Y を上昇させたと考えられる。

W/O がこれまでと同じトレンドで上昇すると仮定するなら，14 年度に 20.1% であった高齢者対象社会保障給付費の対国民所得比率は，図 7–7 のように，25 年度には 25.7% に，35 年度には 28.3% に達すると予測される。ただし，将来の国民所得の名目成長率は 2% を想定している。

高齢化にともなう社会保障関係費の増加によって国民負担率の上昇は避け

156

7-1 超高齢社会と社会保障

図7-7 高齢者対象社会保障給付費の予測

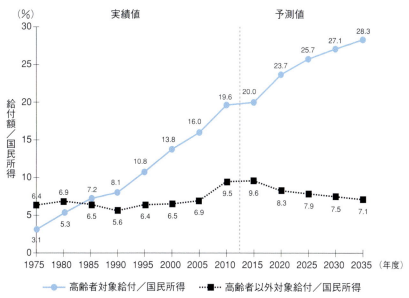

(注1) 図中の数値は5の倍数年のものである。
(注2) 予測は以下の方法で行った。簡単に行うことができるので、読者も一度、試してみられたい。
① $W/Y=(W/O)×(O/P)×(P/Y)$ から、W/O、O/P、P/Yのそれぞれについて将来予測値を求め、それらをかけ合わせることでW/Yの予測値が求められる。
② W/Oについては、過去のデータを用いてW/OをY/Pで説明する回帰式を求め、これに将来のP/Yの値を代入することで得られる。O/Pは国立社会保障・人口問題研究所の予測値を用いる。P/YはYの名目成長率を1.9%と仮定し、Pの予測値を割ることで求められる。
③ ただし、Wは高齢者対象社会保障給付、Yは国民所得、Oは高齢者数、Pは人口である。

られないとしても、できる限り上昇を抑えるためには、社会保障改革によってW/Oの伸びを抑制する必要がある。また、(7-1)式から経済成長率が高まり、人口1人当たり国民所得が大きくなると（つまりP/Yが低下すると）、W/Yを抑えることができるのであるから、超高齢社会に軟着陸するためには、社会保障政策の効率化、重点化によって給付水準と国民負担をできる限り抑えるとともに、経済成長を促進することも必要である。

157

7　社会保障の財政問題 I

■ 7-2　最低生活の保障 ■

■公 的 扶 助

　最低生活を保障する最終的な手段である公的扶助は，わが国では生活保護制度によって実施されており，要保護者の生活需要を，その性質，態様等によって区別し，生活扶助，住宅扶助，教育扶助，医療扶助，介護扶助，出産扶助，生業扶助，葬祭扶助の8種類の扶助を設けている。財源は全額公費であり，国が4分の3を，都道府県と市町村が残りを負担する。

　生活保護によって保障されるべき生活内容や水準をどの程度に定めるかについては，生活保護法は「健康で文化的な最低限度の生活水準」と規定しているだけで，具体的なものを定めているわけではない。最低生活水準は，これを絶対的なものとしてとらえる場合と，国民経済との相対的なものとしてとらえる場合とがあるが，1962年の社会保障制度審議会から出された「社会保障制度の総合調整に関する基本方針についての答申及び社会保障制度の推進に関する勧告」が，「最低生活水準は，一般国民の生活の向上に比例して向上しなければならない」と定めているように，国民の生活水準の動向や社会構造の変化を勘案して相対的に設定されるものとする考えが一般的である。

　生活扶助基準の設定方式は，マーケット・バスケット方式（最低生活を営むうえで必要な飲食物，衣類などの品目を積み上げて金額を算定する方式。48〜60年），エンゲル方式（日本人の標準的栄養所要量を満たすことができる飲食物費を低所得者層のエンゲル係数で逆算して最低生活費を計算する方式。61〜64年）が採用されていた。しかし，上記の社会保障制度審議会の勧告等を踏まえて，一般世帯と被保護世帯の生活水準の格差を縮小するという観点から生活扶助金の改定率を決定するという，格差縮小方式（65〜83年）が導入された。その後，格差縮小方式を採用したことで保障の水準が相対的に見て妥当と考えられる生活扶助基準に達したことから，84年からは一般国民生

158

活水準の向上に見合った引上げを行うという，水準均衡方式が採用されている。2018年10月時点の生活扶助費（東京都区部，夫婦子1人世帯（33歳，29歳，4歳），月額）は15万8,900円であり，この他に住宅扶助（6万9,800円）や，必要に応じて学校給食費や通学のための交通費等が加算される。

■ 生活保護の現状

　生活保護を受けている人員，世帯は，2015年度で216万人，163万世帯，人口1,000人当たりの被保護人員は17.0人である。生活保護受給者は景気動向等の社会経済情勢の変化に対応して変動する傾向が強い。趨勢的には，受給者数は経済成長による所得水準の上昇と年金制度の充実によって減少してきたものの，96年からは急速に増加する傾向にある（図7-8）。また，最近の

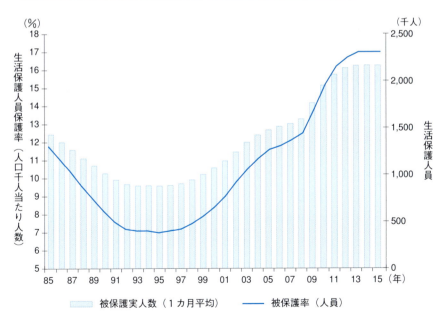

図7-8　生活保護の推移

（資料）　国立社会保障・人口問題研究所「「生活保護」に関する公約データ一覧」
　　　　http://www.ipss.go.jp/s-info/j/seiho/seiho.asp

被保護階層を見ると，65年度には22.9%であった被保護世帯数に占める高齢者世帯の割合が15年度には49.5%に増加しており，生活保護は高齢者を対象とする施策に変わってきている。

また近年では，経済事情の悪化により生活保護を受給する人も増えてきている。保護の開始理由をみると，2015年度においては傷病を原因とするものが25.2%となっており，2007年度の43.1%から割合を大きく低下させている。一方で，定年，解雇などの理由による失業が2007年度の4.8%から2015年度には7.7%に，貯金等の減少・喪失を原因とするものが2007年度の16.4%から2015年度には34.1%に上昇している。

2013年度の都道府県別データを用いて生活保護実人員比率の違いを決定する要因を調べてみた。その結果，完全失業率，離婚率，65歳以上人口比率，有訴者率（体の不調を自覚している人の割合）が高いほど，平均世帯人員が少ないほど，被保護率が高くなるという結果が得られた。このように，生活保護者が増加している背景には，さまざまな経済・社会的要因が存在する。

■負の所得税

公的扶助はその財源を公費で賄う最終的な最低生活保障手段であることから，自らの生活のためにその持てる能力や資産を十分に活用していることが支給の条件となる。また扶養義務者がいる場合には，その者による扶養が優先して行われなければならないとされている。そのため受給資格は資産審査（means test）を受けてはじめて発生し，給付額は原則として最低生活費と生活保護以外の収入の差額に設定される。

こうした現行の生活保護制度に対して，①資産審査が厳しく，プライバシーを侵害するなどの理由から，最低所得以下にありながら受給申請をしない人が存在すること，②就労により収入が増加すると，増加相当分だけ給付額が減額になるために勤労意欲が阻害されること（これは，勤労等で得た所得が100%の税率で課税されるのと同じ），③所得水準が生活保護基準を上回るが，所得税の課税最低限には達しない範囲にある人びとは，生活保護を受けるこ

図 7-9 負の所得税の仕組み

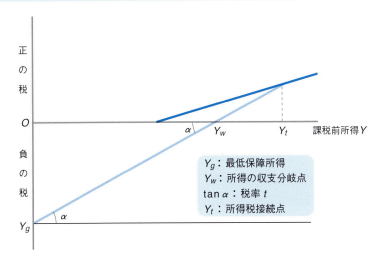

とができず，また，所得税に関しては，所得水準にかかわりなく税額ゼロという同じ扱いを受けるという点で不公平であること，等の問題点が指摘されている。

負の所得税（negative income tax）は公的扶助制度と所得税制度を統合することで，これらの問題を解決しようとするものであり，フリードマン，トービン（J. Tobin）をはじめ多くの経済学者が提案を行ってきた。イギリスのWTC（Working Tax Credit）は負の所得税の一種である。

負の所得税は基本的には所得税を貧困層にまで拡大し，税額がマイナスになる階層ではマイナスの分を給付（したがって負の所得税と呼ばれる）しようというものである。制度の目的として何を重視するかによって，負の所得税の形態は異なるが，共通要素として，①最低保障所得 Y_g，②所得の収支分岐点 Y_w，③受給者の課税前所得 Y に適用される負の所得税率 t，④所得税接続点 Y_t を備えている。図 7-9 は負の所得税の基本構造を示したものである。

課税前所得がゼロから Y_t までの場合は t の税率で課税されるが，所得が Y_w を下回る場合には給付を受けることができる。課税前所得がゼロの場合の給付額は Y_g である。課税前所得がゼロより大きくなると，それは t の税率で課

7 社会保障の財政問題 I

税され，純給付額は Y_g-tY となり，課税前所得が Y_w に達すると給付額はゼロとなる。そして，課税前所得が，負の所得税のもとで納める正の税額と現行所得税（正の所得税）のもとでの税額とが一致する Y_t を超えると，正の所得税が適用される。すると，Y_g, Y_w, t の3つの要素間には次の関係が成り立つ。

$$Y_g-tY_w= 0 \qquad (7\text{-}2)$$

したがって，

$$t=Y_g/Y_w \qquad (7\text{-}3)$$

つまり，Y_g, Y_w, t は相互に関連しており，いずれか2つの値が決まれば，残りの1つは自動的に決定されるようになっている。また，純給付額（Y_g-tY）は次のように書きかえることができる。

$$Y_g-tY=tY_w-tY=t(Y_w-Y) \qquad (7\text{-}4)$$

この式から，純給付額は収支分岐点 Y_w と課税前所得とのギャップに，負の所得税率 t を掛けたものに等しいことがわかる。

勤労に対するインセンティブを高めるためには α は小さいほうがよい。ところが最低保障所得 Y_g を一定に保ったままで α を小さくすると，所得の収支分岐点 Y_w や所得税接続点 Y_t は大きくなり，その分，負の所得税を維持するために必要な財源は増える。α を小さくしたままで財源を少なくしようとすると，最低保障所得を低く設定しなければならない。このように，財源，勤労意欲，最低保障所得の間には両立しない関係が存在し，いずれの目標を重視するかで，負の所得税の形態は変わってくる。

□ 7-3 年 金 問 題 □

■公的年金の根拠

わが国の公的年金給付額は，1970年度の8,562億円が2015年度には54兆

900億円へと，じつに63.2倍もの規模に達した。これは医療費の18.4倍，福祉サービス等の39.1倍に比べて著しく大きい。この背景には，制度の成熟化による受給者1人当たりの給付額の増加と，毎年100万人を超える受給者数の増加がある。わが国は今後も急速に高齢化が進行することから，年金財政がさらに厳しい状況に追い込まれることは確実で，保険料の引き上げや国庫負担のいっそうの増加は避けられない。これほど厳しい財政状況にありながら，なぜ年金を公的に運営しなければならないのだろうか。

公的年金は，国民が退職後に長生きをすることで経済的な負担が増加するというリスクを社会でプールし分散することを目的とした保険である。しかし自らの意思で勤労期に行った貯蓄を退職期に取り崩して生活すべきとも考えられるし，私的年金保険によってリスクの分散を図ることも可能である。にもかかわらず，強制貯蓄，強制加入の要素を組み込んだ公的年金が一般に用いられるのには次のような理由がある。

第1は，著しいインフレーションが発生すれば，人びとが老後に備えて行ってきた貯蓄の価値が失われることである。私的保険にしても，インフレのような社会経済上の変動を事前に予測することは困難であり，保険技術によってこれに対応することは事実上不可能である。公的年金であれば，インフレ分を税等で補てんすることができる。

第2の理由は，老後の生活への備えを個人の主体的な判断に委ねた場合に，モラル・ハザードと呼ばれる現象が発生することである。これは，とくに生活保護のような所得保障システムがセイフティ・ネットとして存在するときに大きくなる。「いざとなれば生活保護に頼ればよい」と考えて老後への備えを怠るかもしれないのである。また，一般に人びとは将来消費よりも現在消費に高い価値を置くという近視眼性（myopianess）を持っていることも，将来消費に対する備えを過小にする。老後に備える人と，そうでない人との間の不公平をなくすためにも，強制貯蓄・強制加入の公的年金が必要になる。

第3は逆選択の問題である。民間保険会社は平均的な生存確率を用いて平均的な保険料を設定するが，自分の健康状態などから長生きできないと予想

する人は，保険料との兼ね合いで保険に加入しなかったり，保険を解約する可能性がある。その結果，長生きを予想する人だけが加入することになり，保険料は高くならざるを得ない。すると，保険に加入しようとしない人がますます増加する。こうして民間保険は成り立たなくなるのである。強制的な公的年金保険の場合は，リスクの異なる多くの人びとを加入させることで保険料を平均的な水準に設定することができる。

　第4は民間保険会社の場合には市場を拡大するために営業部門の活動が必要であり，その分だけ保険料が高くなる。強制加入である公的年金の場合にはこうしたコストは不要である。

■年金制度の歴史

⑴　制度の充実

　わが国の年金制度は明治時代に軍人や官吏を対象に設けられた恩給制度に始まる。一般国民を対象とする年金制度が，汽船や漁船の船員を対象として1940年に創設された船員保険が最初である。42年には工場・鉱山等の10名以上の事業所に勤務する男子労働者を対象とした労働者年金制度が創設され，44年にはその適用範囲が5人以上の事業所に広げられるとともに，一般職員と女子にも適用されるようになった。このときに名称は厚生年金保険と改められた。その後，土木建築，教育，医療等の従事者への適用の拡大（53年），私立学校教職員共済組合（54年），農林漁業団体職員共済組合（59年）が設立されるなど，年金適用の範囲は拡大していった。また，公務員については戦前から国家公務員や地方公務員を対象とした年金制度が存在していたが，これらは国家公務員共済組合（48年），地方公務員共済組合（55年）に改正されていった。

　こうして年金制度は充実していくが，農家，商工業等の自営業者，従業員数5人未満の零細事業所は長く年金制度の対象外に置かれてきた。医療において国民皆保険が実現したのに対応して，年金でも国民皆年金実現の要請が強まってきたことから，1959年には無拠出制の福祉年金が，61年4月からは

拠出制の国民年金が実施され，これですべての国民がいずれかの制度に加入する国民皆年金が実現した。

　国民皆年金は実現したものの，各公的年金制度はそのほとんどが相互に関係なく創設されたことから，年金を受け取るには相当長期にわたって同一制度に加入することが必要であった。そのために，途中で職場を移動したことで一つの制度から離脱した勤労者は離脱にともなう一時金しか支給されないという不都合が生じていた。そこで一つ一つの制度では受給資格期間に満たないが，移動した制度の加入期間を合計すると所定の年限（20年または25年）に達する人に対しては，各制度からそれぞれの加入期間に応じた年金を支給することによって，同一制度に加入していたのと同じ水準の年金が支給されるという通算年金制度が1961年11月に発足した。

⑵　給付水準の引き上げ

　国民皆年金，加入期間の通算が実現したことで，年金制度の課題は給付水準の引上げに移っていった。年金給付水準においてもっとも重要な意味を持つのが1973年の改正である。「年金の年」とも呼ばれる73年の改正では，それまでの「1万円年金」「2万円年金」というように絶対額をしかも名目額で保障するという方式ではなく，現役勤労者の一定割合を年金の水準として設定するという新しい方式が取り入れられ，その結果，年金給付水準は大幅に引き上げられた。たとえば厚生年金の場合，標準的な加入者を想定し，その人の年金支給額が現役加入者の平均標準報酬の60％程度となるように給付水準が設定されたのである。この60％という水準は国際的に見ても遜色のないものであった。厚生年金の給付水準の引き上げにともなって，国民年金の給付額も大幅に引き上げられたが，現在の年金財政逼迫の種がこの時点でまかれたと言える。

　その後も年金給付額は随時引き上げられてきたが，次の引き上げまでの間に物価上昇が発生すると，年金の実質価値は目減りしてしまう。73年の改正では，消費者物価水準が5％を超えて変動する場合は，その変動した比率を基準として年金給付額を改定するという物価スライド制が導入された。

165

7　社会保障の財政問題Ⅰ

　このように年金制度は拡充，強化され，給付水準も大きく引き上げられて
いったが，一方で，人口の高齢化，年金制度の成熟化にともなう給付増は年
金財政をしだいに圧迫するようになるとともに，分立した制度間で給付水準
や保険料の格差が存在するなどの問題が表面化してきた。こうした制度間格
差の問題に対処するためには，公的年金制度の一元化が必要であったが，1986
年4月に基礎年金の導入を柱とする制度の大改革が実施され，これによって
公的年金制度は新時代を迎えることになる。

(3)　2階建て方式の導入

　改革によって，公的年金は基礎年金部分と報酬比例の上積み部分とからな
る2階建て方式に改められた。従来，自営業者等を対象としていた国民年金
の適用対象が，民間サラリーマン，公務員等の被用者とその家族にまで拡大
され，国民年金は全国民に共通の基礎年金を提供するものに姿を変えた。そ
して，従来の厚生年金や共済年金は基礎年金に上積みされる報酬比例の年金
を支給するものとなった。

　所得の把握が困難だという理由で，一律の保険料を支払って一律の年金を
受給する仕組みをとっていた自営業者は，改正後も国民年金という基礎年金
部分だけが適用され，一方，給与に一定の保険料率を適用して得られる保険
料を支払っていた民間サラリーマン等は，自営業者と共通の基礎年金に加え
て報酬比例部分の年金を受け取る。したがって民間サラリーマン等は，給与
水準が高いほど多くの保険料を支払い，その分，高い年金給付を受けること
になる。ただし，1991年から自営業者のための上乗せの公的年金制度として，
任意加入の国民年金基金制度が創設された。

　自営業者の保険料は全額本人負担であるが，民間サラリーマン等の保険料
は被用者と事業主が折半して納める。また，サラリーマンの保険料算出のベ
ースとなる給与には上限が設けられており，そのために，保険料負担が逆進
的になるという批判がなされることがあるが，保険料が頭打ちになることに
よって年金給付額も頭打ちになる。

⑷ 少子高齢化への対応

　賦課方式（169 頁参照）に近い財政方式をとっているわが国の公的年金制度は，世界でも類を見ない速度で少子・高齢化が進んでいったことにより，持続可能性が危ぶまれるようになる。少子・高齢化が進行する中での課題は，第1に，後世代の負担が過重にならないよう年金受給世代の給付と現役世代の負担のバランスを確保することであり，第2に，年金制度の運営の安定性を確保することである。持続可能な公的年金制度の構築を目指し，これらの課題を解決するため様々な制度改正が実施されていく。ここでは主な制度改正のみを簡単に紹介する。

　第1は厚生年金や共済年金の支給開始年齢の引き上げである。94 年改正では，当時 60 歳となっていた厚生年金の支給開始年齢が 2001 年度から3年毎に1歳ずつ引き上げられ，国民年金や外国並の 65 歳になる。60 歳から 65 歳までの期間は，継続雇用や再雇用によって賃金と年金をあわせて生活設計をする時期と位置づけられ，本格的な年金生活に入る 65 歳以降の年金とは個別の報酬比例部分相当の部分年金が支給されることとなった。さらに 2000 年改正では，部分年金についても 2013 年から 2025 年にかけて 60 歳から 65 歳へ3年毎に1歳ずつ支給開始年齢が引き上げられることになった。

　第2は厚生年金の報酬比例部分に関する給付水準の改定方式の変更である。94 年改正では，現役世代の名目賃金スライドから現役世代の手取り賃金スライド（ネット賃金スライド）に変更された。高齢化が進行し，税や社会保険料の負担が増加すれば，現役世代の手取り賃金は名目賃金ほどには伸びない。にもかかわらず年金給付水準を名目賃金にスライドさせれば，年金が現役世代の生活水準の上昇を上回って引き上げられるという問題が発生することを防止するためであった。さらに 2000 年改正ではネット賃金スライドを基本的に停止し，原則物価スライドのみを行うこととなった。この改正によって，将来の保険料の水準は抑えられる。

　しかし，少子・高齢化の進行が予想以上に早く，このままでは大幅な保険料の引き上げが必要になることから，さらなる制度改正が実施される。

7　社会保障の財政問題Ⅰ

　第1は基礎年金国庫負担割合の引き上げである。2004年には，2009年度までに基礎年金の国庫負担割合を3分の1から2分の1に引き上げる制度改正が行われた。2009年度に国庫負担割合2分の1を実現したものの，臨時財源で対応していたことが課題となる。安定財源を確保するため，2012年の社会保障・税一体改革において，2014年度以降は消費税増税（8％）により得られる税収を活用し，国庫負担割合を恒久的に2分の1とする制度改正が行われた。

　第2は保険料水準固定方式の導入である。給付と負担の見直しを図るため，2017年度以降の保険料水準を固定したうえで，その収入の範囲内で給付水準を自動的に調整する保険料水準固定方式が2004年改正により導入された。この制度改正により，厚生年金保険料については2017年9月から18.30％（労使折半負担）に固定，国民年金保険料については2017年4月から16,900円（2004年度価格）に固定された。

　第3は社会全体の保険料負担能力の伸びを反映させ，給付水準を調整するマクロ経済スライドの導入である。これは，少子・高齢化社会の到来など，年金制度自体が前提としているマクロ経済の状態が大きく変わり，年金の財源問題などがでてきたことから，被保険者（加入者）の減少や平均寿命の延びなどのマクロ経済全体の変化を反映させ，年金給付額を変動させるものである。マクロ経済スライドを導入することで，年金の給付水準が緩やかに調整されることから，年金制度の長期的な負担と給付の均衡が保たれるとともに，将来の年金受給者の年金確保につながることとなる。そして，2016年の改正において，現在の高齢世代に配慮しつつ出来る限り早期に調整を行い，将来年金を受給することになる世代の年金の給付水準を確保するという観点から，名目下限措置（前年度より年金額を下げる調整までは行わない措置）を維持しつつ，賃金・物価が上昇したときに，過去に調整できず繰り越した未調整分（キャリーオーバー）を調整する仕組みが導入された。

　また，今後の少子・高齢化のさらなる進展に備え，年金財政の範囲を拡大し年金制度の安定性を高めるという目的のもと，2015年10月1日より公務員

7-3 年金問題

図 7-10 日本の年金制度

（※1） 被用者年金制度の一元化に伴い，平成 27 年 10 月 1 日から公務員および私学教職員も厚生年金に加入。また，共済年金の職域加算部分は廃止され，新たに年金払い退職給付が創設。ただし，平成 27 年 9 月 30 日までの共済年金に加入していた期間分については，平成 27 年 10 月以後においても，加入期間に応じた職域加算部分を支給。
（※2） 第 2 号被保険者等とは，被用者年金被保険者のことをいう（第 2 号被保険者のほか，65 歳以上で老齢，または，退職を支給事由とする年金給付の受給権を有する者を含む）。
（注） 2015 年 3 月末現在の数値。
（資料） 厚生労働省ホームページより作成。

等も厚生年金に加入することとなり，これまで分かれていた厚生年金と共済年金の被用者年金制度が厚生年金保険に統一された。その結果，公的年金制度の仕組みは図 7-10 のようになっている。

■年金の財政問題

(1) 積立方式と賦課方式

　拠出制年金制度の財源調達方式は，積立方式（funding scheme）と賦課方式（pay-as-you-go scheme）とに大別できる。積立方式は，加入者が拠出した保険料が積み立てられ，それに積立金の運用収入をプラスした額が年金として支払われる方式である。これは同一の世代が勤労期に蓄えた貯蓄を退職後に取り崩すが，その際，短命であった人から長命の人への世代内再分配メカニズムが働くことになる。これに対して，賦課方式は各年度の年金給付額をその年度の保険料収入（税）によって賄う方式であり，勤労世代から退職世代への世代間再分配メカニズムが働く。

169

7　社会保障の財政問題 I

積立方式は蓄えられた保険料と市場利子率で運用された基金の収益との合計が退職期の年金給付額となることを保証する。しかし，賦課方式は，現在，退職世代を支えている勤労世代が退職したとき，将来の勤労世代が保険料を支払って自分達を支えてくれるという「期待」にその基盤を置いている。しかし期待が裏切られない保証はない。

積立方式の年金収益率は利子率と物価上昇率に依存し，賦課方式の収益率は生産性の上昇と人口増加率とによって決定される国民経済の成長に依存している。高度経済成長期のように高成長率を維持できた時代にあっては，賦課方式を採用することにはそれなりの意味があった。しかし，現在のように経済が低迷し，さらには人口構成が高齢化してくると，賦課方式の問題点が表面化してくる。

年金の財政方式の違いが労働供給，貯蓄，資本蓄積に影響を及ぼし，結果として経済成長率に影響することも考えられる。しかし，こうした経済効果を別にすると，積立方式と賦課方式という財政方式の違いは，人口構成の変化が年金収益に及ぼす影響の違いとなって表れてくる。

いま，a を拠出保険料率，w を勤労者の平均賃金，L を勤労者数，b を年金の平均給付額，R を年金受給者数とすると，完全な賦課方式は，各期毎に，

$$a \cdot w \cdot L = b \cdot R \tag{7-5}$$

を満たさなければならない。左辺はある期間の保険料収入，右辺は年金給付額である。ここで，a と b が年金の政策パラメーターであり，年金財政の収支を均衡させるために操作されることになる。L と R は主として出生率や死亡率といった人口動態上の要因によって決定されるが，同時に，就業率，労働時間，退職年齢などによっても影響される。就業率の上昇や退職年齢の引上げによって L が増加し，年金受給者数 R が減少すれば，給付水準 b を維持したままで保険料率 a を下げることができる。社会政策の一環として高齢者雇用が重要であるとされる理由の一つがここにある。また，年金制度それ自体が L や R に影響することも考えられ，高齢者の就業を阻害しない年金制度の構築が必要となる。

170

ここで，(7-5) 式を書き換えると，

$$a = \frac{b}{w} \cdot \frac{R}{L} \qquad \text{または，} \; b = a \cdot w \cdot \left(1 \Big/ \frac{R}{L} \right) \qquad (7\text{-}6)$$

となる。b/w が所得代替率であり，R/L が受給者率である。高齢化が進行（受給者率の上昇で表される）すれば，所得代替率を一定に保つためには保険料率 a を引き上げなければならないし，保険料率を変えないのであれば給付水準 b を引き下げざるを得ない。

なお，所得代替率（夫会社員，妻専業主婦世帯）は 2004 年時点で 59.3%，2014 年時点で 62.7% となっている。また，2014 年財政検証の結果では，日本経済の再生と労働市場参加の促進が進むケースでは将来にわたって 50% を上回り，低成長のケースでは 50% を下回る見通しとなっている。

(2) 年金財政の危機

現行のわが国の年金の財源調達方式は修正積立方式と呼ばれている。これは積立方式を前提として財政運営を行うが，インフレーションや政治的配慮等によって年金給付額が増大しているにもかかわらず，保険料を低く抑えた結果，積立金の不足が生じ，財源不足分は年金が支給される時点で賦課方式により調達することによって，後代の被保険者の負担にしていくというものである。しかし実態は，限りなく賦課方式に近いものとなっている。

つまり，わが国の年金の財政方式は年々の保険料収入に積立金の運用収入（厚生年金の場合，2013 年度末の積立金の累積額は 103 兆 1,737 億円，13 年度の運用収入は 1 兆 9,396 億円）を加えた収入で年金給付を賄っている。そして，財政収支が黒字であれば，黒字分が積立金に積み増しされる。つまり，年金の財政収支を単純化して表すと，

$$a \cdot w \cdot L + 運用収入 = b \cdot R + 財政余剰 \qquad (7\text{-}7)$$

となる。もし，積立金の運用収入が財政余剰とちょうど等しい額であるなら，保険料率 a と給付水準 b は完全賦課方式と同じものとして決定される。財政余剰が運用収入を上回っているなら，現在の保険料率は完全賦課方式の場合に比べて高い水準に設定されていることになり，将来，高齢化がさらに進む

7 社会保障の財政問題 I

▶ 表 7-2 厚生年金の財政見通し

年度 平成（西暦）	保険料率 （対総報酬） （％）	収入 合計 （兆円）	保険料 収入 （兆円）	運用 収入 （兆円）	国庫 負担 （兆円）	支出 合計 （兆円）	基礎年金 拠出金 （兆円）	収支 差引残 （兆円）	年度末 積立金 （兆円）	年度末 積立金 （26年度価格） （兆円）	積立 度合
26（2014）	17.474	42.5 (36.5)	30.5 (25.9)	2.3 (2.0)	9.5 (8.5)	46.6 (39.9)	18.0 (15.9)	−4.1 (−3.4)	172.5 (145.9)	172.5 (145.9)	3.8 (3.7)
27（2015）	17.828	45.1 (38.7)	31.7 (27.0)	3.2 (2.7)	9.9 (8.8)	48.0 (41.1)	18.8 (16.6)	−2.9 (−2.4)	169.6 (143.6)	168.7 (142.8)	3.6 (3.6)
28（2016）	18.182	47.3	33.2	3.6	10.2	49.2	19.4	−1.8	167.8	162.8	3.5
29（2017）	18.300	49.8	34.8	4.3	10.4	50.1	19.9	−0.3	167.5	159.3	3.4
30（2018）	18.300	52.3	36.3	5.1	10.6	50.9	20.3	1.4	168.9	157.5	3.3
31（2019）	18.300	54.8	37.8	5.9	10.8	51.8	20.8	3.0	171.9	157.9	3.3
32（2020）	18.300	57.3	39.3	6.7	11.0	52.8	21.2	4.5	176.4	158.4	3.3
37（2025）	18.300	69.3	47.1	10.1	12.0	58.4	23.6	10.8	219.1	164.4	3.6
42（2030）	18.300	80.8	54.5	13.2	13.0	64.4	25.8	16.3	290.7	183.5	4.3
52（2040）	18.300	104.8	66.7	21.6	16.5	87.4	32.8	17.4	470.2	212.5	5.2
62（2050）	18.300	132.6	81.4	29.7	21.5	115.6	43.0	17.1	642.7	207.9	5.4
72（2060）	18.300	165.1	99.9	37.7	27.6	148.9	55.1	16.2	812.1	188.0	5.3
82（2070）	18.300	199.6	120.8	44.3	34.6	188.0	69.1	11.7	950.4	157.5	5.0
92（2080）	18.300	236.0	145.4	48.0	42.7	232.9	85.3	3.1	1025.3	121.6	4.4
102（2090）	18.300	275.4	176.7	47.1	51.6	282.8	103.2	−7.3	1001.1	85.0	3.6
112（2100）	18.300	315.5	213.6	39.4	62.5	343.7	125.1	−28.1	826.3	50.2	2.5
122（2110）	18.300	351.3	257.3	18.0	76.0	417.4	151.9	−66.1	351.3	15.3	1.0

（注1） 厚生年金基金の代行部分及び共済年金を含む，被用者年金一元化後の厚生年金全体の財政見通しである。
（注2） 平成27年度以前は，被用者年金一元化前（～H27.9）の共済年金の厚生年金相当分の収支を含む。ただし，（ ）内は旧厚生年金の収支の見通しである。保険料率の引上げスケジュールは，旧厚生年金のものである。
（注3） 「積立度合」とは，前年度末積立金の当年度の支出合計に対する倍率である。
（注4） 「26年度価格」とは，賃金上昇率により，平成26（2014）年度の価格に換算したものである。
（注5） 出生・死亡，経済はともに中位を想定したケース。
（出所） 厚生労働省『国民年金及び厚生年金に係る財政の現況及び見通し―平成26年財政検証結果―』

中で財政余剰を運用収入よりも小さくすることで保険料率の引き上げを緩和することは可能である。

　しかし，厚生年金の財政収支はすでに赤字となっており，積立金を取り崩さない限り，わが国の高齢化のスピードと規模は保険料率の大幅な引き上げにつながることは間違いない。このような事態に対応して2004年度改正は積立金の取り崩しに着手している。表7-2は，厚生年金の財政見通しを示した

ものである。財政余剰である収支差引額はマイナスを記録し，積立金の取り崩しが必要なことを示している。積立金の増加速度は低下する。その結果，各年度の支出合計に対する前年度末積立金の倍率である積立度合は2110年度には1.0にまで低下するのである。

■年金改革の方向

(1) 世代間の不公平問題

こうした将来予測は確実に世代間格差をもたらすことになる。「世代間格差」としてよく取り上げられるのが，年金の負担と給付である。厚生労働省による「2014年財政検証」における試算では，厚生年金（基礎年金を含む）の場合，1945年生まれのモデル世帯（会社員の夫が平均賃金で40年間働き，妻は専業主婦）では，本人が納めた保険料の5.1倍の年金を受け取れるが，55年生まれでは3.4倍に，90年生まれでは2.2倍にまで低下する。負担と給付の世代間格差はあまりにも大きく，このままでは，現役世代が退職世代を支えるという「期待」が将来にわたって維持される保証はない。

限りなく賦課方式に近い財政方式を採用している限り，生産性の大幅な向上が期待薄で，しかも高齢化が進行する社会においては，年金財政の逼迫と世代間の不公平は不可避である。賦課方式という財政方式それ自体が持つメリット・デメリットはすでに明らかにしたが，積立方式か賦課方式かという議論の背景には，公的年金の持つ意義についての考え方の違いも存在する。

(2) 公的年金の目的と年金制度のあり方

賦課方式を支持する一つの根拠は，それが世代間再分配という社会的公正に応えるものだという点である。ここでは，年金はいわゆる租税‒振替の装置に基づいた垂直的再分配を達成するものと考えられており，年金の目標は高齢者に対してナショナル・ミニマムの生活を保障することが中心であるとされる。年金をこのように定義するならば，年金給付費を負担することは現役勤労世代の義務となる。

これに対して積立方式を支持する根拠は，年金の目標を単にナショナル・

７　社会保障の財政問題 I

ミニマムの保障に求めるのではなく，老後の急激な生活水準の変動を回避することこ，つまり個人のライフ・サイクルにおける所得・消費の平準化を果たすことも年金の機能に含まれるという点である。わが国の年金は 1986 年改正によって，基礎年金（国民年金）と報酬比例部分とからなる 2 階建て方式が導入された。しかし現行では報酬比例部分についても賦課方式に近い財源調達が行われており，このことが将来の年金財政を圧迫するとともに，世代間不公平を大きくする原因になっている。こうした点を考えるなら，ミニマムを超えた従前所得の保障という報酬比例部分は積立方式によって運営するか，少なくとも給付水準を市場収益率に合った水準に設定すべきであろう。

　あるいは報酬比例部分を公的年金から切り離して民営化するかである。7-1 節で述べたベヴァリッジ報告は，公的年金としてはナショナル・ミニマムを保障する「定額部分」とし，それ以上の部分は任意加入の民間保険で手当すべきだと提案している。民営化にともなう最大の問題は現役世代の二重負担である。現行制度では，現役世代は現在の退職世代を対象に負担すればよく，自らの年金は次世代が負担してくれる。ところが民営化すると，移行時の現役世代は退職世代のための負担に加えて，自分が将来受ける年金を積み立てなければならなくなる。

　しかし重要なことは，民営化それ自体が高コストを発生させるのではなく，この金額は移行過程におけるコストだという点である。現行制度を続けていれば急激な負担増は発生しないが，結局は負担増を将来世代に先送りするだけなのである。報酬比例部分の民営化という制度それ自体の問題と，移行期の債務をどのように処理するかは別問題である。移行期のコストを国債で賄い，将来にわたって税金で返済していくといった方法もある。これ以上の国債発行はできないという考えもあるだろう。しかし，ここでの国債発行は，新たに大量の負債が現れることを意味するものではなく，公的年金にすでに存在する隠れた負債を顕在化させるにすぎないのである。二重負担による負担増が急激にならないような移行措置も検討すべき時期に来ていると言える。

　それでは基礎年金部分についてはどうだろうか。基礎年金をナショナル・

ミニマムの保障ととらえるなら，賦課方式を維持することもやむを得ない。問題は税等の公費負担（2004 年度改正によって 1/3 から 1/2 へ引き上げ）をどうするかである。社会保険料方式のメリットとしてしばしば引き合いに出されるのが，負担額が給付額に反映されることから，権利として給付を受けることができ，受給者に負い目を感じさせないという点である。だが，このメリットを主張するためには，年金が積立方式によっており，被保険者の勤労期における保険料の拠出額と退職後の給付額との間に保険数理上適正な関係が確保される必要がある。賦課方式に限りなく近いわが国の年金制度では，保険料方式の以上のようなメリットはもはや存在しないと考えられる。

　さらに国民年金の保険料の免除や未納もある。第 1 号被保険者（自営業者，農業者，学生等）本人及び保険料連帯納付義務者である世帯主・配偶者が，経済的理由や災害に遭ったなどの理由で保険料を納めることが困難なときは，本人が申請し承認を受ければ，保険料の全額あるいは一部が免除されるが，2018 年現在，全額免除者は 39.5% となっている。また，納付率は年々上昇しているものの 68.1% にとどまっている。

　基礎年金に統一された現在，第 1 号被保険者の保険料納付状況は，源泉徴収され拠出金という形で負担する被用者年金加入者との費用負担の公平性を欠くことになるばかりか，国民年金財政を悪化させるという問題も引き起こす。しかも，勤労者にとっては現在の保険料は保険料という名をとっているとはいえ実態は勤労所得税なのであり，所得税と保険料を合わせた負担は重くなっている。これまでの制度改正により国庫負担割合が引き上げられ，保険料水準が固定されたものの，負担と給付の世代間の不公平は依然として残されたままである。現行の社会保険料方式の限界を踏まえて，財源を確保する方法を検討しなければならない。

7　社会保障の財政問題Ⅰ

● 練 習 問 題

1. 社会保障の役割と関連付けながらわが国の社会保障制度について解説せよ。

2. 人口の高齢化はわが国の経済社会にさまざまな影響を与えると言われているが，それはどのような点か説明せよ。

3. 負の所得税の構想について説明せよ。

4. わが国における年金制度の歴史について述べよ。

5. 年金の財政方式には賦課方式と積立方式があるが，それぞれの方式の特徴について説明せよ。

6. 年金改革の方向について論ぜよ。

第 8 章

社会保障の財政問題Ⅱ
──高齢化と医療・福祉問題──

　年金と並んで，わが国の社会保障の中心となっている
のが医療と福祉サービスであるが，それぞれに課題を抱
えている。医療の最大の課題は，急増する高齢者医療費
をどのように支えるかであるが，医療費急増の背景には
医療保険制度があるとも言われている。医療保険の存在
はなぜ医療費の増加につながるのか。そこには医療保険
の宿命とも言える課題がある。一方，福祉サービスは救
貧対策から生活支援へと，その対象領域を拡大させてき
た。時代の流れに合った政策をいかに展開していくかが
福祉政策の課題である。本章では，医療保険と福祉サー
ビスの改革の方向を探ることにしよう。

8 社会保障の財政問題Ⅱ

8-1 医療と財政

■増え続ける国民医療費

　医療サービスは国民の生命と生活を支える重要な要素である。しかし，疾病やけがの治療に支払われる診療報酬，薬剤費，健康保険で支払われる看護費等からなる国民医療費は年々増加し，その財源である保険料や税負担の増加が国民生活を脅かしかねなくなっている。**表8-1**は国民医療費とその財源の推移を示している。1975年度には6兆4,780億円であった国民医療費は16年度には42兆1,381億円へと，約6.5倍に増加し，対GDP比率も4.3%から7.8%へと上昇している。OECD加盟国の医療費の対GDP比率を見ると，アメリカ17.2%，フランス11.5%，ドイツ11.3%，日本10.7%，イギリス9.7%（以上17年度，OECDの医療費と厚生労働省が推計している国民医療費は定義が異なる）であり，日本はイギリスと並んで低い比率となっている。わが国の医療水準は他の先進諸国に劣るものではないことを考えるなら，医療システムは効率的に運営されていると言える。

　しかし，わが国の医療システムに課題がないわけではない。後期高齢者（老人）医療費が1975年度から16年度にかけて17.7倍に増加し，対GDP比率も0.6%から2.9%に上昇しているように，今後の高齢化の進行による国民医療費の増加をどのように受け止めるかである。

　高齢化は医療費にどのように影響するのだろうか。簡単な予測を行ってみよう。2016年度の人口1人当たり国民医療費は0〜4歳が24万5,500円，5〜9歳が13万6,600円，10歳〜14歳が10万5,000円，15歳〜19歳が8万900円と，0〜19歳の年齢階級では年齢が上がるにつれて減少している。一方，20歳〜24歳が8万3,200円，40〜44歳が15万7,400円，60歳〜64歳が38万6,500円，80歳〜84歳が92万600円と，20歳以降の年齢階級では年齢が上がるにつれて増加している。この金額を固定したままで，年齢構成を将来推

178

8-1　医療と財政

▶表 8-1　国民医療費と財源

	1975	80	85	90	95	2000	05	10	16年度
金額（10億円）									
国民医療費	6,478	11,981	16,016	20,607	26,958	30,142	33,129	37,420	42,138
後期高齢者（老人）医療費	867	2,127	4,067	5,927	8,915	11,200	11,644	12,721	15,381
国民医療費－後期高齢者(老人)医療費	5,611	9,854	11,949	14,680	18,043	18,942	21,485	24,699	26,757
対 GDP 比（％）									
国民医療費	4.3	4.8	4.9	4.6	5.2	5.7	6.3	7.5	7.8
後期高齢者（老人）医療費	0.6	0.9	1.2	1.3	1.7	2.1	2.2	2.5	2.9
国民医療費－後期高齢者(老人)医療費	3.8	4.0	3.6	3.3	3.6	3.6	4.1	4.9	5.0
1 人当たり金額（1,000 円）									
国民医療費	57.9	102.3	132.3	166.7	214.7	237.5	259.3	292.2	332
後期高齢者（老人）医療費	184.4	360.1	498.6	609.0	752.2	757.9	821.4	904.8	934.5
財源：金額（10 億円）									
公費	2,171	4,255	5,350	6,470	8,540	9,995	12,116	14,261	16,284
┌ 国	1,873	3,646	4,255	5,079	6,513	7,430	8,354	9,704	10,718
└ 地方	298	608	1,095	1,391	2,027	2,565	3,762	4,557	5,566
保険料	3,464	6,372	8,704	11,607	15,214	16,091	16,234	18,132	20,697
患者負担	728	1,322	1,919	2,488	3,171	4,029	4,757	4,753	4,860
財源：構成比（％）									
公費	34.1	35.6	33.5	31.5	31.7	33.2	36.6	38.1	38.6
保険料	54.4	53.3	54.5	56.4	56.5	53.4	49.0	48.5	49.1
患者負担	11.4	11.1	12	12.1	11.8	13.4	14.4	12.7	11.5

（資料）　厚生労働省『国民医療費の概況』『後期高齢者医療事業年報』より作成。

計値に置き換えると，2050 年の年齢構成では人口 1 人当たり国民医療費が41万 7,481 円，2065 年の年齢構成では 43 万 4,656 円となる。2016 年度の人口1 人当たり国民医療費が 33 万 2,000 円であることを踏まえると，高齢化による年齢構成の変化は医療費を高める方向に作用する。

　医療費は年齢構成の変化だけではなく，医療の高度化によっても影響を受ける。厚生労働省が医療費の伸びに関する分析を行ったところ（第 112 回社会保障審議会医療保険部会），2015 年度医療費の対前年度伸び率3.8％ のうち，高齢化の影響による伸びが 1.2％ であるのに対し，医療の高度化等による伸びが 2.7％ であることが明らかになった。

8 社会保障の財政問題Ⅱ

2018年5月21日に政府が公表した「2040年を見据えた社会保障の将来見通し（議論の素材)」によると，現状の年齢階級別の受療率等（入院・外来の受療率，サービスごとの利用率）を基に機械的に将来の患者数や利用者数を計算した結果，2025年度には医療費が48.7兆円（対GDP比率で7.5%），2040年には68.3兆円（対GDP比率で8.6%）になるとの見通しを示した。年齢構成の高齢化と医療給付水準の上昇を国民経済が支えきれるかどうかは，わが国の医療システムにおける最大の課題である。

医療費の増加が国民の健康の維持・向上に貢献してきたことは否定できない。だが，限られた資源をさまざまな目的にもっとも効果的に配分することが国民福祉を向上させるためには必要であり，医療に振り向けられる資源が多ければ多いほど望ましいというわけではない。自己負担，税，保険料のいずれの形をとるにしろ，医療費の負担は最終的には国民に帰着し，他の目的に利用できる資源を減らすからである。超高齢社会において，真のニーズに合った医療の機会を国民に均等に，かつ安定的に提供していくためには，医療供給体制の整備とともに，給付と負担のあり方などに関して，長期的に安定した医療制度を確立する必要がある。

■ 医療保険制度

(1) 日本の医療保険制度

わが国では職種によって加入する制度は異なっている。年金の場合，民間企業の被用者は厚生年金で一括に扱われているのに対して，医療保険については，事業所単位で健康保険組合が設立されている組合管掌健康保険（組合健保）と，組合が設立されていない中小企業の被用者や日雇い労働者が加入する全国健康保険協会管掌健康保険（協会健保）に分かれている。組合健保を経営する健康保険組合は1,399組合，対象人員は本人1,628万人とその家族1,318万人である。協会健保の保険者は全国健康保険協会であり，対象者は本人2,243万人（一般），1.3万人（日雇），家族1,564万人（一般），0.6万人（日雇）である。

180

国家公務員，地方公務員，私立学校教職員については，それぞれが共済組合を設置し，年金（長期）保険と医療（短期）保険を運営している。国家公務員共済組合は各省庁の共済組合など20の組合が保険者であり，対象者は本人108万人，家族112万人である。地方公務員共済組合は64の共済組合によって経営され，対象者は本人287万人，家族271万人である。私立学校教職員共済組合は本人56万人，家族35万人を対象としている。被用者保険としてはその他に，船員を対象とした船員保険（本人5.8万人，家族6.4万人）があり，政府が保険者となって経営を行っている。

自営業者，農業者，退職者などの非被用者は国民健康保険（国保）に加入しており，対象者数は3,294万人である。国民健康保険の保険者はその大部分が市町村である。被用者保険には事業主の保険料負担があるが，国民健康保険には事業主負担はない（以上，数値はいずれも2016年度末現在である）。

(2) 医療保険制度の歴史

わが国の医療保険制度は，1922年（大正11年）に制定された健康保険法を受けて，27年（昭和2年）から実施されたことに始まる。当初，工場・鉱業労働者等だけが強制加入とされていたが，その後対象が拡大されるとともに，家族給付（任意給付）も39年から開始された。

他方，被用者以外の国民を対象とした国民健康保険法が1938年に制定され，医療保険はここにこれまでの職域保険から一般国民を対象とする地域保険へと，その範囲を拡大したのである。43年には家族給付は従来の任意給付から法定給付（5割給付）に改められた。また，国民健康保険についても組合設立の強化や国民皆保険運動の推進などによって発展を遂げ，45年には被保険者数は約4,075万人に達した。

戦後になると，1948年に国民健康保険において被保険者の強制加入が制度化された。しかし，この時点では国民健康保険組合の設置は任意であったため，政府は国民皆保険を実現するために市町村による実施を義務づけることなどを内容とする新国民健康保険法案を国会に提出，承認を得た後，59年から施行されることとなった。その結果，東京，大阪などの大都市においても

8 社会保障の財政問題Ⅱ

国民皆保険計画が進み，61年4月に国民皆保険の体制が実現した。その後，国民健康保険の給付率の引き上げや低所得被保険者に対する保険料の軽減など，医療保険制度の整備が進んでいくが，一方では，医療保険財政は悪化の一途をたどることになる。とくに国民健康保険と，中小企業の従業員を対象とした政府管掌健康保険については，きわめて厳しい財政状況に対処するために国庫負担が強化されていった。

⑶　老人保健制度の創設

　こうした医療保険に関する改正とは別に，地方公共団体は老人の医療費の自己負担分を公費で負担するという老人医療費の無料化を進めていた。この制度が各地に普及していったことから，1973年には老人福祉制度の一環として国によって制度化された。老人医療費支給制度である。一般に老人は有病率が高く，また疾病の慢性化によって受療が長期化し，自己負担もかさむ。このことが受療を敬遠することになってはいけないというのがその背景であった。

　しかし老人医療費支給制度については次のような批判があった。①無料化によって過剰受診を生み，これが老人医療費の増大を招いている，②被用者保険に加入していた人びとが退職後には国民健康保険に移行し，高齢者の加入率が国保において高くなっていることから国保の財政負担が大きくなっている，③老人医療費支給制度は医療費を保障するものであり，病気の予防や健康維持という視点に欠けている。こうした批判を受けて政府は，①老人にも医療費の一部負担を求める，②老人医療費を国，地方公共団体，各医療保険の保険者が共同で拠出する，③疾病の予防や健康作りを含む総合的な老人保健医療対策を推進する，ということを内容とした老人保健法を1982年に制定，83年から施行させた。

　70歳以上の老人については老人保健制度でカバーされることになったものの，退職者の受け入れによって国保財政が困難な状況に陥っていることに変わりはなかった。また，被用者保険の給付率8割が国民健康保険に移行することで給付率7割に低下するという問題も指摘されていた。そこで政府は1984

182

年に，世代間の負担の公平を図る観点から，65 歳から 70 歳未満の被用者保険の老齢年金受給権者を対象に，その医療費を退職被保険者およびその家族が負担している国保保険料と被用者保険からの拠出金で賄うこととした。退職者医療制度である。制度間に存在していた構造的な負担の不均衡問題はこれで是正されることとなった。その後，当初 70 歳以上とされた老人保健制度の対象者は，75 歳以上の者および 65 歳以上 75 歳未満の寝たきり等の状態にある者となった。

　医療保険制度のこうした改革にもかかわらず，国民健康保険をはじめとする医療保険財政は依然として厳しく，今後の高齢化のいっそうの進行を考えると，医療システムを含めた抜本的な改革が必要であった。

(4)　後期高齢者医療制度の創設

　そこで 2008 年に導入されたのが，日本国内に住む 75 歳以上の後期高齢者と，前期高齢者（65〜74 歳）で障害のある者を対象とする後期高齢者医療制度である。それまでの制度では，他の健康保険等の被保険者資格を有したまま老人医療を適用していたのに対し，後期高齢者医療制度では 75 歳以上になると，現在加入している国保や健保から脱退し，後期高齢者だけの独立した保険に加入することになる（図 8-1）。

　財源は，保険料で 1 割，公費約 5 割，現役世代からの支援金（後期高齢者支援金）約 4 割で賄われる。独立した後期高齢者医療制度の創設によって，これまで現役勤労世代が多くを負担していた仕組みから，社会全体で高齢者の医療費を支えるシステムへの移行が進んだことになる。

■ 医療保険の特徴

(1)　民間保険と公的保険の違い

　効率的な保険の第 1 の条件は，保険者が保険の対象となる事象の発生を監視できることである。この条件が満たされないなら，最適な保険の提供はできない。医療保険に関して言えば，傷病状態の監視が可能なら，保険者（医療保険を経営する組合や政府）は被保険者が必要とするだけの保険を，傷病

8　社会保障の財政問題Ⅱ

図8-1　医療保険制度の概要

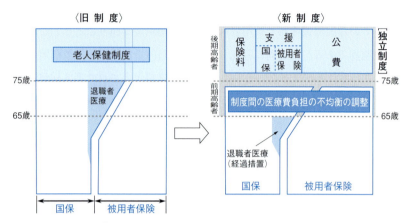

（出所）　厚生労働省「平成18年度医療制度改革関連資料」より作成。

の発生確率に応じた保険料で購入できるような制度を設計することができる。ところが医療保険は実際にはこのように運営されることはない。傷病の状態を保険者が直接に監視することはできないのであり，実際に行われた医療費から間接的に，しかも不完全に傷病の状態を推測するほかないのである。この場合，実際に使われた医療費は傷病の状態と直接に関連しているという前提が置かれるわけだが，実際には，どのような状態の傷病でも，医療費は被保険者の行動に影響されるものなのである。

　民間医療保険であれば，加入者の健康状態，保険事象発生のリスクの大きさなどについての十分な情報が得られないときには，年齢や職業などのカテゴリーによって加入者を区分し，保険料率に差を設けて保険を売り出すことが可能である。つまり，保険料と保険給付とを個別に対応させることによって，保険財政の悪化を未然に防止することができるのである。

　しかしこうした民間保険システムでは，高齢者をはじめとして大きなリスクを抱えながら所得水準が低い者は加入を断念するほかはない。だれもが加入できるようにするためには，給付と負担との対応関係をある程度切り離し，負担能力を加味した保険料を設定するという仕組みが必要であり，ここに公

的医療保険の必要性が生まれるのである。したがって，公的医療保険は，そもそも財政構造が弱くなるという宿命を持っている。

(2) 医療保険とモラル・ハザード

また，医療保険としての宿命もある。保険加入者が多くなればなるほど，保険給付の対象となる事象の発生確率は一定の値に収束するという大数法則が当てはまり，統計数値に基づいた確率計算が可能なリスクを対象とするのが本来の保険である。言い換えれば，被保険者の行動によって保険の対象となる事象の発生が左右されるようなものについては保険の対象とはなりにくい。ところが医療保険の点数出来高払い方式の下では，医療を受ける側と提供する側の双方が保険事象の発生に影響を及ぼす可能性がある。

医療保険財政上はたしかに受診率と保険料率とは関連している。しかし，被保険者にとっては，保険料は受診とは無関係に決まるものであり，患者としての負担と給付の関係は断ち切られてしまう。結局，受診するかどうかの判断に直接影響するのは自己負担ということになる。したがって，実際にかかる医療コストが保険給付によって一部でも賄われると，コスト意識が低下し，過剰受診の原因となる。

この点をポーリー（M. V. Pauly）に従って検討してみよう。図8-2には，縦軸に医療の価格とコストが，横軸には医療サービスの消費量がとられている。医療に対する需要曲線は，通常の商品と同じように右下がりになる。いま，医療を供給するために必要な限界費用を，単純化のために MC というように一定であるとする。医療保険がない場合には人びとは E_0 の医療を $MC \times E_0$ の費用で購入するだろう。医療保険に加入しないなら，人びとは病気にかかったときに $MC \times E_0$ に等しい費用を負担するという危険を抱えることになる。ここで病気にかかる確率を π とするなら，人びとの期待医療支出は $\pi \times MC \times E_0$ となる。医療保険が，病気にかかったときには $MC \times E_0$ を給付するという契約になっていれば，人びとの危険は解消され，医療の消費も最適量が確保される。そして保険が保険数理上適正な条件で提供されるとすれば，保険料は $\pi \times MC \times E_0$ となる。

185

8　社会保障の財政問題Ⅱ

図8-2　医療保険と効率性

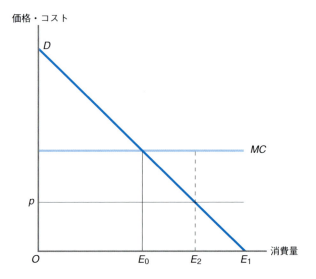

　しかしながら，保険者が最適な医療消費量を知ることは不可能であり，実際の保険はかかった医療費全体をカバーするような仕組みにならざるを得ない。もし，すべての医療が保険の対象となるなら，人びとは医療を E_1 まで消費するだろう。このときに要する医療費は $MC \times E_1$ である。このような医療費に保険数理上適正な保険料は $\pi \times MC \times E_1$ となる。

　医療に対する需要の価格弾力性が大きいほど，全額をカバーする保険によって誘発される医療費の増加は大きくなり，これを賄う保険料 $\pi \times MC \times E_1$ は，人びとにとって保険に加入する価値がなくなるほどに高くなる可能性がある。言い換えるなら，高い保険料が危険の回避による利益を上回ってしまうのである。つまり，需要の価格弾力性が大きい軽微な疾病や傷害をカバーする医療保険の場合，保険財政を健全なものに維持するためには保険料を高い水準に設定するしかないのであるが，保険のメリットを感じない人の脱退を認めない公的強制保険である限り，保険料を高水準に設定することは困難であり，保険料は低水準に抑えられる傾向がある。したがって保険収支のバ

ランスは崩れ，財政補てんが必要になる。このように公的医療保険は，制度としてきわめて困難な立場に置かれていると言える。

医療保険の財政上の問題だけを解決する一つの方法は，需要の価格弾力性が大きい軽微な疾病等を保険の対象からはずすことである。これは，小さな損傷は保険の対象とならない自動車保険の免責制度のようなものと考えればよい。自動車保険において小さな損傷を保険対象とすれば，保険料は高くなる。いま一つの方法は自己負担制度である。図において自己負担を Op とすると，医療の消費は E_2 となり，保険料は $\pi \times (MC - Op) \times E_2$ に抑えられる。

■医療改革の方向

こうした需要者側の行動とともに，現行の診療報酬制度である点数出来高払いによって，医療サービスの提供者側でも過剰診療を招きやすくなっている。また，薬剤に関しては，政府は医療費を抑制するために，先発医薬品に比べて価格が低く設定されているジェネリック医薬品（後発医薬品）の利用を促進している。しかし，わが国における使用率はアメリカを始めとする医療先進国よりも低く，ジェネリック医薬品への移行が進んでいないことが，薬剤費を大きくしている可能性がある。

以上のような公的医療保険の宿命をできる限り取り除き，医療費の増加を抑えるような仕組みが求められる。一つは上で述べた患者の自己負担の活用である。1997 年 9 月の健康保険法の改正によって患者の自己負担が拡大し，その結果，家計の診療費は急減した。自己負担の拡大が患者のコスト意識を強化し，医療の消費を抑える効果を持ったのである。急速な膨張を続ける高齢者医療の抑制のために，2001 年，2002 年の改正で通院 1 回当たり定額の自己負担（同一診療機関 4 回まで。5 回目からは無料）から定率負担制に変更された。そして現在では，70 歳以上の高齢者については，一定以上の所得者（現役並の所得者）は 3 割負担，一般所得者は 70 歳から 74 歳までが 2 割負担，75 歳以上が 1 割負担となった。いずれも自己負担には限度額が設定されている。

8 社会保障の財政問題 II

医療費抑制のためには，こうした自己負担の活用とともに，医療の非効率性を誘発する要因を解消することも必要である。

例えば，診療報酬の見直しである。急性期医療に取り組んでいる多くの病院では，疾病と診療行為に応じた定額医療費と出来高払いを組み合わせた DPC（包括医療費支払制度）が導入されている。また，長期入院向けの医療療養病床では，患者の病状や受けている医療処置の内容に応じた医療区分と，日常生活の動作がどれくらいできるかを示す ADL（日常生活動作）区分による包括払い制度が導入されている。しかしながら，外来医療の大部分では診察・治療・検査・投薬といった医療行為に応じて診療報酬が決定される出来高払いが導入されており，このことが過剰診療を招く恐れがある。現在の出来高払いに代わって定額制を適用する領域を拡大することが必要である。こうした医療供給面での改革なしに，自己負担や保険料の引き上げで対応するのは望ましくない。

医療サービスに関する情報提供も欠かせない。患者の満足度に影響するのは健康状態であり，医療は健康改善の手段にすぎない。通常の財の場合，買い手はどの財を手に入れれば自分の満足を高めることができるかを知っている。しかし医療については，患者は自分の健康状態について正確に判断することができるとしても，どの医療手段が健康改善というアウトプットをもっとも効果的に生み出してくれるかについての情報を持っているわけではない。治療や薬剤の処方箋については医師の判断に委ねるしかないのである。インフォームド・コンセント（説明と同意）は医療の効率化を達成するためにも必要である。

大病院と診療所の役割分担など，医療提供体制の整備も検討する必要がある。現在，わが国では大学病院のような総合病院も診療所と同じ支払方式が適用されていることから，医療機関の機能分化が実現していない。イギリスではあらかじめ居住地域の診療所からかかりつけ医（General Practitioner）を選び，かかりつけ医に行かなければ大病院での治療が受けられない仕組みになっている。わが国においても，かかりつけ医がいる診療機関以外を受診

188

した際に患者に自己負担を求めることで，大病院を受診する患者を減らし，医療費の抑制につなげられるよう改革が進められている。総合病院と地域医療機関との間の機能の分化と連携とによって，医療サービスの生産効率は向上するはずである。

8-2　社会福祉の改革

■社会福祉の歴史

⑴　救貧から防貧へ

　第二次世界大戦の終戦直後，わが国社会保障の最大の課題は生活困窮者をいかに救済するかであった。そのため 1946 年には生活保護法が制定されたが，戦争の影響は子供達にも及んでおり，翌 47 年には児童福祉法が制定された。同法は次代のわが国を担う児童の健全育成を目的とするものであったが，制定の契機となったのは戦災孤児の保護や栄養不良児に対する保健衛生対策の必要性であった。また，49 年には戦争によって傷ついた多くの軍人を援助することを目的として身体障害者福祉法が制定された。こうして，50 年に全面改正された生活保護法，児童福祉法，身体障害者福祉法を合わせて福祉 3 法と呼ばれる福祉立法の体系が整備されるに至った。

　経済的な援護だけでは遭遇する問題を解決できない人びとに対して，それぞれの属性に応じた対応によって生活機能を保障することが福祉政策であるが，この時代には，個別の専門的ニーズを持つ人の多くは最低限度の所得を保障することを目的とした公的扶助の受給者であった。その意味では，貧困対策と福祉政策はいわば不可分の関係にあり，福祉政策は依然として救貧対策の域を出ることはなかった。

　しかし，1950 年代も後半（昭和 30 年代）に入ると，わが国の高い経済成長を背景に貧困者数は減少していった。62 年に社会保障制度審議会は「社会保

189

8 社会保障の財政問題 II

障制度の総合調整に関する基本方策についての答申及び社会保障制度の推進に関する勧告」において，社会福祉を一般所得階層を対象とする社会保険，貧困階層を対象とする公的扶助から切り離し，低所得階層（ボーダーライン層および不安定所得層）を対象とした防貧対策と位置づけた。福祉政策の変質である。そして，低所得者層については，「防貧対策である社会保険だけでは尽くしえない」として社会福祉政策の重要性を強調したのである。これを受けて，1960年に精神薄弱者福祉法，63年には老人福祉法，64年には母子福祉法が制定され，先の3法と合わせて福祉6法時代に入った。

(2) 選別主義的福祉から普遍主義的福祉へ

1960年代までを福祉政策の基盤整備の時代だとすれば，70年代は従来の救貧・防貧対策から生活支援へと，福祉政策が質量ともに拡充される時代であり，福祉国家の時代と言える。経済成長に取り残された高齢者，心身障害者，母子世帯などは依然として厳しい生活を余儀なくされていたが，それ以外にも，核家族化，女性の社会進出などの理由で，寝たきり老人の介護や乳幼児の保育など，かつては個人や家族内で解決してきた問題を社会的に解決する必要が生まれてきた。その結果，福祉政策の対象は低所得階層から一般所得階層にまで広がっていくことになる。

この典型を児童福祉の中心である保育所に見ることができる。保育所入所児童世帯の課税区分別構成比の推移を見ると，1960年度には生活保護世帯が全体の5.6%，所得税非課税世帯が74.7%を占め，所得税課税世帯は19.7%にすぎなかった。このことは，高度経済成長期に至るまでの保育所は，依然として生計を維持するための労働にともなって生じる保育ニーズに対応するものであったことを表している。ところが，高度成長期に施設の整備が進むにつれて入所基準は緩和され，入所児童の世帯の経済力も多様化していく。94年度には所得税課税世帯の比率は全体の4分の3にも達しているのである。その結果，47年には施設数1,618，入所児童数16万4,510人にすぎなかった保育所は，高度経済成長期に女性の就労の増加とともに急成長を遂げ，75年には施設数は1万8,238に，入所児童数は163万1,025人に達した。

190

図 8-3 福祉政策の領域の拡大

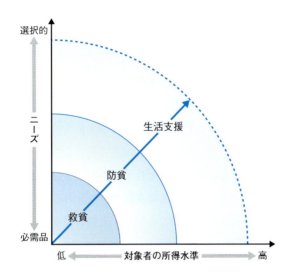

　こうした福祉政策の変貌を一言で表現するなら，それは選別主義的福祉政策から普遍主義的福祉政策への転換である。図 8-3 に示したように，福祉サービスに対するニーズは，最低限の生活を送るためには利用せざるを得ない必需的なものから，生活スタイルによって利用するかどうかを決定できる選択的なものへ変換し，対象者の所得水準は上昇していった。

　福祉政策の目的はさらに拡大している。1994 年 12 月に旧文部・旧厚生・旧労働・旧建設の 4 大臣合意によって策定された「今後の子育て支援のための施策の基本的方向について」(エンゼルプラン)では，出生率の低下をくい止めるために，子育て支援を企業や地域社会を含めた社会全体として取り組むべき課題と位置づけるとともに，今後おおむね 10 年間を目処として取り組むべき施策をとりまとめた。エンゼルプランは社会保障だけでなく，教育，雇用，住宅などの分野も含めた総合的な計画となっているが，児童福祉施設の代表である保育所は，これまでの目的であった個人の生活支援を越え，社会全体の子育てを支援するという，いわば公共財としての役割を持つものとして位置づけられるようになった。こうした福祉政策の変質は，サービスの供

8　社会保障の財政問題Ⅱ

給方式や負担のあり方等，制度の見直しが必要であることを示している。

■公的介護保険の導入

(1)　医療に偏った社会保障

　年金，医療，福祉サービスは社会保障の3本柱であるが，わが国の社会保障は，どちらかと言えば医療に偏っていると言われている。その理由の一つが，家族内に介護者がいないために高齢者を病院に入院させるという，いわゆる社会的入院である。そこでは高齢者は病人扱いをされ，医者の診察，点滴，薬品の投与を受ける。中には1カ月で100万円を超える医療費を使っている高齢者もいるが，この負担は医療保険で手当される。病院の側でも，経営上入院患者は多いほうがよい。こうして，入院日数が長くなる。

　日本の平均入院日数は29.9日であり，アメリカの6.1日，イギリスの7.0日，ドイツの9.0日，フランスの10.1日，スウェーデンの5.9日（以上2014年）と比べて極端に長い。この理由としては，派遣看護婦による在宅ケアが不十分なこと，リハビリテーション施設が未整備なことなどが考えられる。病院と福祉施策との連携を保つことができれば，現在の長い入院日数を減らすことも可能であるし，高齢者にとっても望ましい。

　福祉政策の総合化の必要性は古くから指摘されてきた。1970年11月には，中央社会福祉審議会が「老人問題に関する総合的諸施策について」を答申し，国民的合意を基盤として，年金，医療，就労，住宅，福祉サービスなど，広範な総合的老人対策の推進を提言している。また，翌年9月に出された社会保障制度審議会の「医療保険制度の解決について」は「老人医療問題の解決は，老人の必要とする総合的サービスの中の一つの面の改善であるに過ぎないことを強調したい。この他にこれと同等の問題として年金，特別養護老人ホームその他の収容施設，在宅老人への福祉措置などの問題があり，これが同時に解決へ向かって大きく前進してこそ，この問題の解決が生きてくる」とうたっている。

　政策相互間の有機的な関連への配慮が乏しいために，コストがかさむとい

う問題を引き起こしているのがわが国の社会保障の実態である。老齢人口比率がまだ低いこの時点では，こうした問題はそれほど大きくはなっていなかったが，今後高齢化が本格化してくることを考えると，総合化によるコストの節減は避けて通れない課題であった。

⑵ ゴールドプラン

こうした背景の中で，高齢者の保健福祉分野における公共サービスの基盤整備を図るために，旧厚生，旧大蔵，旧自治の3省は1989年12月に，高齢者保健福祉推進十カ年戦略を策定した。内容は，①高齢者が地域においてサービスを受けられるよう在宅福祉を充実するために，ホームヘルパー10万人，ショートステイ5万床，デイサービス1万カ所を設置，②待機することなく施設サービスを受けられるよう高齢者福祉施設を拡充するために，特別養護老人ホーム24万床，老人保健施設28万床を整備，③在宅福祉サービスを支援するための長寿社会福祉基金の設置，等を中心としている。90年には，高齢者の保健福祉の推進を図るために，住民にもっとも身近な市町村が計画的に在宅福祉サービスと施設福祉サービスをきめ細かく，一元的に提供できる体制を作るために，社会福祉関係法の改正が行われ，これによって，都道府県，市町村は老人保健福祉サービスの実施の目標等に関する老人保健福祉計画を策定することとなった。

福祉サービスの整備には資金やハード面だけでは十分ではなく，社会福祉施設職員やホームヘルパーなどのマンパワーの充実が不可欠である。そこで，92年6月には「社会福祉事業法及び社会福祉施設職員退職手当共済法の一部を改正する法律」(いわゆる福祉人材確保法) が成立している。

全国の地方公共団体が策定した老人保健福祉計画を踏まえて，旧厚生，旧大蔵，旧自治の3省は，ゴールドプランを全面的に見直した新ゴールドプランを94年9月に策定，95年度からスタートさせた。新ゴールドプランはゴールドプランの整備目標を大幅に引き上げ，ホームヘルパーは17万人，ショートステイ6万床，デイサービス・デイケア1.7万カ所，在宅介護支援センター1万カ所，老人訪問看護ステーション5,000カ所，特別養護老人ホーム29

8 社会保障の財政問題Ⅱ

万人分，老人保健施設28万人分，高齢者生活福祉センター400カ所などとした。

新ゴールドプランのいま一つの特徴は，新たな公的介護システムの創設を含めた総合的な高齢者介護対策の検討を提唱したことである。

(3) 公的介護保険の創設

2000年4月から公的介護保険制度が導入された。寝たきり高齢者，痴ほう性高齢者，虚弱高齢者など，介護を必要とする高齢者の数は00年4月末現在で約218万人であったが，19年3月末現在には658万人に増加した。この数が今後さらに増加することは確実である。高齢者本人はもちろんのこと，介護にかかる家族の負担は相当なものであり，介護問題は国民生活の最大の不安要因の一つと言える。高齢社会の問題は，退職後の所得を保障するということから，要介護というリスクにいかに備えるかという側面に比重が移っているのである。

これまで高齢者介護サービスは福祉と医療という別個の制度によって提供され，介護ニーズの多くを老人医療がカバーしてきたのが実情である。社会的入院にかかる費用は本来は医療保険の役割の領域外である。そこで，介護という医療と福祉の境界にあるサービスを総合的・一体的に供給する新しい高齢者介護システムを社会保険方式を機軸とする財政方式で運営しようというのが公的介護保険である。

公的介護保険制度の導入によって，国民は保険料という負担増に直面するが，他方，介護サービスの充実による家族の負担減，医療費の節減による医療保険料等の負担減，介護を必要とすることにともなう経済的リスクからの解放といったメリットを受ける。

制度は対象者を65歳以上の第1号被保険者と40歳から64歳までの第2号被保険者の介護に分けている。65歳以上の者については，寝たきりや痴ほうになったときに，40歳から64歳の者については初老期における認知症や脳血管疾患など加齢にともなう疾病によって介護が必要になったときに介護保険制度の対象となるサービスを受けられることになっている。被保険者が40歳

194

以上の者とされたのは，介護保険が対象とする老化にともなうニーズは，高齢期だけでなく，中高年においても生じる可能性があること，また，40歳以降になると，親の介護が必要となり，家族という立場から介護保険による社会支援の利益を受ける可能性が高まるという理由からである。

　必要な費用は，介護サービスにかかる費用の1割（現役並の所得者は3割）を利用者が自己負担し，残りの9割（7割）を保険料や税といった公費で負担する。ただし，自己負担については低所得層に配慮しつつ月額4万4,400円（同一世帯内で市町村民税が課税されている方がいる世帯）に上限を定め，これを上回る分は公費で賄うとされている。自己負担を除いた公費の部分の半分は国と地方団体が負担し（国が25%，都道府県と市町村がそれぞれ12.5%），残り半分は40歳以上の全国民が支払う保険料収入で賄われる。保険料水準は2000年4月の制度導入時には月額で平均2,911円であったが，要介護高齢者数，サービス利用者数の増加等によって引き上げられ，2018-20年の全国平均保険料は月額で5,869円となっている。今後も，保険料の引き上げが行われることは避けられない。

　給付と財政運営の主体である保険者は，地方分権の推進や介護サービスの地域性を重視する観点から，住民にもっとも身近な行政主体である市町村および特別区（東京都の場合）である。

⑷　公的介護保険のあり方

　公的介護保険は税法式ではなく保険方式が採用されることになったわけだが，これによって要介護者が自由に事業者を選択してサービスを受け取り，保険者が被保険者から預かった保険料（これに税が加わる）で費用を負担することになる。保険方式を採用することのメリットは，サービスの給付を権利として受けることができる点である。また，医療分野で国民皆保険が全国的に診療所や病院の開設に貢献したように，保険によって介護に要する財源を保障することで，介護サービスを提供する事業者が地域にあまねく事業を展開する可能性を生み出すことになる。

　どの程度の水準のサービスを公的介護保険の対象に含めるかについては慎

8 社会保障の財政問題Ⅱ

重に検討しなければならない。強制加入の公的保険とする限り，対象となる介護サービスは必要最低限の水準に限定すべきであろう。というのも，個人間で介護サービスに対する需要は異なるからである。最低限のサービス保障で十分だと考えている人から，高水準のサービスを前提とした高額保険料を強制的に徴収することは望ましくない。ミニマムを上回る部分は市場原理に委ねることによって，サービスの多様化，効率化によって資源配分の適正化を図るべきなのである。

　介護サービスについては，医療のように専門的な技術や知識が必要ではなく，市場への参入は比較的容易である。したがって，市場への自由な参入が保証されるなら，質の悪いサービスや高価格なサービスを提供する事業者は顧客を失う。このように，介護サービスに市場メカニズムを活用することのメリットは大きい。

　医療保険と同様，介護保険においてもコスト意識の欠如によるサービスの過大消費というモラル・ハザードが起こる可能性がある。とくに日常生活の延長線上にある介護サービスの場合，通常の生活を送るために必要なサービスとの境界があいまいになりがちである。介護保険においてモラル・ハザードをなくし，保険財政を健全なものにするためには介護サービスを基礎的で必需的なものに限定すると同時に，介護ニーズのチェックを十分に行う必要がある。また，サービス供給者側のコスト意識を強化しモラル・ハザードをなくすため，介護報酬については，医療保険の診療報酬のような出来高払いではなく包括払いになっている。

　給付と財政運営が市町村レベルで行われることから，介護保険料は国保の保険料と同様，地域の介護費用の格差を反映してバラツキが大きくなっている。介護費用の格差は，高齢者のうち介護を必要とする者の比率や，在宅介護に比べて費用がかかる施設介護のウエイトによって変わってくる。介護サービスの水準と連動しない保険料格差は調整されるべきであり，介護保険制度では「高齢者中の後期高齢者の割合」と「高齢者の所得状況の格差」を調整する調整交付金を導入することで，介護サービスの給付水準が同じであり

196

被保険者の所得水準が同じであれば，保険料負担が同一になるよう調整が図られている。

　また，介護費用の縮減や介護のための財源を確保するためには，介護保険事業の広域化も必要である。現在，福岡県介護保険広域連合をはじめ，広域行政の一つの形態である広域連合を活用した介護保険の供給も実施されている。

　2025年以降，団塊の世代が75歳以上となることから，さらなる介護需要の増加が見込まれている。保険者機能の強化を図ることにより高齢者の自立支援と要介護状態の重篤化防止に努めるため，2025年をめどに，住まい・医療・介護・予防・生活支援が一体的に提供される地域包括ケアシステムの構築が進められている。

■ 新たな福祉政策の展開

　1970年代以降，福祉国家の建設を目標として，福祉政策への国の関与が強化されていった。その過程でわが国の福祉政策は，救貧・防貧から生活支援へと質量ともに拡大した。これは同時に福祉政策の性格が大きく変化したことを意味している。

　こうした福祉政策の変貌は，サービス供給の方法や費用負担のあり方についての変更を求めることになるが，現実には，選別主義的福祉政策時代の発想で，政府，とくに国が財源，政策形成の面で主役を担うという形が依然として引き継がれている。

　国がナショナル・ミニマムとして政策形成から財源に至るまで一貫して責任を持つのは，国税で財源を負担することについての国民のコンセンサスが得られるサービスに限定すべきである。救貧・防貧的福祉政策の場合，コンセンサスが得られることは言うまでもないが，今日のように質量ともに拡大した福祉に税金を投入することは，利用者と非利用者との間に不公平を発生させるだけでなく，利用者にとっても，税金を投入することでかえってサービスが画一的になり，多様なニーズに応えてもらえないという不満が残るこ

8 社会保障の財政問題Ⅱ

とにもなる。

　福祉政策が救貧対策であった時代には，福祉サービスは画一的であり，所得や資産によって受給資格をふるいにかける必要があった。ところが，福祉が普遍主義的なものに変化を遂げた今日では，福祉サービスについても他のサービスと同じように，生産者と消費者とが自由にサービスをめぐって取引ができる環境を整備しなくてはならない。つまり，救貧対策時代に比べてはるかに多様化した福祉ニーズに応えるためには，サービスの需給両面における自由化が不可欠であり，とくに供給主体が民間を含めて多様化することが求められる。これによって市場メカニズムがうまく機能し資源配分が適正なものになる。

　だが，市場が十分に機能するためには，供給されるサービスの内容と，供給主体についての十分な情報が入手できる環境を整備しなくてはならない。その点では，供給側と需要側との間で情報の非対称性が存在する医療と違って，福祉サービスの場合には，いったんサービスの受け手となるとサービスの質や量に関しての情報を正確に入手できるという特徴を持っており，市場がうまく機能する条件を備えていると言える。

　しかし一方では，医療と異なり，多様な供給主体が多様な内容のサービスを供給する福祉の場合，どの供給主体がどのような内容のサービスを供給しているかを把握することは困難である。今後の福祉分野における公共部門の役割はサービスを直接生産して供給することにあるのではなく，むしろ民間を含めた各種のサービス供給主体が公正な競争を行うよう促すこと，サービスの需要者に広く情報を伝えることにある。

練習問題

● 練習問題

1. わが国の医療保険制度の歴史について説明せよ。
2. 医療保険制度の存在が医療費を増加させる原因であるとも言われる。この点について説明せよ。
3. 医療の供給側にも医療費を増加させる原因があると言われるが，この点を考慮して医療改革の方向について述べよ。
4. 福祉サービスの内容は時代とともに変化してきた。この点を説明したうえで，新たな福祉政策のあり方について述べよ。
5. 公的介護保険制度を説明し，その課題を説明せよ。

第 9 章

景気変動と財政政策

　インフレーションや失業の発生など，不安定な動きを繰り返すのが市場経済の特徴である。こうした不安定さを取り除くことが財政の経済安定化機能であるが，景気対策としての財政政策には，はたしてどのような理論的裏付けがあるのだろうか。わが国ではとくに不況期において，公共事業や減税による景気対策への期待が高まることは，過去の財政運営の歴史を振り返ると明白である。しかし，一方で，財政政策の効果に対する疑問の声も数多く存在する。本章では，ケインズ経済学を基礎とした財政政策の理論を解説したうえで，財政政策の有効性について検討してみよう。

9　景気変動と財政政策

■ 9-1　国民所得の決定と乗数 ■

■国民所得決定の理論──図による説明──

　市場経済は不安定である。景気が過熱気味でインフレーションが発生したり，家計の消費や民間企業の投資が減退して失業や生産設備の遊休化を招いたりする。日本経済を振り返っても，経済成長というトレンドとは別に，景気の上昇と下降という短期的な変動を繰り返しながら今日に至っている。

　財政による安定化政策は一般に財政政策（フィスカル・ポリシー）と呼ばれているが，これに理論的基礎を与えたのはケインズの『雇用・利子および貨幣の一般理論』であり，アメリカのケインズ派経済学者であるハンセンをはじめとするその後のマクロ経済学の発展であった。「供給はそれ自らの需要を創り出す」というセイの法則をよりどころに完全雇用経済を前提とし，政府は経済の自己調整機能を阻害することのないようできる限り小さくあるべきだと考えてきた古典派経済学に対して，ケインズ経済学はむしろ不完全雇用経済を常態と考え，経済を安定させるうえで政府は積極的な役割を果たすべきだと考える。財政政策がケインズ政策と呼ばれることがあるのはこのためである。

　ケインズ経済学のこの主張を理論的に支えるのが，国民所得は消費，民間投資，政府支出などから構成される総需要の大きさによって決定されるという有効需要原理である。図9-1の横軸には国民所得 Y が，縦軸には総需要がとられている。

　図に総需要を書き込んでみよう。民間消費 C は国民所得の大きさに依存するが，民間投資 I と政府支出 G は所得水準に関係なく一定であるとしよう。CC は所得と消費の関係を表す消費関数であり，所得が大きくなると消費は増加するので右上がりになる。これに投資と政府支出を積み上げたものが総需要（$C+I+G$）である。

202

図 9-1 国民所得の決定

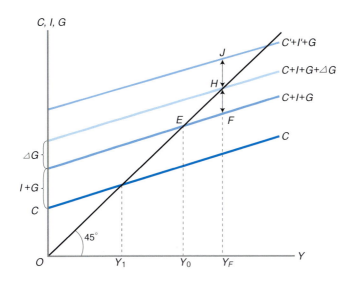

　45°線上の点は，そこから横軸までの距離と縦軸までの距離が等しく，総供給と総需要が一致している。したがって，45°線と総需要を表す $C+I+G$ とが交わる点 E で均衡が実現する。このときの国民所得は Y_0 である。国民所得が Y_1 のように，Y_0 を下回っているとしよう。このときには，総需要が総供給よりも大きく，モノ不足の状態であるから，企業は生産を増やすと考えられる。逆に，国民所得が Y_0 よりも大きければ，総供給が総需要を上回って売れ残りが生じるので，企業は生産を縮小する。こうして，企業が総需要と総供給の大小関係を見ながら数量を調整することで所得は Y_0 に戻るのである。

■国民所得決定の理論──式による説明──

　図を見ると，総需要が消費 C だけの場合には国民所得は Y_1 であるが，総需要に $I+G$ が加わると，所得は Y_0 となる。所得の増加分 (Y_0-Y_1) は総需要の追加である $I+G$ よりも大きくなっていることに注意して欲しい。

　均衡国民所得は総需要に等しい水準に決まることから，

9 景気変動と財政政策

$$Y = C + I + G \tag{9-1}$$

である。ここでも，投資 I と政府支出 G は所得水準とは独立して決まると考える。一方，消費は所得水準に依存する部分と，所得がゼロでも生命を維持するために必要な基礎的消費部分とからなり，

$$C = a + bY \tag{9-2}$$

で表される。a が基礎的消費であり，bY が所得に依存する部分である。b は限界消費性向と言い，所得の増加分のうち消費に振り向けられる割合を示している。所得の増加分は消費と貯蓄に使われるから，$1-b$ は貯蓄に振り向けられる割合であり，これを限界貯蓄性向という。

(9-2) 式を (9-1) 式に代入して，Y について解くと，均衡国民所得水準 Y は，

$$Y = \frac{1}{1-b} \times (a + I + G) \tag{9-3}$$

となる。

この式から，a，I，G，b の大きさがわかれば，均衡国民所得 Y の大きさを知ることができる。

■乗　数

いま，G が ΔG だけ増加したとしよう（ΔI，Δa でもかまわない）。このときには，均衡国民所得の増加 ΔY は，

$$\Delta Y = \frac{1}{1-b} \Delta G \tag{9-4}$$

である。つまり，政府支出や投資が増加したときには，それに $1/(1-b)$ をかけた分だけ，国民所得は増加する。この $1/(1-b)$，つまり限界貯蓄性向の逆数を乗数と言う。

限界消費性向 b は 1 より小さな値をとることから，乗数 $1/(1-b)$ は 1 よりも大きくなり，ΔG よりも国民所得の増加分 ΔY のほうが大きいのである。いま b が 0.8 であったとすると，乗数は 5（$=1 \div (1-0.8)$）である。このと

204

き，G が 1,000 億円増加（$\Delta G = 1,000$ 億円）したとすると，国民所得は 5,000 億円増加する。

　このように，投資や政府支出が増加したとき，その何倍かの所得を生み出すことを乗数効果と呼ぶが，なぜこのような効果が生じるのだろうか。政府支出の増加 1,000 億円は必ず分配されてだれかの所得となる。次にその 1,000 億円は消費されるか貯蓄されるから，限界消費性向を 0.8 とすると 800 億円（＝1,000 億円×0.8）分の消費が発生し，これはだれかの所得になる。こうして新たに生み出された所得 800 億円の 0.8 倍が消費に回り，640 億円の消費を生み，それはだれかの所得となる。このプロセスが続くことで，最初の 1,000 億円の政府支出の増加は，

$$1,000\ 億円 + 1,000\ 億円 \times 0.8 + 1,000\ 億円 \times 0.8^2 + 1,000\ 億円 + 0.8^3 + \cdots$$

$$= 1,000\ 億円 \times \frac{1}{1-0.8} = 5,000\ 億円$$

に等しい所得を生み出すのである。

　数値例では限界消費性向 b は 0.8 としたが，b が 0.6 だとすると乗数は 2.5 に低下し，同じ 1,000 億円の政府支出の増加でも所得の増加は 2,500 億円にしかならない。これは，貯蓄は総需要からの漏れであり，所得創出のプロセスを断ち切ってしまうことになるため，貯蓄性向が高ければ高いほど，発生する所得は少なくなるからである。

　以上の分析では外国との貿易を考慮していない。政府支出の増加によって所得が増えても，消費の多くが外国のブランド商品を購入するのに使われてしまうと，需要は海外に漏れてしまい，所得創出プロセスは外国に移ってしまうのである。また，所得の増加分が所得税で吸収されるなら，可処分所得の増加が抑えられ消費の増大に結びつかない。税も漏れなのである。

　このように，乗数の大きさは貯蓄性向，輸入性向，税負担などの水準に依存することから，国によっても，また時代によっても異なった値をとる。後に触れる（9-5 節）が，わが国で乗数が低下してきたと言われているのも，乗数に影響を与える変数の大きさが時代とともに変化してきたからである。

9 景気変動と財政政策

■ 9-2　財政政策の効果 ■

■財政政策の発動

国民所得は，総需要と総供給が一致する水準に決まる。しかし，実現した均衡国民所得が完全雇用を達成する保証はない。

ここで，図9-1に戻って，完全雇用を実現する国民所得を Y_F としよう。現実の国民所得は Y_0 であるから，これを Y_F にまで引き上げる必要がある。しかし，現在の経済情勢では Y_F の所得に対応する総需要は FY_F でしかなく，総需要が完全雇用国民所得に一致するには FH だけ不足している。需要の不足分をデフレ・ギャップと呼ぶ。

ここで，Y_F の水準で経済を均衡させようとするなら，デフレ・ギャップを埋めるだけの需要を追加する必要がある。しかし，所得を Y_F にまで増加させるのに，(Y_F-Y_0) に等しいだけ総需要を拡大させる必要はない。いま政府支出の増加によって完全雇用を実現しようとするなら，そのために必要な政府支出の増加分 ΔG は，

$$\frac{1}{1-b}\Delta G = Y_F - Y_0$$

から，

$$\Delta G = (1-b)(Y_F - Y_0) \tag{9-5}$$

でよい。これは，乗数効果によって ΔG を上回る所得が創出されるからである。

次に経済が過熱気味で総需要が $C'+I'+G$ のような場合を考えてみよう。完全雇用国民所得が Y_F であるにもかかわらず，総需要はそれを上回っていることから，インフレーションが発生する。ここで JH をインフレ・ギャップと呼び，このときには政府支出の削減などによって総需要を縮小させる必要がある。

206

このように，総需要が完全雇用産出量にちょうど過不足のない水準からはずれると失業やインフレーションが発生するが，租税や財政支出という政策手段を用いて総需要を調整しようとするのが財政政策である。そのため，財政政策は総需要管理政策とも呼ばれる。

ただ，裁量的財政政策の欠点の一つは機動性に乏しいことである。そのため政策効果を発揮するまでに時間がかかり，その間に経済情勢が変わってしまう可能性もある。こうした政策ラグには認知ラグ，実施ラグ，反応ラグがある。認知ラグとは，財政政策の必要が生じたときと，それが認知されたときとの間のラグのことであり，景気情勢の判断に誤りがあるような場合に発生する。

実施ラグとは政策の必要性が認知されてから現実に政策が発動されるまでの間のラグのことである。増・減税といった予算措置は議会での審議を経て立法化されなければならないために，時間がかかる。以上のプロセスを経てようやく政策が発動されても，実際にその効果があらわれるまでには時間がかかる。これが反応ラグである。

■ 減税の効果

政府部門は財政支出と同時に租税を徴収して活動を行っている。ここで租税として定額税 T を考え，財政政策の効果を検討してみよう。定額税とは所得や消費水準などの経済量とは無関係に一定の金額を負担する税のことである。このとき経済の体系は次のようになる。ただし，これまでと同様，投資 I と政府支出 G は一定とする。

$$Y = C + I + G \tag{9-1}$$

$$C = a + b(Y - T) \tag{9-6}$$

(9-6) 式を (9-1) 式に代入して Y について解くと，均衡国民所得 Y は

$$Y = \frac{1}{1-b}(a + I + G - bT) \tag{9-7}$$

となる。

9 景気変動と財政政策

いま，定額税を ΔT だけ増税すると，所得の変化分は，

$$\Delta Y = \frac{-b}{1-b} \Delta T \tag{9-8}$$

となり，国民所得は減少する。

ここで，景気刺激策として政府支出の増加と減税のどちらの効果が大きいかを見てみよう。G を ΔG だけ増やしたときの所得の増加は (9-4) 式で得られたように，

$$\Delta Y = \frac{1}{1-b} \Delta G \tag{9-4}$$

である。次に，ΔG と同額の減税 ΔT を実施したときの所得の増加は，

$$\Delta Y' = \frac{b}{1-b} \Delta T \tag{9-9}$$

となる。つまり，減税なのであるから，増税の場合の (9-8) 式にマイナスをつけた分だけ所得は増加する。ここで，(9-4) 式から (9-9) 式を引くと，

$$\Delta Y - \Delta Y' = \frac{1-b}{1-b} \Delta G \,(\text{あるいは } \Delta T) = \Delta G \,(\text{あるいは } \Delta T)$$

となり，政府支出の増加は減税よりもちょうど景気対策に使った金額だけ所得創出効果が大きい。これは，政府支出の増加 ΔG は最初からだれかの所得となり，乗数のプロセスが ΔG から始まるのに対して，減税は可処分所得を増やすが，その一部は貯蓄となり，所得創出効果としては $b\Delta T$ から始まるからである。

以上のことは，政府支出の増加を同額の増税で賄う場合でも，所得は ΔG だけ増加することを表している。つまり，予算を均衡させながら政府支出を増加させる場合の乗数は 1 である。これを均衡予算乗数の定理という。

■所得税の導入

ここでより現実の税に近い比例所得税を定額税に代えて導入してみよう。所得税率を t とすると，税収 T は，

208

9-2 財政政策の効果

▶表9-1 政府支出を1兆円増やしたときの所得創出額

（単位：兆円）

		税		
		定額税	比例所得税	
			$t＝20\%$	$t＝50\%$
限界消費性向 b	0.6	$\dfrac{1}{1-0.6}＝2.5$	$\dfrac{1}{1-0.6(1-0.2)}≒1.9$	$\dfrac{1}{1-0.6(1-0.5)}≒1.4$
	0.8	$\dfrac{1}{1-0.8}＝5.0$	$\dfrac{1}{1-0.8(1-0.2)}≒2.8$	$\dfrac{1}{1-0.8(1-0.5)}≒1.7$

$$T＝tY \tag{9-10}$$

であるから，課税後の消費関数は，

$$C＝a+b(Y-T)$$
$$＝a+b(1-t)Y \tag{9-11}$$

となる。(9-11) 式を (9-1) 式に代入して Y について解くと，均衡国民所得 Y は，

$$Y＝\frac{1}{1-b(1-t)}(a+I+G) \tag{9-12}$$

となる。このとき，政府支出を $\varDelta G$ だけ増やしたときの所得の増分は，

$$\varDelta Y＝\frac{1}{1-b(1-t)}\varDelta G \tag{9-13}$$

である。政府支出の増加によって所得が増加しても，所得税負担が増えるために消費の増大が抑えられる。その結果，所得が増加しても負担が増えない定額税の場合よりも所得創出効果は小さくなってしまう。そして，税率 t が高いほど $b(1-t)$ は小さくなるため，乗数は小さくなる。

表9-1 は政府支出を1兆円増加させたときの所得創出効果をまとめたものである。限界消費性向が小さいほど，また所得税率が高いほど総需要からの漏れが大きく，景気刺激効果は小さくなっている。

209

9 景気変動と財政政策

■ *IS* バランス論

いま，GDP を Y，民間消費を C，民間貯蓄を S，民間投資を I，政府支出を G，租税を T，輸出を EX，輸入を IM とすると，国民経済において，事後的に次のような需給の恒等関係が生じる。

$$Y=C+I+G+EX-IM \tag{9-14}$$

この式は上の (9-1) 式に外国貿易を付け加えたものである。輸出は外国からの日本に対する需要として総需要に追加されるのに対して，輸入は需要の漏れであるから総需要から差し引かれる。

ところで，国民にとって処分可能な所得から租税が支払われ，残りは消費または貯蓄されるから，

$$Y=C+S+T \tag{9-15}$$

である。ここで，(9-14) 式から (9-15) 式を引くと，

$$\underbrace{(I-S)}_{(-)}+\underbrace{(G-T)}_{(+)}+\underbrace{(EX-IM)}_{(+)}=0 \tag{9-16}$$

となる。近年の日本経済においては，$(I-S)$ がマイナス（貯蓄超過）であり，$(G-T)$ がプラス（財政赤字），$(EX-IM)$ がプラス（貿易収支黒字）となって経済が均衡している。

いま，経済が完全雇用の状態にあるとし，このときに消費が停滞して貯蓄 S が増加するか，あるいは民間投資 I が減少したために，$(I-S)$ のマイナス幅がさらに大きくなったとする。これを放置すると経済が収縮して完全雇用を維持できなくなる。完全雇用状態を保つためには輸出を増やして（あるいは輸入を減らして）$(EX-IM)$ のプラス幅を大きくすることも一つの方法である。しかしこれは外国との貿易不均衡を拡大することであるため，外国からは政府支出 G の増加あるいは減税（T の減少）によって $(G-T)$ のプラス幅を大きく（財政赤字を拡大）するような政策を実施すべきだという圧力がかかってくる。

もちろん，以上の式は事後的な均衡を表すにすぎず，$(G-T)$ のプラス幅を拡大したからといって，必ずしも $(EX-IM)$ のプラス幅が縮小するとは

210

限らないことを付け加えておく。

9-3　ビルト・イン・スタビライザー

■ビルト・イン・スタビライザーの機能

　財政システムはその中に，景気変動を自動的に調整する装置を組み込んでいる。これを財政の自動安定化装置あるいはビルト・イン・スタビライザーと言う。財政がビルト・イン・スタビライザーとしての機能を備える要因の一つが雇用保険（失業保険）である。不況で失業率が高いときには失業保険の給付総額は増大し，可処分所得の落ち込みを緩和することによって，家計の消費支出の減少を抑える。逆に好況期には給付が減少するとともに，賃金に比例的にかかる保険料が増加し，可処分所得の増加を抑える。

　ビルト・イン・スタビライザーとしての機能は，景気変動にともなって税収が自動的に変化する租税面においてとくに重要である。租税負担率（租税収入の国民所得に対する割合）が高く，しかも景気変動に対する税収の感応度が大きい所得税や法人税のウエイトが大きい場合には，財政のビルト・イン・スタビライザー機能はいっそう強まることになる。

　図9-2は所得税と法人税の対前年度伸び率と経済成長率を示している。ただし税収は税制改正による増減収を除去するために，前年度の税制が不変に維持されたと想定し，いわゆる「税制改正なき場合」の税収を用いた。両税はともに，経済成長率が高いときには税収の伸び率はそれを上回り，成長率が低いときには税収は対前年度比で減少している。

　税収変動の程度は税収弾性値（税収の変化率÷経済成長率）によって知ることができる。弾性値が1を上回る場合は経済成長率よりも変化率が大きく，弾性値が1を下回る場合は変化率は経済成長率よりも小さい。税収弾性値はさらに次のように表すことができる。

211

9　景気変動と財政政策

図9-2　税制改正なき場合の税収前年度変化率

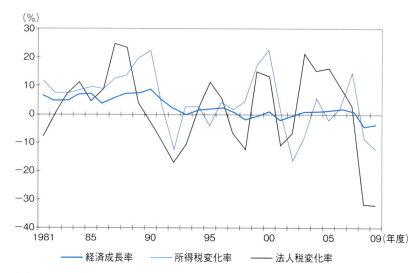

(注)　データの入手が困難なため，2009年度までのデータを示している。
(資料)　日本租税研究協会『税制参考資料集』，内閣府『国民経済計算』より作成。

$$\frac{\frac{\Delta T}{T}}{\frac{\Delta Y}{Y}} = \frac{\frac{\Delta T}{T}}{\frac{\Delta TB}{TB}} \times \frac{\frac{\Delta TB}{TB}}{\frac{\Delta Y}{Y}}$$

T は税収，TB は課税標準，Y は GDP である。右辺の1つ目の項は税収の課税標準弾力性，第2項は課税標準の GDP 弾力性である。

　所得税の場合，好況期には課税標準である個人所得が増加し，それにともなって税収は増えるが，さらに現行所得税は累進税率構造を持っているために，税収の増加率は課税標準の増加率を上回る。こうして所得税の弾性値は1よりも大きく，経済が成長したときにはそれを上回って税負担が増加する。この結果，可処分所得の増大を抑え，家計の消費支出を安定させる。不況期には個人所得は減少するが，それを上回る割合で所得税負担が減少するために可処分所得の減少が抑えられ，消費支出の落ち込みを緩和する。

9-3　ビルト・イン・スタビライザー

法人税は，軽減税率が適用される小法人を別にすれば比例税であり，税収の課税標準弾力性は1に近い。しかし，法人税の課税標準である法人所得は景気変動にきわめて敏感に反応し，課税標準のGDP弾力性は1を超える。こうして法人税の税収弾性値は1よりも大きくなる。その結果，好況期には法人税収が大きく増加することで法人の内部留保利潤の増加が抑えられ，設備投資需要が抑制される。不況期には法人所得の落ち込みが激しく，法人税の減少が投資需要の減少を緩和する。

■ ビルト・イン・スタビライザーの尺度

税制が持つビルト・イン・スタビライザー機能は税収弾性値が大きいほど強く発揮される。しかし，税制がビルト・イン・スタビライザーとして機能するためには，税収弾性値が1を超える必要はない。税収が景気の変動に自動的に反応して増減すればよいのである。

ビルト・イン・スタビライザーの大きさは，自動的な税収の変化がないと仮定した場合のGDPの変化と，実際のGDPの変化とを比較することによって測定される。税収がGDPの変化とは無関係に決まる定額税の下では，投資の変動（ΔI）によってもたらされるGDPの変化（ΔY）は，

$$\Delta Y_A = \frac{1}{1-b} \Delta I$$

比例所得税の場合の投資の変動によるGDPの変化は，

$$\Delta Y_B = \frac{1}{1-b(1-t)} \Delta I$$

であった。

いま，税収の自動的伸縮によって緩和されるGDPの変化分と，自動的伸縮がない場合に生じたであろうGDPの変化分との比率をもってビルト・イン・スタビライザーの尺度 α とすると，比例所得税の場合は，

$$\alpha = \frac{\Delta Y_A - \Delta Y_B}{\Delta Y_A} = \frac{bt}{1-b(1-t)}$$

213

9 景気変動と財政政策

となる。税制が持つビルト・イン・スタビライザーとしての大きさは限界消費性向 b と税率 t に依存し，税率が高いほど大きくなる。

■完全雇用余剰

制度を一定に保ったままでも，好況期には自動的に税収が増加し，社会保障給付は減少する。逆に不況期には税収は減少し，社会保障給付は増加する。とするなら，現実に財政余剰（財政黒字のこと）あるいは赤字が発生しているからといって，それは裁量的な財政政策の発動によってもたらされたのではなく，経済の動きによって受動的に生じたものかもしれない。つまり，現実の財政余剰や赤字から，財政運営が緊縮的であるか拡張的であるかを判断することは適当とは言えない。

そこで現実の財政収支によってではなく，完全雇用余剰（あるいは完全雇用赤字）の概念を用いることによって，財政運営が景気に対して緊縮的か拡張的かを判断することが多い。完全雇用余剰（完全雇用赤字）というのは，税や支出に関する制度や構造を所与としたときに，経済が完全雇用水準にあると仮定した場合に発生するであろう財政余剰（財政赤字）のことである。

図9-3は縦軸に財政収支（黒字・赤字）が，横軸にはGDPがとられている。AA は財政制度Aのもとでの財政収支を表し，GDPが G よりも小さくなると財政赤字を発生させる。CD はこの制度のもとでの完全雇用余剰である。景気が良ければ財政制度Aは黒字になる。たまたま財政赤字が発生していたとしても，その赤字は経済活動の縮小を反映して受動的に発生したものである。BB は財政制度Bのもとでの財政収支であるが，完全雇用余剰は財政制度Aよりも大きく，したがって財政運営は制度Aよりも緊縮的であると言える。このように，財政余剰や財政赤字の大きさは景気情勢に左右されるために，実際に発生している余剰や赤字の規模で財政運営の基調を判断するのではなく，完全雇用余剰（あるいは完全雇用赤字）の大きさを比較する必要がある。

なお，わが国の財政は FF のように完全雇用状態でも財政赤字が残るという意味で，ますます拡張的になってきている。

214

図9-3 景気と財政収支バランス

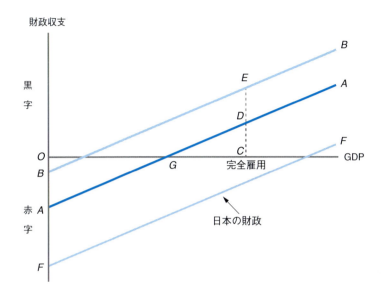

■ 財政配当と財政的歯止め

　経済成長によってもたらされる税収の自然増は政府にとって財政配当（fiscal dividend）であり，これは減税にも政府支出の増加にも利用することができる。しかし，成長経済下での税収の自動的増大が政府支出の増加を上回れば，完全雇用余剰が増加（完全雇用赤字が減少）して経済活動を抑制する効果をもつ。これを財政的歯止めと呼ぶ。政府支出および租税制度を一定に保つことは，成長経済下にあっては，財政的歯止めによってデフレ的な圧力を経済に与えているに等しいのである。

　1950年代末から60年代初めにかけてのアメリカ経済の減速は，この財政的歯止めに原因があったとも言われている。財政的歯止めによるデフレ圧力を解消するためには，政府支出を増加させるか，減税を行う必要がある。わが国では高度経済成長期に毎年のように所得税減税が実施されたが，これによって財政的歯止めの発生を防止することができたと考えられる。

9　景気変動と財政政策

9-4　財政政策への疑問

■財政政策とクラウディング・アウト

(1)　*IS–LM* 分析

　ケインズ経済学の立場から経済理論を考えるケインジアンと対比して取り上げられるマネタリストと呼ばれるグループからの疑問は，貨幣供給量の増加をともなわない財政政策は効果を発揮しないという点である。わが国においては，財政法によって国債の日銀引受けによる発行を禁じ，国債発行は市中消化を原則とすることが定められている（2–1 節参照）。そのため，せっかく財政支出を増やしても，経済の拡張効果は減殺される可能性がある。

　上の国民所得決定の理論では，民間企業の投資は一定として考えられてきた。しかし，投資を行うかどうかは，投資によって生まれる収益率と，投資を行う際のコストである利子率との大小関係に依存して決まる。つまり，投資活動は利子率が上昇すれば縮小し，利子率が低下すれば拡大するのである。財政政策の発動によって利子率が変化するなら，民間投資が変化し，所得水準に影響する可能性がある。この点は *IS–LM* 分析と呼ばれる手法を用いて検討することができる。

　IS 曲線は実物市場の均衡を表している。投資 *I* が利子率によって決まり，投資の資金源である貯蓄 *S* が所得によって決まる（所得水準が上がると貯蓄は増加する）とすると，*IS* 曲線は投資と貯蓄が一致する所得と利子率の組合せである。利子率が上昇すると投資は減少するから，貯蓄もそれにあわせて減少しなければならず，そのためには所得水準が低下する必要がある。利子率が低下する場合にはその逆のことが言える。ここで利子率を縦軸に，所得を横軸にとると，貯蓄と投資を一致させる所得と利子率の組合せを表す *IS* 曲線は図 9–4 のとおり右下がりとなる。

　LM 曲線は貨幣供給と貨幣需要が一致するという，貨幣市場の均衡を表し

216

図 9-4　財政政策とクラウディング・アウト

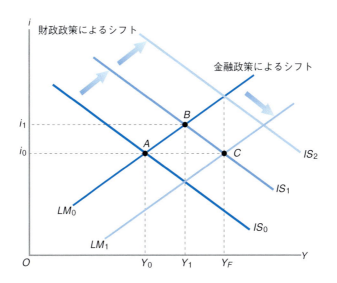

ている。貨幣需要は，①所得水準に依存して決まる取引的動機による貨幣需要（取引需要）と，②利子率の水準に依存する投機的動機による貨幣需要（資産需要）とからなる。資産需要とは，債券価格が今後どのように動くかについての予想との関係で，貨幣をどの程度保有しておくかを示すものである。

一般に，債券価格と利子率との間には，利子率が上がると債券価格は低下し，利子率が低下すると価格は上昇する，という関係がある。いま，利子率がきわめて高い水準にあり，今後は低下する可能性が大きいとしよう。このときには債券価格は低く，いま債券を購入すると値上がり益を手に入れることのできる確率が高いために，貨幣を手放して債券を買おうとするだろう。逆に，利子率が低いときには債権価格は高く，購入すると値下がり損を被る可能性が大きいために，貨幣のままで保有して値下がり後に債券を購入しようとするだろう。つまり，貨幣の資産需要は，利子率が高いと小さく，利子率が低いと大きいのである。

貨幣供給量は通貨当局の政策手段であり，所得や利子率といった他の経済

9 景気変動と財政政策

変数の動きに自動的に反応して変化することはない（通貨当局が所得や利子率によって通貨供給量を操作することはあるが，これは自動的な反応ではない）。いま貨幣供給量が一定だとしよう。このときに，所得水準が上昇すると取引需要は増加するが，一定の貨幣供給量と貨幣需要量とが一致するためには，利子率が上昇して資産需要が減少しなければならない。こうして貨幣市場を均衡させる所得と利子率の組合せを表す LM 曲線は右上がりとなる。そして，実物市場と貨幣市場の両方が同時に均衡する所得と利子率の組合せは，IS_0 曲線と LM_0 曲線の交点 A で決まり，国民所得は Y_0，利子率は i_0 となる。

(2) クラウディング・アウトと貨幣政策

ここで完全雇用を実現する所得が Y_F だとしよう。政府は支出を増加させて，所得 Y_0 を Y_F まで増やしたいと考えている。利子率が変わらないとすれば，所得は乗数×ΔG だけ増えるので，IS 曲線はその大きさだけ IS_0 から IS_1 へと右方向にシフトする。利子率が政府支出の増加に影響されないのであれば，これで「めでたし，めでたし」ということになる。

しかし，所得が増加すると貨幣の取引需要が増加するため，貨幣供給量が一定だとすると貨幣市場が均衡しない。つまり貨幣市場では超過需要が発生し，利子率は上昇する。利子率が上昇を始めると，民間投資は減少するため，完全雇用国民所得 Y_F は達成できないのである。これは，均衡点が IS_1 と LM_0 の交点 B に移ることで示され，利子率は i_0 から i_1 に上昇し，所得は Y_1 にしか増加していない。

つまり，政府支出増の乗数効果によって期待された所得の増加（$Y_0 \rightarrow Y_F$）が，利子率の上昇による所得の減少（$Y_F \rightarrow Y_1$）によって相殺され，国民所得は Y_1 にまでしか増加しないのである。このように，政府支出を増加させても，利子率が上昇することで民間投資が抑制されることをクラウディング・アウトと呼ぶ。クラウディング・アウトの発生を覚悟で完全雇用国民所得 Y_F を実現しようとすれば，政府は IS 曲線を IS_2 までシフトさせるような政策を採用する必要がある。

クラウディング・アウトを発生させないようにするには，利子率の上昇を

218

くい止めればよい。そのためには金融政策によって貨幣供給量を増やす必要がある。貨幣供給量が増加するとき，利子率が一定なら，資産需要は不変であるから所得が増加して取引需要が増加しないと貨幣市場は均衡しない。つまり，貨幣供給量の増加は LM 曲線を LM_0 から LM_1 へと右方向にシフトさせる。この結果，均衡点は C となり，所得を完全雇用国民所得 Y_F まで増やすことができる。

市中消化による公債発行は民間における公債残高を増加させるが，マネタリストの代表格であるフリードマンは，公債残高の増加は景気に対してプラス，マイナスの両方向に働くと考える。つまり，人びとは公債残高の増加を富の増加と考え，財に対する需要を増加させる。この結果，IS 曲線は右にシフトし，所得は増加する。だが，公債を含む資産の増加は人びとの貨幣に対する需要を増加させ，貨幣供給量が一定である限り LM 曲線は左にシフトするために，利子率が上昇して経済活動を冷やす。後者のマイナス効果が前者のプラス効果よりも大きければ所得は減少することになる。

政府支出の増加による IS 曲線の右方向へのシフトが1回限りの短期的なものであるのに対して，公債残高の増加による以上の2つの効果は長期にわたって持続するものである。IS 曲線の右方向へのシフトという拡張効果を，貨幣需要の増大による LM 曲線の左方向へのシフトが相殺してしまうなら，財政政策は長期的に見て無効だということになる。

■ 自然失業率仮説と財政政策

イギリスの経済学者フィリップス（A. W. H. Phillips）は，貨幣賃金上昇率と失業率との間には，安定的なトレード・オフの関係があることを経験的事実として見出した。この関係を表したものがフィリップス曲線である。企業の賃金コストが製品価格の一定割合を占めると仮定するなら，この関係は物価上昇率と失業率のトレード・オフ関係と読み換えることができる。つまり，失業率が低いときには物価上昇率は高く，物価上昇率が低いときには失業率は高くなる。

9　景気変動と財政政策

　このトレード・オフ関係が安定的に成立するなら，物価上昇率と失業率の望ましい組合せは適切なケインズ政策によって達成可能となる。また，失業率が一定水準以上の場合には，総需要を拡大することによって，大きな物価上昇を引き起こすことなしに失業率だけを引き下げることができるはずである。ところが1960年代末から70年代にかけて，アメリカをはじめとした先進工業国では，この安定的なトレード・オフ関係が崩れ，総需要拡大政策を採用したにもかかわらず，失業率の上昇と物価上昇とが併存する，スタグフレーションと呼ばれる状態が生じるに至って，財政政策の有効性に疑問が投げかけられるようになる。

　総需要拡大政策がとられると物価が上昇し，これに反応して企業は生産を拡大する。そのため企業は名目賃金を引き上げて労働者を多く雇おうとする。一方，労働者はこの一般的な物価上昇（インフレ）を認識できない短期においては，実質賃金が上昇したと錯覚して労働供給を増やそうとする。ところが一般的な物価上昇が続くと労働者はこれを認識するようになり，実質賃金が上昇していないことに気づいた労働者は労働供給を抑え，生産量や失業率は元の水準に戻ってしまう。そしてインフレ率の上昇だけが残るのである。この失業率は自然失業率と呼ばれている。

　このように，短期的には財政政策は生産を増大させ，失業率を低下させる効果を持つが，長期的には財政政策は有効ではなく，むしろインフレ率の上昇という弊害をもたらすだけだとマネタリストは主張するのである。

■合理的期待形成の理論とサプライサイド経済学の登場

　以上のマネタリストによる批判は，長期的にはともかく，裁量的な財政政策の短期的効果まで否定するものではなかった。ところが短期的にも財政政策は有効ではないとする考えが現れた。ルーカス（R. E. Jr. Lucas），バローなどが提唱した合理的期待形成の理論である。彼らは，民間の各経済主体は利用可能な情報を活用して将来を予想し，それに従って経済行動を決定すると考える。

220

9-4 財政政策への疑問

　民間経済主体は政府がどのような行動をとるかを予想し，その効果を織り込んだ物価上昇率を予想するので，財政政策によって総需要を拡大させても，このときには一般物価水準の予想上昇率も上がっている。したがって，労働者は実質賃金が上昇しないことを知っているために，労働供給を増やそうとはしない。また，企業も実質利潤が増加しないことを知っているので生産を増加させることはない。このように，政府が財政政策によって総需要を拡大させても，物価を上昇させるだけで，生産量や失業率に影響を与えないのである。

　合理的期待形成学派によると，乗数導出のための計量モデルが将来に対する人びとの予想をとらえていない限り，人びとの予想を変えてしまうような政策変更の効果を，モデルのシミュレーションから導くこと自体無意味だということになる。もちろん，民間経済主体が完全な情報を持ち，期待と現実を一致させることができるという仮定については疑問が存在する。しかし，ケインズ的財政政策に一定の限界が存在すること，また，民間経済主体の予想や期待の形成が，マクロ経済の動きに影響を与える可能性があることなどを示した点は評価すべきだろう。

　合理的期待形成理論は，財政がマクロ経済に対してなし得ることはないとするのに対して，需要重視のケインズ経済学とは正反対に，供給面から財政構造が経済に与える影響を重視し，経済を活性化するためには供給面の政策が必要であるとする経済学が，フェルドシュタイン，ボスキン（M. J. Boskin）等のアメリカの経済学者によって展開された。

　このサプライサイド経済学はアメリカ共和党のレーガン政権の経済政策であるレーガノミックスの理論的背景になったことは良く知られている。高い所得税率は人びとの勤労意欲を阻害したり，高い法人税率は企業の投資意欲を損なう原因となる。このように，生産力の停滞の原因は需要側ではなくむしろ供給側にあり，減税をはじめとして，生産力に影響を及ぼす政策が必要ということになる。

221

9　景気変動と財政政策

■ ブキャナン=ワグナーによる批判

ブキャナン=ワグナーは，以上のような経済理論からではなく，政策を実施する政府の行動原理からケインズ政策を批判する。裁量的財政政策は，不況時には財政赤字を作ってでも財政支出を増やすが，景気過熱時には財政を黒字にして引締めを行うというように，不況期と景気過熱期には財政政策に対称性を備えることがたてまえである。言い換えれば，景気過熱期に生じた財政余剰（黒字）を基金として積んでおき，不況期の財政支出の拡大に利用するのである。

しかし議会制民主主義の下では，財政支出の拡大や減税は国民の支持を得やすいのに対して，好況期においても財政支出の削減や増税は支持されにくい。実際，これまでの財政運営を振り返ると，「あるだけ使う」式の予算編成が行われてきた事実を見ることができる。このように現実の財政においては財政政策の対称性が失われ，拡張政策ばかりが実施される傾向が強くなる。その結果，財政赤字が体質化し，インフレ圧力が生じるとともに，政府の肥大化によって民間経済の活力が損なわれる。

以上のブキャナン=ワグナーの批判は，ケインズの理論そのものに対してではなく，むしろケインズ的財政政策を取り巻く政治経済情勢や，政策を実行する政府の姿勢に向けられており，現実の社会において安易にケインズ的財政政策に頼ることを戒めているのである。

■ 9-5　わが国における財政政策の歴史 ■

■ 財政政策の展開

(1)　建設公債の発行

戦後のわが国の財政の歴史は，1965（昭和40）年度補正予算による国債発行を境にして，均衡予算時代と国債発行時代とに区分することができる。65

9-5 わが国における財政政策の歴史

図 9-5　一般会計予算の対前年度伸び率の推移

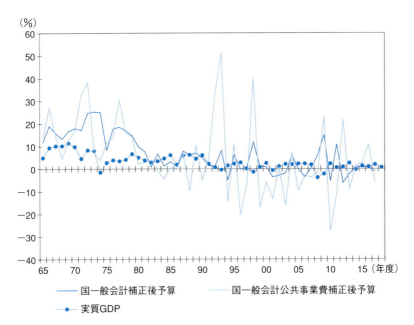

（資料）財務省『財政統計』より作成。

年に入って，わが国の経済は不況の様相をいっそう強め，公定歩合の引き下げ等の金融政策だけでは不況からの脱出が不可能であることが明らかになってきた。政府は公共投資の施行促進，財政投融資の拡大を実施するとともに，12月の補正予算において特例法によって歳入補填債を発行するに至った。

これによってわが国財政における公債の歴史が始まるが，65年度予算においては「年度内減税」や「公共事業費の増額」といった積極的な措置は見送られたため，不況対策としてはまだ消極的なものであった。しかし翌66年度には，財政法第4条に基づく7,300億円の建設公債の発行が決定された。図9-5に示すように，国の一般会計補正後予算総額は対前年度比で19.6％増，公共事業費も27.9％増という高い伸びを示すとともに，平年度ベースで3,106億円の減税も実施された。66年度の国税総額が3兆3,110億円であったから，減税率は10％弱に達している。この一連の積極的な予算政策によって，当時

9 景気変動と財政政策

「戦後最大」と言われた 65 年不況からの脱出が実現した。そして，戦後 20 年にわたって維持してきた，歳出イコール税収という均衡予算主義を放棄したことは，財政による景気調整機能がわが国でも本格化したことを物語っている。

65 年不況から回復した後，わが国の景気はおおむね良好であった。しかし 71 年 8 月，インフレーションと製品の国際競争力の低下から，貿易収支の悪化（輸入増と輸出の停滞）とドルの流出に悩んでいたアメリカにおいて，当時のニクソン大統領が，突然，金とドルの交換停止を発表した。ニクソン・ショックである。この発表を引き金に東京外国為替市場では世界中からのドル売りが集中，この時点で，わが国はこれまでの固定相場制にピリオドを打ち，世界の趨勢であった変動相場制に移ったのである。8 月 28 日のことであった。

わが国の経済はすでに 70 年夏ごろから景気後退局面に入っており，これにニクソン・ショックが加わり，不況の色合いはさらに濃くなっていった。そこで政府は景気拡大を図るために，その年の 10 月に公共投資の追加，2,000億円の所得税減税，国債発行等を柱とする補正予算を組んだのである。翌 72年度も，政府は引き続き景気拡大を経済運営の基本に据え，一般会計補正後予算は対前年度比で 25.5% 増，公共事業費は同 40.2% 増となった。この積極的な財政政策によって，72 年度後半には景気は着実に上向き始める。しかし，総需要拡大策に加えて，一部商品の海外市況高もあって，卸売物価は大幅な上昇を示し始めていた。こうした物価上昇傾向を考えるなら，73 年度予算は本来は抑制型であるべきであったが，拡張型がそのまま維持されたのである。

当時の田中内閣は日本列島改造構想と，社会保障の充実，国際収支の黒字解消という目標を達成するために，一般会計補正後予算を対前年度比で 26.0%，前年度に大きく伸びた公共事業費（補正後）も，それをさらに 7.9% 増加させるという積極的な予算を組んだ。さらに 73 年 10 月，中東産油国の原油生産の削減と価格の大幅引上げを契機とする第一次石油ショックが発生し，前

年同期比で卸売物価上昇率が 30% を超えるという狂乱物価がわが国を襲った。

(2) 特例公債の発行後

こうして 74 年度には一転して，物価の安定が経済運営の最優先課題となり，当初予算ベースでは公共事業費の対前年度伸び率ゼロをはじめとして，当初予算は緊縮型に転換した。ところが，景気は 73 年末から急速に下降しており，74年度には戦後はじめて実質 GDP 成長率はマイナスを記録することになる。これを背景に，マクロ政策の基本スタンスは再度拡張型に転換する。しかし，不況は法人税を中心に税収を大きく減少させており，政府は 75 年度の補正予算によって，特例公債（赤字公債）を発行することを余儀なくされるのである。

景気は 75 年の春に底を打ったが，依然として個人消費，民間設備投資等の民需には伸び悩みが見られた。さらにわが国の国際収支の黒字が拡大したこともあって，国の内外からの景気拡大策の実施を求める声が強まったために，76 年度から 79 年度にかけての予算編成は内需拡大型の積極的なものとなった（先の IS バランス論を応用してもらいたい）。しかし，75 年度補正予算ではじめて発行された特例公債は，その後の税収の伸び悩みと，財政支出の拡大によって累増し，公債費負担が財政運営を圧迫するなどの問題が表面化したため，80 年度以降，財政再建への取り組みが本格化する。一般会計当初予算は抑制され，とくに公共事業費は伸び率ゼロあるいはマイナスが 88 年度まで続くことになる（ただし，補正後予算はプラス）。とはいえ，公共事業依存型のケインズ政策が完全に放棄されたわけではなかった。

85 年 9 月のプラザ合意以降，各国はドル高是正のために協調政策を実施するが，これによって急速に円高が進み，わが国経済は輸出関連企業を中心に大きな打撃を受けた。いわゆる円高不況である。国は 86 年以降累次にわたって経済対策を策定し，公共投資の事業費の確保を図ろうとした。しかし財政再建の過程で国の一般会計公共事業予算は抑えられたために，地方単独事業や財政投融資がその肩代わりを行った。財政・金融両面からのテコ入れによって，86 年末以降わが国の景気は個人消費，企業の設備投資を中心に回復し，

9 景気変動と財政政策

その後バブル経済への道を歩んでいくことになる。

91年に入ると，わが国の景気はストック調整（生産設備，原料などの企業の在庫，家計の耐久消費財などのストックを適正な量に調整すること）等から調整局面に入るが，バブル崩壊や円高という要因が重なり，経済はきわめて厳しい状況に追い込まれた。一方，90年度に特例公債からの脱却を果たしたこともあって，92年3月の緊急経済対策を皮切りに，その後の財政運営は景気に配慮した積極型となる。

バブル崩壊後の度重なる財政出動によって，わが国の財政は危機的な状況に陥った。このため，1997年度予算においては，同年度を財政構造改革元年と位置づけ，歳出の洗い直しに取り組むとともに，財政構造改革のための方策と枠組みを明確化する財政構造改革法が97年11月に制定された。

しかし，97年度秋以降，金融機関の破綻を発端とした金融システム不安，リストラによる雇用不安が増大するなどによって，景気は急速に悪化した。こうした状況下，経済情勢に弾力的に対応するため98年4月に総合経済対策が策定されるとともに，同年5月には特例公債発行枠の弾力化を図るための財政構造改革法の改正が行われた。また，98年11月には緊急経済対策が策定されるとともに，12月には財政構造改革法が凍結された。翌99年度予算においても，景気回復に向けた取組みが積極的に進められた。

2000年代初頭に入り，長く続いた景気後退から脱却し次第に景気が好転したことで，財政構造改革の一環として公共事業費の削減が行われた。2006年に発表された経済財政運営と構造改革に関する基本方針（骨太の方針）において，財政構造の抜本的改革を推進し，2011年度には国・地方のプライマリー・バランス（3-1節参照）を黒字化するという目標が掲げられた。しかし，2008年のリーマン・ショックに端を発した世界金融危機を受け，景気後退による影響を最小限に抑えるため，再び緊縮財政から拡張財政へと転換することになる。また，2012年にはデフレ（物価が持続的に下落する状態）からの脱却を目指し，積極的な公共投資を中心とした機動的な財政政策が講じられることになる。

9-5 わが国における財政政策の歴史

わが国経済の立て直しには歳出の見直しをはじめとした財政構造改革が不可欠であるが，当面の景気を優先すべきとする声との間でのせめぎ合いの中で現実の財政が運営されている。

しかし，景気が悪化すると必ずと言ってよいほど登場してくる公共投資の拡大を中心とした財政政策であるが，近年，その有効性に対して疑問が投げかけられている。

■財政政策の効果

これまでに実施された積極的な予算政策が景気に影響を及ぼしたことは間違いない。しかし，財政政策の景気回復に与える効果は過去に比べてしだいに小さくなっており，現在では多くを期待できないという声もある。とくに，1992年度以降矢継ぎ早に景気対策が実行に移されたにもかかわらず，景気はただちには回復せず，不況が長期化したことが，この主張をさらに強めている。

表9-2には，内閣府経済社会総合研究所が試算した乗数が示されている。乗数の大きさは試算する際に用いられるモデルの枠組みに左右されることから，単純に時系列で比較できないことに注意が必要である。乗数には実体経済の状況が大きく反映される。したがって，乗数がどのような要因によって規定されるかを知っておくことは，財政政策の効果を検証する上で有益である。

第1は家計の消費行動である。貯蓄は総需要からの漏れであり，貯蓄性向が高ければ高いほど所得創出のプロセスを断ち切ってしまうことから，乗数は低下することになる（9-1節参照）。

第2は輸入への依存度である。輸入性向が高まると，公共投資による需要増加の多くが海外に漏れることになり，乗数は低下する（9-1節参照）。つまり，輸入への依存度が高い経済構造であるかどうかが乗数に大きく影響することになる。

第3は産業構造である。公共投資が直接的に影響を及ぼすのは建設業，鉄

227

9　景気変動と財政政策

▶表 9-2　公共投資乗数の推移

モデル名	公表	推計期間	乗数 1 年目	乗数 2 年目	乗数 3 年目
パイロットモデル SP-18	1974 年 12 月	57〜71 年	1.34	2.32	2.77
世界経済モデル第 1 次	1981 年 4 月	67〜77 年	1.27	2.25	2.72
世界経済モデル第 2 次	1985 年 3 月	66 年第 1 四半期〜 82 年第 1 四半期	1.47	2.25	2.72
世界経済モデル第 3 次	1987 年 7 月	75 年第 1 四半期〜 84 年第 4 四半期	1.35	1.95	2.18
世界経済モデル第 4 次	1991 年 7 月	79 年第 1 四半期〜 88 年第 4 四半期	1.39	1.88	2.33
世界経済モデル第 5 次	1994 年 12 月	83 年第 1 四半期〜 92 年第 4 四半期	1.32	1.75	2.13
短期日本経済マクロ計量モデル	1988 年 10 月	85 年〜97 年	1.31	1.65	1.97
短期日本経済マクロ計量モデル(2001 年暫定版)	2001 年 10 月	85 年〜2000 年	1.50	1.93	1.77
短期日本経済マクロ計量モデル(2003 年版)	2003 年 11 月	85 年〜2002 年	1.30	1.55	1.77
短期日本経済マクロ計量モデル(2004 年版)	2004 年 11 月	85 年〜2003 年	1.24	1.54	1.71
短期日本経済マクロ計量モデル(2005 年版)	2005 年 7 月	85 年〜2004 年	1.23	1.37	1.34
短期日本経済マクロ計量モデル(2006 年版)	2007 年 1 月	90 年〜2005 年	1.19	1.69	2.05
短期日本経済マクロ計量モデル(2008 年版)	2008 年 11 月	90 年〜2005 年	1.18	1.71	2.05
短期日本経済マクロ計量モデル(2011 年版)	2011 年 1 月	90 年〜2007 年	1.20	1.71	2.01
短期日本経済マクロ計量モデル(2015 年版)	2015 年 1 月	80 年〜2012 年	1.17	1.41	1.74
短期日本経済マクロ計量モデル(2018 年版)	2018 年 9 月	80 年〜2016 年	1.13	1.30	1.47

（注）　公的固定資本形成を名目 GDP の 1% 相当分だけ継続的に増加させた場合の名目 GDP への効果
　　　を示している。
（出所）　内閣府経済社会総合研究所「世界経済モデル」、「短期日本経済マクロ計量モデル」等。

鋼，セメント等の素材型産業が中心である。産業構造が変化することで加工
組立型産業やサービス産業のウエイトが大きくなると，公共投資の各産業へ
の波及に時間がかかり，しかも，相対的に弱い影響しか受けない産業が多く
なることで，乗数は低下する。財政政策の効果はその時々の産業構造によっ
ても影響を受ける。

　第 4 は原油価格である。わが国は石油をはじめとする燃料の多くを輸入に
頼っている。したがって，原油価格の高騰によって公共投資による資材購入
費に占める原油輸入代金の割合が高まると，海外への需要の漏れにつながり，
乗数を小さくする。

　第 5 は地価の影響である。地価が高騰したりすると，公共事業費の多くが

土地代に食われてしまうことから，乗数が低下することになる。

　第6は資本の国際間移動である。公共投資を増加させると，景気回復とともに資金需要が増大し，その結果金利の上昇が起こる。このことが内外金利差を拡大させ，外国からの資本流入圧力を生み，円高が起こる。このため輸出の減少と輸入の増大が生じ，財政支出による国内景気の浮揚効果を減殺するというマンデル=フレミング効果が発生する。

　このように実体経済の状況が乗数に大きく影響することから，実体経済の状況を踏まえた上で財政政策を行わなければ，想定していた効果が得られない可能性がある。経済構造の変化によって乗数が小さくなっているとすれば，金額の多さだけに頼った公共投資を経済政策の主役として登場させることに慎重になるべきだろう。

● 練 習 問 題

1. 国民所得決定の理論を図を用いて説明せよ。
2. 政府支出乗数を，定額税と比例所得税が存在する場合のそれぞれについて導出せよ。
3. ビルト・イン・スタビライザーとはどのようなものか。また，その効果の大小を測る尺度について説明せよ。
4. 公共支出を増加してもクラウディング・アウトが発生して景気対策としての効果は減殺される可能性がある。*IS–LM* 分析を用いてこの点を説明せよ。
5. 財政による景気対策の効果を疑問だとする代表的な考え方について解説せよ。
6. 戦後わが国の財政の歴史を財政政策を中心に述べよ。

第 10 章

地方の財政問題

　国民生活にとって身近であり，しかも国の財政を上回る規模で支出を行っている地方財政。しかし，実態はあまり知られていない。その原因の一つに，地方の収入の多くを国からの財政移転に依存するという国と地方の複雑な関係がある。多くの場面で中央集権的なシステムのほころびが見え始めている現在，地方分権を実現することがわが国の大きな課題の一つとなっている。また，無駄が多いと言われる地方財政であるが，その原因はどこにあるのか。地方財政運営の効率化はどのようにすれば実現できるのだろうか。本章では地方分権時代の地方財政システムのあり方を考えよう。

10　地方の財政問題

■ 10-1　地方財政の課題 ■

■地方財政における多様性

　地方財政は国家財政よりも複雑であり，問題の解決もその分困難をともなう。その理由の一つは，地方財政が 47 都道府県，1,718 市町村（2018 年 3 月末現在）によって運営され，各地方公共団体の財政構造や財政力が多様なことにある。ただ，わが国における地方財政の多様性はアメリカをはじめとした連邦国家のそれとは質的に異なっている。連邦国家の場合，州は一つの独立した政府であり，州内の財政制度のあり方については州が独自性を発揮することができる。これに対して日本はイギリスやフランスと同じ単一国家であり，とくに中央集権的な色彩が強いために，地方財政制度は画一的である。しかしそれでも，地形，気候，風土などの自然条件，産業構造や住民の所得水準といった社会経済条件，面積や人口規模などにおいて千差万別であることから，財政運営は多様となっている。

　表 10-1 は 2017 年度での財政状況を市と町村に分類して見たものである。わが国でもっとも人口の少ない東京都青ヶ島村の人口はわずかに 166 人であり，人口規模が最大である横浜市（約 374 万人）の 2 万 2,517 分の 1 にすぎない。人口が 1,000 人に満たない町村は 30 団体，5,000 人未満となるとその数は 263 団体に上る。市についても，現在，地方自治法の市制施行の要件は 5 万人以上であるが，人口減少等の理由で 5 万人未満となっている市は 272 団体に達している。こうした地方公共団体の規模の格差は，財政力格差となって表れ，財政運営にも大きな違いをもたらすことになる。

　表には，歳入に占める地方税の割合が示されている。地方税の割合については，町村では最低が 1.3%，最高が 70.7%，平均では 19.0% にすぎない。市についても最低は 2.0% であり，最高は 61.1%，平均では 31.0% である。表にはのせていないが，町村では地方税の割合が 5 ％ に満たないところが 66

232

10–1　地方財政の課題

▶表 10–1　地方財政の多様性

		町　村	市	都道府県
人　口　　　（人）	最小(低)	166	3,408	570,824
	最大(高)	52,081	3,737,845	13,637,346
	平均	11,919	135,602	2,717,176
	最大(高)/最小(低)	313.7	1096.8	23.9
	変動係数	0.84	1.88	1.01
地方税/歳入総額　　（％）	最小(低)	1.3	2.0	14.5
	最大(高)	70.7	61.1	72.4
	平均	19.0	31.0	31.7
	最大(高)/最小(低)	55.5	31.1	5.0
	変動係数	0.71	0.40	0.41
歳出/人　（1000 円）	最小(低)	246	251	213.7
	最大(高)	9,216	4,564	780.6
	平均	961.4	482	451.2
	最大(高)/最小(低)	37.5	18.2	3.7
	変動係数	0.83	0.4	0.29
財政力指数	最小(低)	0.06	0.11	0.26
	最大(高)	2.15	1.53	1.16
	平均	0.39	0.64	0.52
	最大(高)/最小(低)	35.8	13.9	4.5
	変動係数	0.70	0.47	0.37

（注）　人口は 2018 年 1 月末現在。他は 2017 年度決算額。
（資料）　総務省『市町村決算状況』，同『地方財政統計年報』より作成。

団体にも上っている。都道府県でも地方税の割合において格差は大きく，最低で 14.5％，最高で 72.4％ である。

　こうした地方税の格差は地方公共団体間の経済力格差によるところが大きいが，人口 1 人当たり歳出も最大と最低の格差は，町村では 37.5 倍，市では 18.2 倍，都道府県では 3.7 倍となっているように，人口規模や年齢構成等の地域特性によって地方公共団体間で大きく異なっている。このような財政の収支両面に存在する差は財政力格差に直結する。このことは表中の財政力指数の差に表れている。財政力指数は，基準財政収入額を基準財政需要額（説明は 10–5 節を参照）で除したものであり，値が大きいほど財政力は強い。

10　地方の財政問題

　地方税の歳入総額に占める割合は地方公共団体によって異なるが，日本の地方財政の特徴は，地方公共団体が地方交付税・国庫支出金・都道府県支出金といった財政移転に大きく依存していることである。

　財政移転は地域の住民に負担を感じさせないものであり，モラル・ハザード（倫理の欠如）によって公共サービスに対する要求を大きくする。一方，地方公共団体当局にとっても，あまりにも大きな財政移転は財政責任を弱める方向に作用し，効率的な財政運営の障害となりかねない。地方財政による受益と負担を連動させることが地方財政の第1の課題である。

■地方行政体制の改革

(1)　広域行政を求める要因

　地方自治法第2条は「地方公共団体は，常にその組織及び運営の合理化に努めるとともに，他の地方公共団体に協力を求めてその規模の適正化を図らなければならない」と定めている。地方財政の第2の課題は地方公共サービスの供給主体の規模に関する問題である。

　表10-1に示したとおり，人口1人当たりの歳出額は，町村では最高が921万6千円，最小が24万6千円，市は最高が456万4千円，最低が25万1千円である。この数値は単年度のものであるため，大規模な事業を行うなど特別な事情が含まれている可能性があるが，それでも，地方公共団体間の格差はきわめて大きい。人口1人当たり歳出額が大きいということは，より多くの資源を地方の公共財・サービスの供給に投入していることを示している。しかし，このことが行政水準の差に直結しない場合もある。

　公共サービスの供給において，「規模に関して収穫逓増」(increasing returns to scale)，つまり人口1人当たりサービスの供給費用が利用者が増加するにつれて小さくなるなら，人口規模以外の条件が同じであれば，人口規模が大きい地方公共団体ほど1人当たり支出額は小さくなる。これを一般に規模の経済が働くと言う。

　行政区域は歴史的経緯によって決まっている場合が多く，公共サービスの

234

効率的供給という観点から疑問がないわけではない。また，交通機関が発達した大都市圏では，住民は日常生活において行政区域を越えて行動しており，隣の市の施設を容易に利用することもできる。生活圏を無視した行政や，類似施設が隣接する地方公共団体間で競うかのように建設されるといった重複行政も，現在の行政区域にこだわった行財政運営に原因がある。合併や，一部事務組合，広域連合といった広域行政システムの活用が主張されるのも，公共サービスの供給をより効率的なものに変え，資源を有効に利用することが求められているからである。

(2) 行政体制の強化

　住民の選好に基づいた行財政運営を行うためには行政区域はできる限り小さいほうがよい。公共サービスはいったん供給されると住民全体で共同消費されるものが多く，たとえ一部の住民が公共サービスの質や量に対して不満を持っていたとしても，それを解消することはできないからである。規模の経済によって供給コストが軽減されたとしても，供給される公共サービスが住民選好に合わないなら，住民の満足度はかえって低下することもあり得る。また，公共サービスの供給における実験や技術革新も国が供給する場合には実現しにくい。というのも，国による供給の場合には，最終的にすべての地域が新しい試みを受け入れるという確信を持つことがなければ，特定の地域だけで新たな試みをあえて行うことは難しいからである。また，新たな試みを行うにしても，どの地域がそれを望んでいるかの情報を正確に得ることは困難である。

　このように，規模の経済と住民選好の尊重との間にはトレード・オフの関係が存在し，行政区域の最適規模はこの相反する方向のバランスの中で決定されなければならない。つまり，公共サービス供給の広域化による費用の節減というプラスの効果が，公共サービスの画一的供給による厚生ロスを上回る限りにおいて，行政区域の拡大は望ましいことになる。

　広域化によるプラスとマイナスの効果の大きさは公共サービスの種類によって異なるだろう。また，規模の経済性は公共サービスの生産局面において

発生するのであり，弱小地方公共団体は規模の経済を発揮できる民間部門や他の地方公共団体から購入することで効率化を図ることも可能である。したがって，あらゆるサービスを広域的に供給することになる合併が最善の方法とは必ずしも言えない。しかし地域問題の中には各地方公共団体が単独で取り組んだのでは解決できないものが多いことも事実である。とくに有機的なつながりを持つ大都市圏においては，都市間の連携が十分に保たれてはじめて政策効果が上がることも少なくない。

これまでは，府県，市町村ともに，その対応の多くは行政区域内の問題に限られており，行政区域をまたがる問題への反応は鈍かった。そのことが複数の市町村にまたがる公共サービスは府県が，複数の府県にまたがるサービスは国が供給するという考え方に結びついたのである。また，一部事務組合に代表される現行の広域行政方式は，ゴミ処理や消防といった個別行政事務の能率を向上させることを主目的としており，地域の基盤整備など単独の地方公共団体では解決できない広域的かつ総合的な課題を対象として組み立てられたものではなかった。

多様化した広域行政需要に適切かつ効率的に対応するとともに，国からの権限移譲の受け入れ態勢を整備するものとして広域連合が 1994 年 6 月の地方自治法改正によって設けられた。広域連合は，国，都道府県等から直接に権限等の委任を受けることができることや，直接に委任請求が認められるなどの点で，従来の一部事務組合に比べて，権限が強化された。複数の都道府県，市町村で構成され，住民か自治体首長による投票で選んだ「長」，住民か構成地方公共団体の議員の選挙による「議員」を置くことが定められている。地方分権が進んで市町村の事務が増加したり，市町村が運営主体となる公的介護保険制度（8-2 節参照）への対応にも期待されている。地方分権時代にふさわしい地方行政体制を整備していく必要があることから，政府は市町村の合併の特例等に関する法律を定め，財政上の措置等を含めた特例を提供することで市町村合併を推し進めた。いわゆる平成の大合併である。こうした特例措置に地方交付税（10-5 節参照）の縮減等の財政上の理由が加わり，町村を

中心に全国で合併が進んだ。その結果，2002 年 4 月に 3,218 あった市町村は 18 年 4 月 1 日現在で 1,718 に減少した。

■民間手法の導入

　地方財政の仕事の範囲が拡大しているが，適正な守備範囲をどこに設定すればよいのだろうか。また，限られた資源の中で特定の政策目標が効率良く達成されているだろうか。地方財政の規模が対 GDP 比率で約 18% にも達する今日，こうした問いかけは，地方財政状況の良否にかかわりなくつねに行われるべきものである。

　まずは，公共と民間の役割分担が明確にされなければならない。資本主義経済は基本的に市場メカニズムによって運営される。しかし市場メカニズムは万能ではなく，いわゆる市場の失敗を発生させる。財政の役割は市場メカニズムがうまく機能しない分野を補完することである。ところが現在，地方公共団体が供給しているサービスには，たとえば公立幼稚園，保育所などのように，市場での供給が可能なものも数多く存在する。民間と競合するこれらのサービスを行政の守備範囲から切り離し，市場メカニズムを適用することで，資源の効率的な利用が促される。そして，公的資金は社会保障の基準の一つであるターゲット効率性を達成するために，低所得層への支援に限って投入されるべきである。

　公共サービスの効率的な供給の促進も大きな課題である。地方自治法の第 2 条は「地方公共団体は，その事務を処理するに当っては，住民の福祉の増進に努めるとともに，最少の経費で最大の効果を挙げるようにしなければならない」と定めている。地方自治法のこの規定は，地方財政運営を民間企業経営と同じ視点でとらえることの重要性を指摘している。民間企業の場合，売上から費用を差し引いた利潤の最大化を目標とするが，地方公共団体も公共サービスが生み出す総便益から，そのために必要な総費用を差し引いた純便益を最大にすることが求められている。民間企業と地方公共団体の違いは，前者が市場メカニズムの適用が可能な財やサービスを供給するのに対して，

図10-1 PDCAサイクル

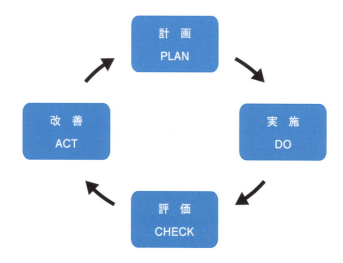

後者は市場メカニズムが適用できず，したがって売上や利潤という数量化可能な指標を持たない財・サービスを提供しているという点だけである。

　企業の売上に相当する総便益を数量化することは困難だとしても，住民が何を望んでいるかについての情報を収集することで便益を大きくすることはできる。また，供給する公共サービスが実際に納税者の厚生水準を向上させたかどうかをフォロー・アップすることも必要である。民間企業はマーケットの状態や企業それ自体の体力等の現状を把握したうえで，必要な事業計画を立てる。次の段階が計画の具体的な事業化であり，最後に，実施された事業によって当初の計画通りの利潤が得られたかどうかについて評価を行い，悪いところがあれば改善する。これが図10-1に示したPDCAサイクルである。ところが，現在の地方公共団体の行財政運営では，総合計画とそれに基づいた実施計画，予算による事業の実施は行われても，実施から評価に至るプロセスが途切れてしまっている。費用便益分析など事業評価の必要性が指摘されるのもこのためである。

　一方，公共サービスを供給するための費用は現行の公会計制度である官庁

会計における支出額とイコールではないことに注意する必要がある。公共施設の整備を初年度に現金で全額支払ったとしよう。現金主義をとる官庁会計では2年目からは支出額はゼロとなる。しかし，公共サービスの供給にかかる費用とは，このような支出額ではなく，減価償却費や間接管理部門で発生した費用を含めた，サービスを供給するために毎年必要とされるコストであることに注意しなければならない。このように費用をとらえる方式を発生主義と呼ぶが，公共サービスの供給コストを把握し，行政の効率化に活かすためには，発生主義をとる企業会計方式で処理した予算をバック・データとして整備しなければならない。

　もし公共サービスの便益が個人に直接に帰着するものであるならば，費用を適正にとらえたうえで，費用のどの部分を受益者負担（次節参照）として徴収するかを決定しなければならない。これまでの地方財政では公共サービスの費用が不明確であり，受益者負担も十分に活用されてはこなかった。

□ 10-2　地方の歳入 □

■地方の歳入構造

　国民の福祉を増進するための行政に必要な経費は，原則的には国民が負担する税で賄われる。地方自治の健全な発展を求めるためには，住民が公共サービスのコストを意識し，一方，行政当局においても行財政運営の効率化と行政における住民ニーズの反映という財政責任を実現することが求められる。となると，地方公共団体が処理する事務に要する経費は，全額をその地域の住民が直接負担する地方税によって賄うことが望ましい。こうすることで，地方公共団体は国の干渉を避けることができるし，負担を意識することで公共サービスに対する住民の過大な要求を抑制することができるからである。しかし，実際には地方財政を賄っているのは地方税だけではなく，その他に

239

10　地方の財政問題

▶表 10-2　地方の歳入構造（2017 年度）

（単位：10 憶円，％）

	都道府県	構成比	市町村	構成比	一般財源か特定財源か	自主財源か依存財源か
地方税	20,543	40.4	19,362	32.4	一般	自主
地方譲与税	1,991	3.9	414	0.7	一般	依存
地方交付税	8,659	17.0	8,109	13.6	一般	依存
地方消費税交付金などの交付金	1	0.0	3,449	5.8	一般	依存
国庫支出金	6,044	11.9	9,421	15.7	特定	依存
都道府県支出金	—	—	3,990	6.7	特定	依存
使用料，手数料	866	1.7	1,374	2.3	特定	自主
地方債	5,517	10.8	5,152	8.6	特定	依存
その他	7,347	14.4	8,556	14.3	一般・特定	自主・依存
合　計	50,890	100.0	59,827	100.0		

（資料）　総務省『地方財政白書』平成 31 年版より作成。

も多くの歳入項目が存在している。

　国の歳入は租税および印紙収入，公債金収入といったように単純であるのに対して，地方の収入項目は多様である。

　表 10-2 は地方の歳入構造を示している。地方税は都道府県で 40.4％，市町村で 32.4％ にすぎず，国が地方に配分する地方譲与税，地方交付税，国庫支出金，地方債，高校の授業料をはじめとする使用料，住民票や印鑑証明の発行などの手数料といった収入項目がある。

　地方譲与税は，本来地方税を課すべき税源に対して，課税の便宜上地方公共団体に代わって国が課税・徴収し，その収入額を一定の基準で地方に譲与するものである。2018 年度現在，地方揮発油譲与税，石油ガス譲与税，特別とん譲与税，自動車重量譲与税，航空機燃料譲与税，地方法人特別譲与税の 6 種類がある。

　地方交付税は，地方公共団体間に存在する財政力格差の是正（財政調整機能）と，ナショナル・ミニマムの行政運営に必要な財源を地方税だけで賄うことができない地方公共団体に対して財源を保障すること（財源保障機能）

10-2　地方の歳入

を目的として，財政力の弱い地方公共団体に厚く配分される普通地方交付税と，地方公共団体の特別な財政事情を考慮して交付される特別交付税からなる。国庫支出金とともに，国から地方への財政トランスファーの2本柱の一つとなっている。

国庫支出金は地方の特定の事業に対して交付されるひも付きの補助金であり，地方が実施する特定の事務に対して国と地方の負担区分に基づいて負担する国庫負担金と国庫委託金，そして地方の支出奨励や財政援助を目的とした国庫補助金がある（国庫負担金，国庫委託金の対象になる経費については第2章を参照）。

そして，2017年度決算ベース（都道府県と市町村の純計額）では，国庫支出金総額15兆5,204億円のうち，2兆8,071億円（18.1%）が生活保護費に対するものであり，普通建設事業費が1兆7,590億円（11.3%），児童手当等交付金が1兆3,605億円（8.8%），義務教育費が1兆2,631億円（8.1%）などとなっており，広範囲の事務・事業に対して交付されている。国庫支出金は個別事業を対象として交付されていたが，最近では道路，港湾，治水，下水道，海岸，都市公園，市街地整備，住宅及び住環境整備等といった政策目的を実現するため，地方公共団体が作成した社会資本総合整備計画に基づいて整備される社会資本のほか，関連するソフト事業を総合的・一体的に支援するものとして，社会資本整備総合交付金が交付されている（1兆7,036億円，11.0%）。

市町村の歳入項目には都道府県支出金がある。これは国庫支出金と同様に使途が限定されているが，国庫支出金がいったん都道府県に交付され，それに都道府県の財源が付加されて市町村に交付されるものも含まれている。つまり，都道府県に交付される国庫支出金には，都道府県をトンネルとして市町村に交付されるものがある。

地方公共団体は幼稚園，保育所，住民登録，印鑑証明など，住民に密着したきめ細かな行政を遂行しているが，その財源の一部は受益者負担として利用者や受益者から徴収している。これが使用料・手数料であり，国の歳入と

241

10 地方の財政問題

大きく異なる点である。

■ 性質別に見た地方公共団体の収入

　以上のように地方公共団体の収入は多様であるが，これらを性質別に区分することで，地方公共団体の収入面から見た自主性や弾力性を知ることができる。一般財源と特定財源の区分は，収入の使い途の拘束性に着目したものである。一般財源は使途に拘束がなく，あらゆる目的に使うことができる収入であり，地方税，地方交付税がその代表である。特定財源とは使い途が限定されているものであり，国庫支出金，地方債，使用料・手数料などが該当する。

　収入の調達方法に着目したのが自主財源と依存財源の区分である。自主財源とは，地方公共団体が自らその権限を行使して調達できる財源のことで，地方税，使用料・手数料などがこれに含まれる。依存財源とは，その額と内容の決定が国の意思や国が定める基準によって行われるものであり，国庫支出金，地方譲与税，地方交付税，地方債などが含まれる（表10–2参照）。

　この他にも，毎年経常的に入ってくる経常財源，臨時的な財源としての性格が強い臨時財源に区分することもある。経常財源には地方税，地方譲与税，普通地方交付税，国庫支出金のうち公立小中学校の教職員の給与に対して交付される国庫負担金（義務教育費国庫負担金）や生活保護の給付に対する国庫負担金（生活保護費国庫負担金）などがある。臨時財源には地方債，寄付金，施設建設に対する国庫支出金などが含まれる。

　地方公共団体の財政運営にとっては，一般財源・自主財源・経常財源の比重が多いほど望ましいと言える。

■ 地　方　債

　国の財政が財政法によって国債発行が制限されているように，地方公共団体も地方財政法第5条によって，歳出は地方債以外の歳入をもって，その財源とすることが原則とされている。ただし，同第5条は地方債をもって財源

にあてることができるケースとして，①事業収入によって起債の償還が賄われる公営企業に要する経費，②出資金および貸付金，③地方債の借換のために要する経費，④災害応急事業費，災害復旧事業費等，⑤公共・公用施設の建設事業費をあげている。

　地方の公共事業の100％が地方債で賄われるわけではなく，事業毎に地方債で賄う割合が定められている。これを起債充当率と呼ぶ。たとえば，学校教育施設の整備については90％，社会福祉施設整備については80％等である。地方債が充当されない部分は，地方公共団体が地方税や地方交付税等の一般財源で賄うことになる。

　地方公共団体が地方債を発行する際に指針としているものに地方債計画と呼ばれるものがある。これは，毎年度，国の予算編成時に総務省から発表されるもので，事業区分毎の地方債の発行見込額や全体の資金の内訳等が示されている。地方債計画は，国の予算，財政投融資資金計画，地方財政計画等と密接な関連を持ち，地方公共団体の予算編成の一つの指針となっている。

　地方公共団体が地方債を発行しようとするときには，都道府県や政令指定都市は総務大臣の，市町村は都道府県知事の許可を受けなければならないとされていた。これは，地方債を引き受ける側の資金に限度があったり，地方公共団体が財政力を無視して借金を続けると財政が破綻するおそれがあったりすると考えられたからだが，国が地方をコントロールする有力な手段であるとして，これを撤廃すべきとの声も強かった。そこで2000年4月から施行された地方分権一括法では許可制が廃止され，協議制に改められた。この結果，同意が得られない場合にも地方公共団体は地方債を発行することができるようになったが，資金は地方公共団体が市場において獲得しなければならず，そのために，地方公共団体の格付けが進むとされた。

■ 受益者負担

　地方公共団体は提供するサービスに関して，その費用の一部を受益者負担（使用料・手数料）として徴収する権限を持っている。その際，国は一定の基

243

10　地方の財政問題

▶表10-3　受益者負担のウエイト（2016年度）

(単位：%)

	対支出総額	対経常費
戸籍・住民基本台帳費	14.8	14.9
社会福祉費	0.2	0.2
老人福祉費	0.1	1.0
児童福祉費	2.7	2.8
保健衛生費	3.0	3.5
保健所費	1.9	1.9
清掃費	12.2	16.0
住宅費	20.0	67.3
高等学校費	10.1	11.9
幼稚園費	6.8	7.7
社会教育費	2.5	3.3
学校給食費	0.0	0.0
大学費	5.5	7.0

（注1）　市町村純計決算額に基づく数値。
（注2）　経常費は，支出総額から，普通建設事業費，積立金，
　　　　投資・支出金，貸付金，繰出金を差し引いたもの。
（資料）　地方財務協会『地方財政統計年報』より作成。

準を示すが，地方は必ずしも国の基準どおりに徴収しなければならないというわけではなく，地方公共団体によって受益者負担の金額やその徴収割合は異なっている。問題は，地方公共団体が受益者負担の水準を決定する際には，つねに公共サービスの供給コストを度外視して低水準に抑える圧力がかかることである。また，行政内部にも受益者負担をできる限り抑えることが良い行政であるといった錯覚が存在する。

　市町村財政の支出項目別に，受益者負担によって支出の何パーセントが賄われたかを見たものが表10-3である。ウエイトの大きいものとして住宅費，戸籍・住民基本台帳費，清掃費，高等学校費，幼稚園費，大学費がある。受益者負担の対象にそぐわないと考えられる投資的経費を差し引いた経常支出に対する比率で見ても，住宅費（67.3%）や清掃費（16.0%），戸籍・住民基

本台帳費（14.9％）が比較的高い値となるが，総じて受益者負担の割合は低い。

　このように，地方財政において受益者負担の果たしている役割は非常に小さく，このことがさまざまな問題を引き起こしている。第1は，利用者と非利用者との間の不公平である。税による財源調達は利用しない人にも負担を強いることになる。利用が特定の者に限られ，しかも便益が直接個人に帰着する民間財の性格を備えているサービスについては，「等しい利益を受ける人びとは等しい負担をする」ことで公平化を図ることができる。

　それでは，全住民が利用する場合には無料で供給してよいかと言うと必ずしもそうではない。受益者負担を活用しないことの第2の問題は資源の浪費である。サービスを無償ないしはコストを大幅に下回る料金で供給すると，利用者のコスト意識は希薄になり，モラル・ハザードが生じサービスに対する過剰な要求につながる。そして行政側に住民の要求をできる限り充足しようとする傾向がある場合には，供給コストを下回る便益しか発生しないにもかかわらず，公共サービスの供給量が増加し，資源のロスが発生するのである。この資源のロスは他の公共サービスに投入できる資源の量を減らし，住民福祉の水準を下げてしまう。

□ 10-3　地方の歳出構造 □

■普通会計と公営事業会計

　地方公共団体の予算も国と同様に一般会計と特別会計に区分されている。しかし，特別会計には国の法令で設置が義務づけられているものと，地方が任意に設置するものとがあるために，地方公共団体によって一般会計と特別会計の範囲が異なっている。そこで，全国的に統一された基準で地方財政を把握するために，地方の各会計のうち，公営企業，国民健康保険などの事業

10　地方の財政問題

会計以外の会計を集計することによって求められたものが普通会計であり，水道事業会計や交通事業会計のように独立採算性を基本とする公営事業会計と区分される。

　普通会計歳出決算額を団体種類別に見ると，都道府県が49兆4,485億円，市町村が57兆9,429億円である。しかし，都道府県の支出には市町村に対する都道府県支出金があるため，こうした団体間の重複を取り除いた都道府県と市町村の歳出純計額は98兆1,415億円である（2017年度）。

■ 目的別分類

　地方公共団体の支出の分類には種々の方法が用いられているが，もっとも基本的な制度的分類は**表10-4**に示した目的別分類と性質別分類である。

　目的別分類は地方の支出を行政目的によって議会費（地方議会議員の報酬・手当，運営費，事務局費），総務費（地方税の課税と徴収，住民登録，広報，人事，財政などの一般管理費等），民生費（児童，老人，障害者等に対する各種の社会福祉施設の整備運営や，福祉サービスの提供，生活困窮者に対する生活保護等），衛生費（医療，公衆衛生，精神衛生，し尿・ごみの収集処理，大気汚染等の公害対策，環境保全等），労働費（失業対策事業，職業訓練等），農林水産業費（農地の整備，消費流通対策，農林漁業に関する技術の開発・普及等），商工費（中小企業の指導育成，企業誘致，消費流通対策等），土木費（区画整理や街路，都市計画公園整備，道路や橋りょうの建設・整備，公営住宅の建設等），消防費，警察費，教育費（学校教育，社会教育）等に分類する。この分類を見ることによって地方公共団体の政策あるいは重点施策をある程度知ることができる。

　ただ，政策そのものが自然，社会，経済といった地域の特性を反映したものであるし，また地方行政の内容が法令等によって細かく規定されている現状では，単に目的別支出の絶対額やウエイトの比較だけで各地方公共団体の行政に対する姿勢を，ましてや行政効率の判定材料にすることには注意を要する。

10-3 地方の歳出構造

▶表10-4 地方の歳出構造（2017年度）

（単位：10億円，（　）内は構成比%）

目的別歳出			性質別歳出		
	都道府県	市町村		都道府県	市町村
議会費	78 (0.2)	345 (0.6)	人件費	12,594 (25.5)	9,872 (17.0)
総務費	2,840 (5.7)	6,847 (11.8)	物件費	1,670 (3.4)	7,749 (13.4)
民生費	8,073 (16.3)	21,170 (36.5)	維持補修費	504 (1.0)	776 (1.3)
衛生費	1,677 (3.4)	4,747 (8.2)	扶助費	1,101 (2.2)	13,180 (22.7)
労働費	165 (0.3)	105 (0.2)	補助費等	14,375 (29.1)	4,098 (7.1)
農林水産業費	2,342 (4.7)	1,430 (2.5)	普通建設事業費	7,114 (14.4)	7,871 (13.6)
商工費	3,218 (6.5)	1,730 (3.0)	補助事業費	3,981 (8.1)	3,610 (6.2)
土木費	5,476 (11.1)	6,634 (11.4)	単独事業費	2,474 (5.0)	4,070 (7.0)
消防費	230 (0.5)	1,857 (3.2)	災害復旧事業費	573 (1.2)	303 (0.5)
警察費	3,263 (6.6)	— —	公債費	7,061 (14.3)	5,623 (9.7)
教育費	9,979 (20.2)	7,019 (12.1)	積立金	1,259 (2.5)	1,857 (3.2)
災害復旧費	573 (1.2)	303 (0.5)	貸付金	2,954 (6.0)	1,162 (2.0)
公債費	7,081 (14.3)	5,629 (9.7)	繰出金	136 (0.3)	5,236 (9.0)
交付金	4,425 (8.9)	0 (0.0)	投資・出資金	108 (0.2)	215 (0.4)
その他	28 (0.1)	127 (0.2)	その他	0.0 (0.0)	0.3 (0.0)
合　計	49,448 (100.0)	57,943 (100.0)	合　計	49,448 (100.0)	57,943 (100.0)

（資料）　総務省『地方財政白書』平成31年版より作成。

　都道府県においては教育費の比率がもっとも高く，民生費，公債費，土木費と続いている。教育費のウエイトがこのように高いのは，市町村立小中学校の教職員給与費の負担を負っていること，公立高校に都道府県立が多いことによる。

10 地方の財政問題

市町村においては民生費の比率がもっとも高く，次いで教育費，総務費，土木費，公債費の順である。ただ，市町村の場合，たとえば，大都市や都市では土木費や民生費の比率が町村よりも高い。町村において民生費の比率が低くなるのは，生活保護行政が都道府県によって行われているためである。一方，農林水産業費の比率は大都市において低く，町村において高くなる。このように，都市化の程度，老齢人口比率の高低など，地方公共団体の特性によって目的別支出の構成は大きく異なる特徴がある。

これに対して広域的な行政を行う都道府県については，行政内容に共通した点が多く，また，法令によって義務づけられた支出が多いことから，各都道府県の目的別支出の構成に大きな差はない。

■ 性質別分類

性質別分類は人件費，物件費（旅費・交際費・備品購入・委託料等），維持補修費，扶助費，補助費等，普通建設事業費，災害復旧事業費，公債費，積立金，投資および出資金，貸付金，繰出金等に分類される。この分類は行政活動のインプットとして地方公共団体が何をどれほど購入し，国民経済に財政資金がどのような形で還流するかを表している。

また，性質別分類は地方財政運営の健全性・弾力性などを，財務管理の立場から分析するうえで重要である。こうした観点から，性質別分類された支出を①消費的経費と投資的経費，②義務的経費と任意的経費，③経常的経費と臨時的経費などに分類して財政運営が分析される。いずれも，前者のウエイトが低い地方公共団体ほど望ましいとされている。

消費的経費とは，人件費，物件費のように支出の効果が短期間で消滅するものであり，投資的経費とは支出が社会資本ストックの形成に向けられ，したがって支出の効果が長期間に及ぶものである。普通建設事業費，災害復旧事業費，失業対策事業費などがこれに該当する。

義務的経費とは，人件費，扶助費，公債費のように地方公共団体が支出を義務づけられているものであり，任意に節減できない支出である。したがっ

248

て，これらの支出が増加すると財政構造の硬直化を引き起こすことになる。

臨時的経費とは，普通建設事業費，積立金，出資金，貸付金等のように，突発的あるいは一時的な行政需要に対して支出されるものであり，財政収入の変動に応じて調節することが比較的容易な支出である。これに対して経常的経費とは年々経常的に支出することが要請されるものであり，行政運営上，一種の固定的な費用であると言える。

都道府県において補助費等が最大の支出項目となっているのは市町村に対して交付される金額が大きいからである。市町村に比べて都道府県の人件費が大きくなっているのは，小中高等学校教職員および警察職員の人件費を都道府県が負担しているからである。

市町村では扶助費が最大の支出項目となっている。扶助費は社会保障制度の一環として生活困窮者，児童，老人，心身障害者等を援助するための支出であり，生活保護法，児童福祉法，老人福祉法等に基づいて行われるものと，地方単独事業として行われる部分とがある。

都道府県，市町村ともに大きな支出項目となっているのは普通建設事業費である。このうち，国からの補助金または負担金を受けて事業を行う補助事業費の割合は，都道府県 56.0%，市町村 45.9% と，都道府県が高くなっている。

10-4　地方分権時代の地方税

■課税自主権の強化

地方税は，その税収の使途が制限されることなく地方公共団体が自由に使用できる普通税と，税収を特定の目的にしか使用できない目的税とに区分される。普通税のうち，地方税法が税目その他の課税要件を規定している普通税を法定普通税と言う。地方公共団体は裁量で独自に課税することも可能で

ある。これを法定外普通税と呼ぶ。従来，独自課税は使途の制限されない法定外普通税に限られていたが，現在では法定外目的税の課税も認められており，環境対策等に活用されている。目的税のうち，その代表格である都市計画税等について，課税を行うか否かは各地方公共団体の判断に委ねられている。

　2017年度決算ベースでは，都道府県税18兆6,588億円のうち99.7%が，市町村税22兆1,652億円のうち92.2%が法定普通税である。この数値は，地方税の大部分が地方税法によって何らかの関与を受けていることを意味している。

　地方税の大部分は標準税率が定められている。標準税率とは，地方公共団体が課税する場合に通常採用すべき税率のことである。財政が苦しいなどの特別の理由がある場合には，地方公共団体は標準税率を超えて課税することができる。これを超過課税と呼んでいるが，実際に超過課税が行われているのは，法人住民税や法人事業税といった法人にかかる税が圧倒的に多い。また，一部の税目には制限税率という税率の天井が設けられている。現在，制限税率が適用されているのは，道府県民税および市町村民税の法人分，都道府県税である事業税といった企業活動に係る税が中心となっている。

　日本では地方税の多くが標準税率で課税されているのに対して，アメリカの場合，地方税率は地方公共団体によって異なっている。それは，税率が各種公共サービスの供給に必要な財源を地域の課税ベースで割ったものとして計算されるからであり，高水準の公共サービスを要求する地域の税率は高くなる。アメリカの財政学のテキストには，タックス・プライス（tax price）という言葉がよく使われる。これは，アメリカでは租税が公共サービスの水準と連動する価格としての役割を果たしているからである。こうして理論上は，アメリカの国民は自分たちの満足を最大にするように民間財と地方公共財との間に地域の所得を配分することができる。自分の子供を私立学校に通わせながら，公立学校のために税を納めなければならなかったアメリカ・カリフォルニア州の中産階級は，財産税の引下げ要求という形で不満を表した。

これが 1978 年に起こったプロポジション 13（提案第 13 号）と呼ばれる納税者の反乱である。その後の一連の反税運動は財政民主主義の象徴的な出来事であった。

　各個人は公共サービスの水準に対して異なった選好を持っており，地方公共団体が提示した税と支出のメニューを見ながら自分の選好にもっとも合った地方公共団体に移り住む。その結果，公的部門における資源配分は効率的になる。これは，ティブー（C. M. Tiebout）の足による投票（voting with one's feet）仮説が主張するポイントである。足による投票が実現するためには，移動のためコストがかからないなど，さまざまな関門を突破しなければならない。しかし，税と支出の組合せについて複数の選択肢を用意するような分権的システムの重要性を足による投票仮説は教えている。

　地方分権改革によって税率設定の自由度が増したとはいえ，個人に係る税のほとんどが地域住民の意思とは無関係に標準税率で課税される日本では，地域住民は自らの所得を民間財と地方公共サービスとの間に最適に配分する道が閉ざされていると言えよう。つまり，地方税はプライスとしての機能を果たしていないのである。地方公共団体が地方税を公共サービスの対価として課税することになれば，住民ニーズにより適合した行政につなげることができるかもしれない。

■地方税源の拡充と地方税体系

⑴　シャウプ税制

　現在の地方税体系の基本は 1949 年 9 月に日本税制の全面改革案として発表されたシャウプ税制で確立した。戦前の地方税は，一部に独立税はあったものの，ほとんどが国税付加税あるいは道府県税付加税であった。独立税とは他の税とは関係なく独立に課税が行われるものであり，これに対して，他の税（本税）の税収を課税標準として課税する税を付加税と言う。付加税は，本税が増減税されるとその収入の増減につながるなど，本税の影響を直接的に受ける。したがって，地方自治の観点からは望ましくないものであった。

10　地方の財政問題

▶表10–5　シャウプ勧告による税源配分

	国　税	道府県税	市町村税
所　得	所得税 法人税		市町村民税
消　費	酒税 たばこ 物品税	附加価値税 入場税 遊興飲食税	電気ガス税
資　産		自動車税	固定資産税

（出所）　橋本徹『現代の地方財政』東洋経済新報社，1988年，72頁。

　シャウプ税制は地方税制の基本原則を，①税制の簡素化，②税収の十分性と課税標準の地域帰着性，③税源の分離，④税率の自由決定にあるとし，その考え方は地方税法の規定に活かされた。要点は次のとおりである。

① 　市町村を基礎的自治体と位置づけ，その財政収入の充実を図る。

② 　付加税制度を廃止し，都道府県と市町村のそれぞれに独立税を与え，税務行政の責任を明確にする。

③ 　地域間における地方税負担の均衡を図るために，全税目について税率を明確に規定する。

④ 　地方税として不適当であり，課税効率が悪い税を廃止し，所得および財産に対する課税を強化する。

　シャウプ税制における国と地方の税源配分は表10–5に示されている。基礎的自治体である市町村には固定資産税と市町村民税を基幹税として据えた。両税目は今日でも市町村の2大税目としての地位を維持している。都道府県には消費課税である入場税と遊興飲食税の他に，まったく新しい税である附加価値税が設けられた。ただし附加価値税は消費型付加価値税である今日の消費税とは異なり，所得型付加価値税である。

　シャウプ勧告に沿った形で構築された1950年の地方税制では附加価値税が創設されたものの，産業界の反対によって実施は延期され，都道府県には従来からの事業税が与えられた。そのため，実際の税制においてはシャウプ税

252

制が理想とした国と地方の税源分離は実現しなかった。

1950年に実現した地方税制はその後，日本の実情に合わなくなり，手が加えられていく。そして54年の地方税制改革では，個人所得課税である都道府県民税が創設され，附加価値税は実施されないままに廃止され，所得課税である事業税が存続することになった。また，入場税の国税移管と譲与税化，地方におけるたばこ消費税の創設，大規模償却資産にかかる固定資産税の一部の都道府県への移譲なども実施された。こうして，シャウプ税制で理想とされた税源配分における市町村の優位性はしだいに崩れるとともに，税源も国，道府県，市町村で重複していく。

(2) 地方税源の拡充

現在の税制では所得課税（国の所得税，道府県・市町村の住民税），法人所得課税（国の法人税，道府県・市町村の法人住民税，道府県の事業税），たばこ課税（国・道府県・市町村）などに税源の重複が見られる（第6章**表6-1**参照）。

税源の完全な分離が可能なのは，国，地方の財政規模がともに小さいときか，あるいは国，地方のいずれかが他方に比べて極端に小さな財政規模である場合に限られるだろう。たとえばイギリスがカウンシル・タックス（council tax）を唯一の地方税としているのは地方財政の規模が小さいからである。しかし，今日のわが国のように，国と地方の財政規模がともに拡大してくると，当然のことながら両者は新たな税源を求め，税源は多様化せざるを得ない。そして，十分な税収を上げ得るような税源は限られているため，どうしても税源は重複してしまう。また，国と地方のそれぞれに特定の税源を割り当て，それ以外の税源の利用を禁止してしまうと，税源の掘り起こしが不十分になったり，財政需要との関係で税源を十分に利用しきれなくなったりする可能性も出てくることから，必ずしも望ましいとは言えない。

しかし，高齢化の進行や地方分権の推進によって，地方財政規模が国家財政に比べて相対的に大きくなっていくなら事情は違ってくる。国と地方の税源が重複していたのでは，国と地方の税率の合計として国民の税負担が考え

10　地方の財政問題

られ，地方税の税率操作も国の税率をにらみながらということになりがちである。したがって，地方税の比重を高めるためには，北欧諸国や連邦国家のように，地方税としての租税体系を国とは独立して確立する必要が生まれてくる。スイスが個人所得税と法人所得税を，アメリカが消費税（小売売上税）を，ドイツが法人所得税を，スウェーデンが個人所得税をそれぞれ地方に重点的に配分しているように，わが国においても地方に重点配分される基幹税目を持つ必要がある。

■ 10-5　地方交付税と財政調整 ■

■ 地方交付税の仕組み

(1)　総額の決定

　地方交付税は，各地域の財政力の格差を是正するとともに，ナショナル・ミニマムの達成のために，特定の国税の一定割合を地方に配分するものである。結果的に，東京のような財政力の強い地方公共団体から財政力の弱い地方公共団体への財源の再分配を行うことになる。

　地方交付税の前身である地方財政平衡交付金では，総額の決定は各地方公共団体の財源不足額の積上げ方式が採用されていた。しかし，実際の制度運営にあっては，財源不足額を積み上げた額が計上されず，毎年のように，国と地方の間で総額決定をめぐっての紛争が起こった。また，地方は財政運営の失敗の原因を，地方財政平衡交付金が十分に交付されないことに求めるという風潮が生まれた。このような問題点を背景に，政府は1953年の地方制度改革の一環として，地方財政平衡交付金の総額決定において，積上げ方式から所得税，法人税，酒税の国税リンク方式とし，名称を地方交付税と改め，ここに現在の制度ができあがった。

　現在では地方交付税の総額は，所得税・法人税の33.1%，酒税の50%，消

254

費税の 22.3％，地方法人税の全額とされている。これらの交付税財源については，総務省や地方公共団体は「国が地方に代わって徴収する地方税である」（固有財源）と位置づけ，国の予算においても地方財政関係費として，国が自由に使える一般歳出から除かれている。

このように決定された交付税総額は，94％ が財政力に応じて配分される普通交付税に，6％ が特別交付税にあてられる。地方交付税の各地方公共団体への配分は客観的な基準で一定の定式に基づいて行われなければならない。したがって，普遍的に利用できる公表された資料に基づいて画一的かつ機械的に算定される。そのため，ある程度の算定結果の画一性が避けられず，各地方公共団体の実情との差が生じたり，交付税の算定期日後に生じた災害などに配慮することができない。このような事情によって発生した財政需要の増加や財政収入の減少に対して交付されるものが特別交付税である。

(2) **普通交付税の算定**

各地方公共団体に交付される普通交付税の額は，原則として，「合理的かつ妥当な水準において行政を行う場合または標準的な施設を維持する場合に必要な一般財源（総経費から国庫支出金，地方債，使用料・手数料などの特定財源を差し引いたもの）」を表す基準財政需要額と，各地方公共団体の財政力を合理的な方法で測定した基準財政収入額との差額（財源不足額）として算定される。これを算式で示すと，次のようになる。

普通交付税額≒基準財政需要額－基準財政収入額＝財源不足額

この仕組みを示したのが図 10-2 である。ただし，基準財政収入額が基準財政需要額よりも大きい地方公共団体は地方交付税の不交付団体になるだけで，超過額を国が吸い上げるという逆交付税は存在しない。

基準財政需要額は，財政需要を各行政費目毎に経常経費と投資的経費に区分して算定した額の合計額であり，この経費は，

単位費用×測定単位の数値×補正係数

の算式から求められる。

測定単位とは，たとえば小学校費は教職員数，社会福祉費は人口といった

10　地方の財政問題

図10-2　普通交付税の算定

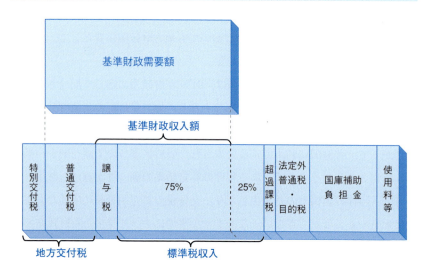

ように，各行政項目毎にその量を測定する単位であり，その数値は各項目の行政に要する経費と高い相関を示し，かつ国勢調査などの信頼のおける統計によって数値を得ることができるものが選択されている。

　単位費用は，標準的条件を備えた地方公共団体が合理的，かつ妥当な水準で行政を行う場合又は標準的な施設を維持する場合に要する一般財源所要額である。都道府県または市町村の各行政項目毎に，標準的条件（人口であれば，都道府県170万人，市町村10万人）を備えた地方公共団体を想定し，その団体が標準的な行政を実施するうえで必要な一般財源額を，標準団体のそれぞれの測定単位の数値で割って算定される。

　人口規模や人口密度が小さいと公共サービスの供給コストが割高についたり，地方公共団体が地域の中核的な役割を果たすのか，そうでないのかによって，同じ行政項目でもかかる費用には差が生じたりする。単位費用は標準的条件を備えた団体のものであるから，このような地方公共団体毎の特性を考慮する必要が出てくる。この役割を果たすのが補正係数である。補正係数には，種別補正（港湾の種別による経費の差等），段階補正（行政における規

10-5 地方交付税と財政調整

模の経済を考慮）、密度補正（人口密度の差による行政効率の差を考慮）、態容補正（地方公共団体の都市化の程度、法令上の行政権能等）の他、寒冷補正、数値急増（急減）補正（人口急増減にともなう費用への影響を考慮）、合併補正（2006年4月2日以降平成2010年3月31日までに合併した市町村に対して適用）、財政力補正（基準財政需要額に元利償還金を算入する際に財政力を考慮）があり、きめ細かな対応を行っている。しかしこのことが同時に、基準財政需要額の算定を複雑かつ不透明なものにしているとも言われている。

基準財政収入額は、原則として標準税率で課税した場合の収入見込額の、都道府県、市町村ともに75％（基準税率と呼ぶ）の額に地方法人特別譲与税等の地方譲与税および都道府県交付金、地方特例交付金を加えたものである。したがって、普通税の25％、法定外税、目的税および税外収入の全額は基準財政収入額に含まれない。これを留保財源と呼ぶ。

留保財源は次のような目的を持っている。第1に、基準財政需要額はすべての地方公共団体のあるべき財政需要を完全には捕捉し得ないであろうから、このために一般財源にある程度の余裕を残しておく必要がある。第2に、税収の100％を基準財政収入額に算入すると、財源計算上、地方公共団体が使用し得る一般財源の総額は基準財政需要額によって決定され、かえって地方財政の自主性を損なうおそれがある。

地方公共団体の一般財源は、都道府県の場合、

$$
\begin{aligned}
一般財源総額 &= 地方税 + 地方交付税額 \\
&= 地方税 + （基準財政需要額 - 基準財政収入額） \\
&= 地方税 + 基準財政需要額 - 地方税 \times 0.75 \\
&= 地方税 \times 0.25 + 基準財政需要額 \qquad (10\text{-}1)
\end{aligned}
$$

となる。ここで、もし、地方税の100％が基準財政収入額に算入されるなら、

$$
\begin{aligned}
一般財源総額 &= 地方税 + 基準財政需要額 - 地方税 \times 1 \\
&= 基準財政需要額 \qquad\qquad\qquad (10\text{-}2)
\end{aligned}
$$

となってしまうのである。

第3は、留保財源を認めることによって、税源培養に対するインセンティ

257

10　地方の財政問題

ブを強めることである。地方交付税は基準財政需要額と基準財政収入額の差額であるから，地方税収の 100% が基準財政収入額に算入されるなら，企業誘致などによって税収が増えたとしても，地方税が増加した分だけ地方交付税が減少し，一般財源はまったく増加しない。現行制度のように，地方税の一定割合を留保財源として残しておくことで，25% だけ，一般財源が増加することは（10-1）式から明らかである。

　このように交付税算定の基礎となる基準財政需要額と収入額とはそれぞれ別個に算定されるものであるため，交付税財源の総額が，両者の差である財源不足額の全地方公共団体の合計額に常に一致するという保証はない。そこでこの調整のために次のような措置が講じられる。まず，国税から決定される普通交付税総額が財源不足額の合計を上回る場合には，その上回る額が総額に加算して配分される。逆に，普通交付税総額が財源不足額の総計を下回る場合には，財源が不足する各地方団体の基準財政需要額の規模に応じて普通交付税額が減額される。

■地方交付税の地域間再分配効果

　地方税の地域間格差が，地方交付税によってどの程度解消されているのかを図 10-3 で見てみよう。図では地方税の大きいところから順に道府県を並べてある。2017 年度において，東京都を除く道府県レベルでの人口 1 人当たり地方税は愛知県の 16 万 3,056 円が最高であり，もっとも低い沖縄県の 10 万510 円と大きな差がある。しかし，地方税に地方交付税を加えた一般財源ベースでは，最大は島根県の 38 万 1,655 円，最低は埼玉県の 14 万 9,406 円となり，金額の順位は大きく変動し，むしろ地方税の小さな地方公共団体ほど大きくなるという，逆転現象が生じている。このように，地方交付税は地方財政収入においてきわめて大きな再分配効果を発揮していると言える。また，地方交付税の財源の多くは国税の所得税や法人税に依存しているので，財源負担と受益の両面を考慮するなら再分配効果はさらに大きくなる。

　地方交付税の役割が経済力格差による地方税収入の格差を是正するだけで

258

10-5 地方交付税と財政調整

図10-3 地方交付税の再分配効果（道府県，2017年度）

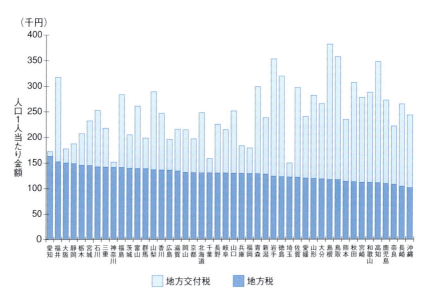

（注）東京都は市町村税に該当する税目も含まれているため除外した。
（資料）総務省『都道府県決算状況調』より作成。

あれば，人口1人当たり地方税に地方交付税を加えた一般財源はすべての地方公共団体で等しくなる。しかし，一般財源ベースで見たこのような逆転現象は，地方交付税が地方税の格差を埋めたうえで，財政力の弱い団体に厚く配分されていることを表している。ここで重要な効果を発揮しているのが基準財政需要額の算定方式であり，人口1人当たり基準財政需要額は経済力の弱い地方公共団体において大きくなっているのである。

10 地方の財政問題

□ 10-6 国庫支出金 □

■国庫支出金の経済効果

　国から地方に交付される補助金は，①使途が特定されているかどうか，②地方の支出額と関連付けて交付されるか，で分類することができる。使途が特定されない補助金を一般補助金（general grants），特定の支出に対して交付されるものを特定補助金（specific grants あるいは categorical grants）と言う。また，地方の支出額に関連づけて，その一定割合として交付されるものを定率補助金（matching grants），地方の支出額と無関係に一定額が交付されるものを定額補助金（lump-sum grants）と呼ぶ。国庫支出金のほとんどは定率・特定補助金であり，地方交付税は定額・一般補助金に分類できる。補助金の目的に応じてこれらの形態を使い分けることになる。

　公共サービスによってはその便益が他の地方公共団体にスピル・オーバー（拡散）することは十分に考えられる。このような場合，公共サービスの供給主体である地方公共団体に補助金を交付しなければ，公共サービスの供給は社会的に見て過小になることが知られている。国庫支出金はこうした公共サービスの費用における地方負担分を小さくすることで，供給量を最適化しようとするものである。

⑴　便益がスピル・オーバーする公共サービスの需要と供給

　図 10-4 において，縦軸には地方公共サービスの価格と限界費用が，横軸には地方公共サービスの供給量がとられている。限界費用とは公共サービスを 1 単位追加するときに必要となる費用の追加分であるが，ここでは簡略化のために一定（横軸に水平）と仮定する。地方公共サービスの供給を行っている地方公共団体の需要曲線は D_a で表されているが，これは地元住民が受ける便益を反映している。

　ところが，公共サービスの便益が行政区域を越えてスピル・オーバーする

260

図10-4 国庫支出金の目的と政府の失敗

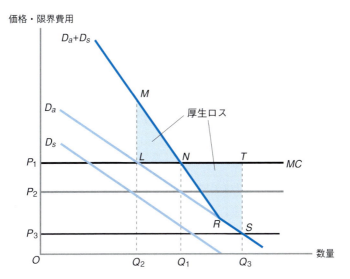

とき，他の地方公共団体の住民も公共サービスに対して D_s の需要曲線を持つ。当該地方公共サービスに対する社会全体の需要曲線は，D_a と D_s を垂直にたし合わせた D_a+D_s である。一方，地方公共サービスを供給するための限界費用を MC とすると，サービスの社会的に見た最適供給量は Q_1 となる。供給量がこれを超えると，需要曲線の下の部分で表される便益よりも追加的な費用のほうが大きく，社会的に見てロスが発生するからである。

しかし，地方公共団体が公共サービスの限界費用 MC に等しい価格を負担しなければならないとすれば，サービスの供給量は Q_2 の水準となり，LMN の厚生ロスが発生する。したがって，サービスの供給量を Q_1 にまで増やすためには，サービス 1 単位当たり P_1P_2 に等しい補助金をこの地方公共団体に交付し，価格を P_2 まで引き下げてやらねばならない。この場合，国庫補助率は P_1P_2/OP_1 となる。このように，便益がスピル・オーバーする公共サービスの供給量を社会的に見た最適な水準にまでもっていくためには，補助金による財源補てんが必要なのである。これが国庫支出金の経済学的な意味付けであ

10　地方の財政問題

り，したがってその形態は特定・定率補助となる。

(2)　中央政府の失敗

　ところがこのような最適な供給量を実現するためには，地方公共団体が直面する補助金交付後の価格が適正なものでなければならない。国が補助率を誤って，P_1P_3/OP_1 に設定してしまったとしよう。このとき地方公共サービスの供給量は Q_3 となり，最適供給量 Q_1 を上回ってしまう。その結果，$NRST$ に等しい厚生ロスが発生する。もし，$NRST > LMN$ であるとするなら，国は補助金を交付しないで，地方に単独事業としてサービスの供給を任せてしまったほうが資源配分上は望ましいことになる。つまり，最適な補助率の設定が困難な場合には，中央政府の失敗が生じる可能性が存在するのである。

　このように，国庫支出金によって最適な資源配分を達成しようとするのであれば，スピル・オーバーの程度に応じて補助率を設定しなければならない。となると，同じ公共サービスであっても，それを供給する地方公共団体が置かれている地理的条件などによってスピル・オーバーする便益の大きさは異なるであろう。たとえば大都市圏のように交通網の発達した地域と，過疎の地域とでは，スピル・オーバーの程度は当然違ってくる。したがって，補助率は全国画一的に設定してはまずいのである。

■国庫支出金の一般財源化

　使途が限定されている国庫支出金は，国の政策目的を実現しようとするものであるが，資源の効率的な利用という点からは使途の特定されない一般補助金が望ましい。それは私たちが図書券をもらうよりも，現金をもらうほうが嬉しいのと同じである。同じ金額であれば，現金のほうが受取り者の満足を高めることができるし，同じ満足を与えるのであれば現金の場合には少ない資金で済む。もちろん，これは受け取る側からの論理であり，国の側からすればパターナリズム（1-2節参照）によって図書券に当たる使途限定付きの補助金のほうが望ましいことになる。しかし，地方分権とは，受け取る側の地方住民の満足を最大にしようとするものである。

262

図10-5 特定補助金と一般補助金の厚生効果

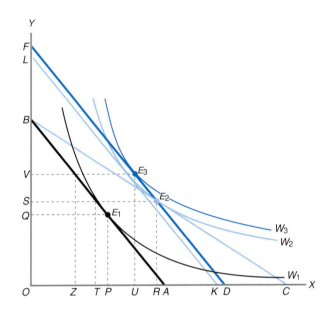

補助金形態の違いが地方の財政支出や厚生水準に及ぼす効果について図10-5を用いて説明しよう。いま，地方公共団体は X と Y という2種類の公共サービスを供給している。図で AB は補助金交付前の地方公共団体の予算線である。全予算額を X につぎ込んだときに供給できる X の量は OA，全額を Y につぎ込んだときに供給できる Y の量は OB である。そして，AB の間の線上は X と Y に予算を振り分けたときの両サービスの組合せを表している。

この予算線上で地方公共団体は住民の満足を最大にするように予算を X と Y に配分しなければならない。ここで，地域が公共サービス X と Y の組合せに対して W で表されるような選好を持っているとしよう。これを地域的無差別曲線と呼ぶ。無差別曲線は，同一線上の公共サービスの組合せは地域に同じ厚生水準をもたらし，無差別曲線が右上にあるほど厚生水準は高くなるという性質がある。このとき，地域住民の厚生を最大にする公共サービスの組合せは，W_1 と AB とが接する点 E_1 であり，公共サービス X は OP，Y

263

10　地方の財政問題

は OQ だけ供給される。

　ここで公共サービス X に対して補助率 1/2 の定率補助金が交付されるとしよう。半額補助であるから，地方公共団体は公共サービス X だけに予算を投入すれば，補助金交付前の供給量 OA の 2 倍の OC に等しい X を供給することができるようになる。CB が補助金交付後の新しい予算線である。交付前の予算線に比べて傾きが緩やか（1/2）になっているのは，X が 1/2 補助されるために，地方公共団体が支払わなければならない 1 単位当たりの X の費用が半分に低下したからである。地方公共団体は住民の満足を最大にするよう行動するという最適化行動を仮定しているから，定率補助金交付後の X と Y の組合せは E_2 点となり，公共サービス X は OR，Y は OS だけ供給される。補助対象である X の供給量は増加するが，同時に Y の供給量も増加している。

　補助金交付前の予算では，公共サービス Y を OS だけ供給すれば，X の供給量は OT であった。ところが補助金の交付によって X は OR の供給が可能になるのであるから，このときの補助金額は TR（公共サービス X の量で測っている）となる。

　次に，TR と同じ金額を使途を特定しない一般補助金として交付する場合を考えよう。一般補助金は X，Y のいずれにも利用できるし，特定補助金の場合のように X の 1 単位当たり費用が低くなるわけではないので，地方公共団体の予算線は AB に平行で，E_2 点を通る（これは補助金額を特定補助金と同額にするため）DF となる。このとき地方公共団体は X と Y の組合せを E_3 で決定する。X は OU，Y は OV である。補助金交付前には公共サービス Y を OV 供給すれば，X の供給量は OZ のはずであったから，補助金額は ZU である。この金額は特定補助金の場合の TR に等しい。

　ここで，地域住民の厚生水準に与える効果を特定補助金と一般補助金とについて比較してみよう。特定補助金の場合の地域の厚生水準は W_2 であるのに対して，一般補助金の場合は W_3 である。つまり，同額の補助金であるにもかかわらず，地域住民の厚生は一般補助金のほうが高まるのである。また，一般補助金であれば AK の財源で特定補助金と同じ厚生水準を地域住民に与え

264

ることができる（これは，W_2 と接し，AB に平行な予算線を引けばよい。図では KL）。わが国で地方に対して交付されている国庫支出金は原則的には定率の特定補助金であり，理論的にはこれを一般財源化することで，地域住民の厚生水準は上がる。分権時代の地方の財源は一般財源であるべきだとする理由はここにある。

● 練 習 問 題

1. 地方の行政体制として，広域化を求める要因と狭域化を求める要因とがある。この点について説明せよ。
2. 地方公共財の供給において民間手法を活用すべきであるという意見について論ぜよ。
3. 地方分権時代にふさわしい地方税のあり方について論ぜよ。
4. 地方交付税の役割について述べ，制度の仕組みを解説せよ。
5. 国庫支出金の役割と，その限界について説明せよ。
6. 特定補助金と一般補助金の違いについて説明し，地方住民の厚生水準を引き上げるためには，特定補助金を一般補助金に変えるべきだという主張について説明せよ。

練習問題略解

●第1章

1．2017年度のわが国の国内総支出（GDE）は約547兆円であったが，そのうち公的支出（政府最終消費支出，公的固定資本形成，公的企業の在庫品増加）は24.7%（約135兆円）に上り，国内需要の多くを支えている。また雇用者に支払われた雇用者報酬約276兆円のうち一般政府による支払分は約29兆円に達している。一方，負担面では，税と社会保険料等の収入は174兆4,590億円に達し，国民所得の43.2%に上っている。今後高齢化の進行によってこの比率は上昇することは確実である。

2．公的部門は一般政府と公的企業からなる。一般政府は中央政府（国），地方政府（地方公共団体），社会保障基金から構成されるが，中央政府は地方政府と社会保障基金に対して巨額の財政トランスファーを行い，地方政府は地方税，社会保障基金は社会保険料等を加えて年金，医療の支出を行っている。このように，中央政府，地方政府，社会保障基金は相互に関連を持ちながら，それぞれの役割を果たしている。

3．財政の役割は市場経済の補完である。第1の役割は，公共財やサービスを供給することが中心であり，これを資源配分機能と呼ぶ。第2の役割は，国民の最低限度の生活を保障したり，所得分配の不平等を是正する所得再分配機能である。第3の役割は，増減税や公共投資といった手段によってインフレーションや失業を解消するという経済安定化機能である。

4．財政の3機能のうち，所得再分配，経済安定化は主として国の役割である。公共財・サービスの多くはその便益の広がりが特定の地域に限定されることから，財政の資源配分機能は地方が中心となって果たすべきであり，国は国家的公共財の供給や公共財のスピル・オーバー（拡散）の調整を主な役割としている。

5．公共財の物理的特性は，対価を支払わなくても消費から排除されることがないという「非排除性」，複数の者が財を消費できるという「非競合性」である。市場での供給が可能な財も，「価値あるもの」と判断される場合，パターナリズムによって政府が供給することがある。これを一般に，価値財と呼ぶ。

6．「安価な政府」を主張し，政府の仕事は必要最小限に抑えるべきとしたアダム・スミスに対して，ケインズは市場の失敗は資本主義経済の本質的な欠陥であり，財政政策や所得再分配において政府が果たすべき役割は大きいとした。フェルドシュタイン等を中心としたサプライサイド経済学や，公共選択の立場から政府のあり方を考えるブキャナン＝ワグナーは小さな政府が望ましいとしている。

266

練習問題略解

●第2章

1．第二次世界大戦前から戦中にかけて大量に国債が発行されたことに対する反省が直接の引き金であるが，負担感のない財源調達によって財政支出が膨張することに歯止めをかけるのが目的。ただし，便益が後世代にまで及ぶような公共事業，出資金，返済が後年度にわたる貸付金については，「利用時払いの原則」から，公債で財源を賄うほうが世代間の公平性を確保できる。

2．統制機能（行政府が国民の意思による統制の下で事業を執行すること），管理機能（国民の望むサービスが最小の費用で最大の効果を発揮できるように供給されること），計画機能（政府が中長期計画を円滑に遂行できるようにすること）が代表的な機能である。これらの機能を果たすための原則には，完全性（収入と支出を漏らさず計上すること），ノン・アフェクタシオン（特定の収入と特定の支出を結びつけることなく，すべての収入と支出を一つの会計で処理すること），限定性（予算に財政運営上の拘束力を持たせること），公開性（予算は国民に公開されなければならないこと）等がある。

3．税と公債を財源として，社会保障，教育，外交等の政府の主要な経費を扱う一般会計，経理内容の明確化や行政効率の向上を図るために，特定の歳出・歳入を一般会計から区別して処理する特別会計，特別の法律によって設立された全額政府出資の法人である政府関係機関の予算があり，これに財政投融資計画が加わって国会審議の対象となる。

4．予算プロセスは予算の編成，執行，決算からなる。各省庁が財務大臣に対して概算要求を行った後，財務省主計局によるヒアリングを経て財務省原案が閣議に提出され，各省庁に内示される。その後，財務省と各省庁との間で復活折衝が行われた後，政府案が決定され，衆議院の予算先議権に従って衆議院に提出される。その後，予算案は参議院に送付され，議決を経て予算は成立する。以上の編成作業を経て予算は執行されるが，一会計年度の予算の執行が完結すると，7月31日までに各省庁が財務大臣に提出した決算報告書をもとに決算が作成され，閣議決定を経た後，会計検査院の検査を受ける。決算は検査報告書とともに国会に提出され審議される。ただし決算は国会の議決事項ではない。

5．市場による供給は可能であるが，巨額の資金を必要としたり，投資リスクが大きいために民間が手を出さないような分野に関して，財投債等の有償資金を投入することで政策目的を果たすものである。この他にも，地方債の引受け，政策金融等を行うこともある。

6．国税と地方税の税収面の比率は61対39であるのに対して，実質的な支出面では国が42，地方が58と，比率が逆転する。地方レベルでの税と支出のギャップは，一部の国税の一定割合として総額が決まる地方交付税と，地方公共団体の特定の事業に対して交付される国庫支出金が埋めている。しかし，国から地方への財政移転が地方公共団体の行財政運営をコントロールする手段として使われているのではないかとの批判があり，地方分権を求める一つの背景ともなっている。

練習問題略解

●第3章

1．わが国の財政は 1960 年代前半（昭和 30 年代）までは，税収と支出が一致するという均衡財政を維持してきた。しかし，財政悪化を原因として 65 年度以降は建設公債が発行されるようになり，73 年秋に発生した第一次石油ショック後の不況によって税収は落ち込み，75 年度以降は建設公債に加えて赤字公債（特例公債）が発行されるようになった。90 年度には赤字公債の発行はゼロとなるが，バブル経済崩壊後の不況によって，建設公債，赤字公債ともに累増している。

2．わが国の一般会計（国）の公債依存度は 34.5％ である。この数値は，アメリカの 10.8％，イギリス 2.3％，ドイツ 0％，といった国に比べて高い水準であるが，とくに長期債務残高の対 GDP 比率は 167.8％ と，欧米先進国と比べて極端に高くなっている（2018 年度）。

3．1970 年代には，欧米先進国と比べて福祉政策が立ち遅れていること，国際的に見ても租税負担率も低かったことなどを背景として，児童手当，老人医療費支給制度，年金の物価スライド制等，社会保障関連施策を中心に次々と制度が新設された。福祉国家建設の時代の一つの特徴は，国税を使ってでも全国民に保障する最低限の水準を意味するナショナル・ミニマムの考えが確立したことである。一方，地方レベルでは，地方公共団体が単独で上乗せをするシビル・ミニマム論に基づいた財政運営が各地に広がっていった。

4．「税収＋税外収入」から「国債費（債務償還費＋利払費等）を除く歳出」を差し引いた収支のこと。基礎的財政収支が均衡するというのは，利払費及び債務償還費を除いた歳出が税収等の公債金収入（借金）以外の収入で賄われる状況である。国債残高の対 GDP 比率を低下させるためには，基礎的財政収支の黒字（対 GDP 比率）は，「国債残高の対 GDP 比率」×「利子率－成長率」以上でなければならない。

5．① 財政支出から地方交付税と公債費を除いた一般歳出が圧迫されると，資源配分，所得再分配，経済安定化といった財政の機能を有効に働かせることができなくなる。このままの公債発行が続けば，財政破綻には至らないまでも，公債依存度，公債残高の対 GDP 比率等はきわめて高い値で収束する可能性がある。

② 政府債務が民間貯蓄を吸収してしまい，民間投資を阻害するというクラウディング・アウトが生じたり，外国債の発行や，財政赤字を原因とした金利上昇による外国通貨の流入によって，円高が発生し，経常収支の黒字幅を減少させてしまう（マンデル＝フレミング効果）可能性がある。

6．ラーナー（新正統派）は，内国債の場合には，発行時，償還時ともに，一国全体で見れば資源の量は変化しないとして，公債の将来世代への負担を否定する。ブキャナンは，現時点で予算決定プロセスに参加できない将来世代にとって，公債は負担であると主張する。ボーエン，デービス，コップは，公債発行時の世代は，公債購入によって減少した消費を償還時に取り戻すことができるのに対して，償還のための税負担だけを行うことで消費が減少する将来世代にとって，公債は負担であるとした。これに

268

練習問題略解

対してバローは，公債償還時での税負担増は子供の消費を減少させることになるため，親は遺産を増やすだろうから，公債は発行時点での世代である親が負担する，と考える。

●第4章

1．政府支出の効率性は，限られた資源をもっとも有効に活用して，国民に提供できる公共サービスの水準を最大限に高めるという「生産の効率性」と，政府は国民の選好に合った公共サービスを提供しなければならないという「配分の効率性」を満たすことで実現する。

2．公共財の社会的限界便益が社会的限界費用に等しくなるところで最適供給量は決定される。リンダール均衡は，政府が提示した負担比率のもとで各人は需要を表明し，各人の需要量が異なる場合には，政府は負担比率を調整し，最終的にすべての個人の需要量が等しくなるところで公共財の供給量を決定する，と考える。リンダール均衡は公共財の「ただ乗り問題」を解決するものではないが，便益に応じた税負担を行うという応益原則の考え方を提示するという意義を持っている。

3．オーツの地方分権定理を用いて説明すればよい。地域間の住民選好の相違が顕著な公共財を国が画一的に供給すると，地域住民の選好に合わない公共財が提供され，資源のロスが発生する可能性がある。したがって，公共財は地方公共団体が住民選好に配慮しつつ供給するほうが望ましい。

4．近代国家の形成過程で政府支出は増大する傾向があるという，ワグナーの経費膨張の法則，社会の変革期にはそれにともなうさまざまな財政需要が増加して，財政支出が高い水準に移行するという，ピーコック゠ワイズマンの転位効果が政府支出の膨張を説明するものとして有名である。また，ブラウン゠ジャクソンは，①政府が生産する最終生産物に対する需要の増大，②公共財が生産される環境の変化，③規模，構成，密度といった人口構造の変化，④公共財の質の向上，⑤公共財を生産するために必要な投入物（インプット）の価格の上昇を，国民経済の規模に比較して政府支出を増大させる要因だとした。

5．戦前（1934～36年度平均）においては，防衛関係費が全体の45%ともっとも大きなウエイトを占めていた。戦後になると歳出内容は大きく変化し，社会保障関係費，文教及び科学振興費，地方交付税交付金，公共事業関係費など，国民生活の向上に直接関係した項目のウエイトが大きくなっている。とくに社会保障関係費は人口の高齢化や年金・医療・福祉制度の充実によって近年では30%超にまでウエイトを高めている。

6．GDPに占める一般政府の総固定資本形成の比率を見ると，アメリカが3.2%，イギリスが2.5%，ドイツが2.2%，フランスが3.5%であるのに対して，わが国は3.9%（2017年度）と近年，差が縮小してきたとはいえ依然高い。わが国の社会資本整備の歴史が浅いことも理由の一つであるが，公共投資が景気対策として用いられることにも原因がある。

練習問題略解

●第5章

1. 租税原則については，アダム・スミスの4原則と，ワグナーの9原則が良く知られている。小さな政府を望ましいとするアダム・スミスは，①公平の原則，②確実性の原則，③便宜性の原則，④最小徴税費の原則の4原則を唱え，国家に積極的な役割を求めたワグナーは租税に再分配という社会政策的要素を取り入れるべきだとし，財政政策上の2原則（課税の十分性，課税の弾力性），国民経済上の2原則（正しい税源の選択，課税の効果を考慮した税種の選択），公正の2原則（課税の普遍性，負担の公平性），税務行政上の3原則（課税の明瞭性，便宜性，最小徴税費への努力）を唱えた。こうした過去の租税原則を受け継ぎながら，現在では，公平性，中立性，最小徴税費の3つが租税原則として一般的にあげられている。

2. 地方税は人口，面積，経済基盤などが異なる地方公共団体の財政を賄うものであることから，一般原則以外に地方税に固有の原則が必要である。地方税原則としては決まったものがあるわけではないが，一般に，①安定性の原則（税収は変動しないほうがよい），②伸張性の原則（経済成長とともに税収が伸びるほうが望ましい），③普遍性の原則（できる限りどのような地方公共団体も十分な税収を確保できる税目が望ましい），④応益性の原則（税負担は公共サービスの受益に応じて配分するという原則で，地域住民が広く負担を分かち合うという負担分任の原則として具体化されている）などがある。

3. 需要の価格弾力性が小さい商品の場合，課税後の消費量（販売量）の減少は小さく，税込み価格の上昇幅は大きい。そして，消費税は消費者に帰着する部分が大きくなる。価格弾力性が大きい商品の場合，課税後の消費量の減少が大きく，価格の上昇幅は小さい。そして，消費税は企業に帰着する部分が大きくなる。

4. 1日24時間を労働と余暇（労働以外の時間）に自由に配分できるとき，余暇に課税できない所得税は労働時間に対して相反する2つの効果を与える。一つは所得効果であり，課税によって手取り所得が減少することから労働時間を増やす方向に働く。いま一つは代替効果であり，課税によって余暇のコストが相対的に低下することで，労働を減らして余暇時間を増やす方向に働く。所得税が労働時間に及ぼす効果は，所得効果と代替効果の大きさに依存する。

5. 物品税は特定の商品に対して課税される個別消費税であった。個別消費税の場合，課税商品と非課税商品との相対価格を歪めることから，代替効果によって消費行動に非中立的な影響を与え，超過負担という厚生ロスを発生させる。これに対して原則としてすべての商品やサービスに同じ税率で課税する消費税の場合商品（サービス）間の相対価格を歪めないことから，消費行動に関しては中立的であり，超過負担を発生させない。

6. 所得税は貯蓄から発生した利子にも課税されるため，貯蓄（将来消費）を抑制する効果を持つ。これに対して，消費時にのみ課税される消費税や，利子所得には課税されない勤労所得税は消費と貯蓄の選択に関しては中立的であり，超過負担を発生させな

い。

7．包括所得税は商品やサービス間の選択を歪めないが，余暇に課税できないことや，利子も課税されることから，労働と余暇，消費と貯蓄の選択において超過負担を発生させる一方，所得分配の公正を達成する点で優れている。勤労所得税は商品やサービス間，労働と余暇の選択については包括所得税と同じであるが，利子を課税対象としないために消費と貯蓄に歪みを与えない。しかし，分配上の配慮は包括所得税ほどではない。一般消費税は商品・サービス間の選択を歪めることはないが，負担は所得に対して逆進的になる。個別消費税は課税対象を贅沢品に限定することで分配への配慮の可能性を残すが，商品・サービス間の選択において超過負担を発生させる。定額税は経済行動とは無関係に課税されることから，すべての項目において超過負担を発生させないが，分配の公正への配慮はまったくなされない。このように，税金においても効率性と公正との間のトレード・オフの関係が存在する。

●第6章

1．国税レベルでは，わが国の所得課税のウエイトは約54％であり，アメリカに次いで大きい。しかし，個人所得課税に限ればそのウエイトはフランスを除く他の先進国よりもむしろ小さく，わが国の所得課税のウエイトを高めているのは法人所得課税である。消費課税のウエイトはヨーロッパの先進国と大きな差はない。資産課税はわが国だけでなくすべての国でそれほど大きな役割を果たしてはいない。国税と地方税を合計した場合でも，法人所得課税のウエイトが大きいというわが国の特徴は変わらない。国税を直接税と間接税に区分すると，わが国の直接税の比率は約58％と，ドイツ，フランスよりも高くなっているが，比率は低下傾向にある。（数値は2017年度。）

2．わが国の所得税はシャウプ勧告以降，最高税率が引き上げられるとともに，税率の刻みも増え，1970年には19段階に達した。その後，強い累進構造は勤労意欲を阻害し，経済活力を削いでしまうのではないかといった考えが広がったことから，税率構造のフラット化が進んだ。現在は，5％から45％の7段階となっている。課税最低限は約285万円（夫婦子2人世帯。2017年）である。給与所得者について言えば，ほとんどすべての給与収入階層において他の先進国よりも低い負担となっている。

3．売上に課税される取引高税は税込み価格に税率が適用され，取引段階が多くなるにつれて税の累積額が大きくなるため，企業の垂直的統合が起こる可能性がある。これに対して，わが国の消費税のような付加価値税は，売上から仕入を控除した付加価値に課税されることから，付加価値額が同じであれば取引段階数には無関係に税額が決まるため，企業の統合を引き起こすインセンティブを持たない。

4．税額計算はEU型付加価値税がインボイス方式を採用しているのに対して，消費税は帳簿方式を採用している（ただし，インボイスの保存が義務付けられている）。小規模事業者に対する特例として，課税売上高ベースで1,000万円以下は免税，また，益税の原因にもなる簡易課税が，課税売上高5千万円以下の事業者に適用される。

271

練習問題略解

5. 消費税は消費支出額に一律に課税されるが，所得に対する消費の割合である消費性向は所得水準が上がるにつれて低下するため，所得に対する税負担の割合は所得が高い人ほど小さくなる。緩和策としては，食料品のような生活必需品を軽課し，贅沢品を重課するという複数税率の採用が考えられるが，このことは消費行動への中立性を損ない，超過負担が発生する可能性がある。

6. 投資の目的は収益の獲得であるが，投資には資金調達コスト等がかかる。投資を実行するに値する最低限の収益を資本コストと言う。資本コストは金利水準などに依存するが，法人税は税引き後収益を減少させることになるため，投資を実行するためには課税前収益が上昇しなければならない。このように法人税は資本コストを高くし，投資を抑制する。

●第7章

1. わが国の社会保障制度は社会保険，公的扶助，公衆衛生，社会福祉の4部門から構成される。社会保険の目的は，国民が退職，疾病，失業などの事態に遭遇したときに被る経済的損失を社会的にプールし分散することである。公的扶助は勤労や他の法律等に基づく給付がなされても，なお最低限度の生活を営むことができない場合にはじめて適用される。社会福祉は高齢者，児童，身体障害者，母子世帯などに対して，施設を提供したり，サービスを給付することを目的としている。公衆衛生は国民の健康の保持・増進を目的として，国民生活の基礎的条件を作り出すものである。その便益は広く社会にまで及ぶことから公共財としての性格を備えている。

2. 高齢化の進行は若年労働者を減少させ，潜在成長力を弱める可能性がある。また，高齢化はわが国の貯蓄率を低下させ，投資の原資である貯蓄に影響する。日本経済の活力をいかに維持・増進するかも少子・高齢社会の大きな課題である。

3. 負の所得税は，勤労意欲を抑制するなどの現行公的扶助制度の問題点を解決するために，フリードマン等によって提案された制度である。所得税を貧困層にまで拡大し，貧困家族には負の税，つまり給付を行うものである。

4. わが国の年金制度は明治時代に軍人や官吏を対象に設けられた恩給制度に始まる。一般国民を対象とする年金制度は，船員を対象として1940年に創設された船員保険が最初であるが，61年4月からは拠出制の国民年金が実施されたことによって国民皆年金が実現した。その後，加入期間の通算が実現し，年金制度の課題は給付水準の引き上げに移っていった。73年改正では，現役勤労者の一定割合を年金の水準とする新方式が取り入れられるとともに，物価スライド制が導入された。そして，分立した制度間での格差問題を解消するために，公的年金制度の一元化である基礎年金が86年に導入された。賦課方式に近い財政方式をとっているわが国の公的年金制度は，少子・高齢化の進行により持続可能性が危ぶまれるようになる。後世代の負担が過重にならないよう年金受給世代の給付と現役世代の負担のバランスを確保すること，年金制度の運営の安定性を確保することを目的とし，90年代以降，支給開始年齢の引き上げ，国庫

練習問題略解

負担割合の引き上げ，保険料水準固定方式の導入，マクロ経済スライドの導入など様々な制度改正が行われている。

5．賦課方式は，各年度の年金給付額をその年度の保険料収入（税）によって賄う方式であり，勤労世代から退職世代への世代間再分配メカニズムが働く。一方，積立方式は，同一世代が勤労期に蓄えた保険料に運用収益を加えた額を給付額とする方式であり，短命な人から長命な人への世代内再分配メカニズムが働くことになる。積立方式はインフレーションに弱いが，賦課方式は高齢化が進行するときには世代間で不公平を発生させるという欠点を持っている。

6．現行の年金制度は基礎年金と報酬比例部分の２階建て方式を採用しているが，財政は限りなく賦課方式に近いものとなっており，高齢化の進行の中で年金収益率の世代間格差が問題になっている。ミニマムを超えた報酬比例部分は積立方式によって運営するか，少なくとも給付水準を市場収益率に合った水準に設定すべきである。あるいは報酬比例部分を公的年金から切り離して民営化することも考えられる。

●第8章

1．わが国の医療保険制度は 1927 年に始まった。当初，工場・鉱業労働者等だけが強制加入とされていたが，その後，対象が他の被用者や家族にまで拡大された。被用者以外の国民を対象とした国民健康保険法が 1938 年に制定され，戦後，61 年 4 月に国民皆保険が実現した。83 年には，急増する老人医療費を国，地方公共団体，各医療保険の保険者が共同で拠出すること等を内容とした老人保健法が施行され，2008 年には後期高齢者医療制度が導入された。こうした改革にもかかわらず，高齢者医療を主な原因として医療保険財政は依然として厳しく，抜本的な改革が求められている。

2．実際にかかる医療コストが保険給付によって一部でも賄われると，コスト意識が低下し，過剰受診というモラル・ハザードが発生する。とくに，需要の価格弾力性が大きい軽微な疾病や傷害をカバーする医療保険の場合，全額をカバーする保険によって誘発される医療費の増加は大きくなり，財政を圧迫する。

3．現行の診療報酬制度である点数出来高払い，医療機関の機能分化が実現していないなど，医療の供給側にも医療費を膨張させる要因がある。患者の自己負担の活用による需要者側のモラル・ハザードの解消の他に，供給側においては，定額制の適用領域を拡大するなど診療報酬の見直し，医療サービスに関する情報の患者への提供，大病院と診療所の役割分担や連携などが求められている。

4．福祉政策は救貧対策から始まったが，その後，防貧対策に対象を広げ，現在では生活支援を目的とする部分のウエイトが高まっている。このことは福祉が選別主義的なものから普遍主義的なものに変質してきたことを意味しているが，これにともなって生じるニーズの多様化・高度化に対応するためにも，福祉における受益者負担の活用とサービス供給体制としての民間活力の利用が求められている。

5．公的介護保険制度は医療に偏っていた高齢者向け社会保障の総合化を図るために，介

273

練習問題略解

護費用を40歳以上の者から徴収した保険料，国と地方公共団体の負担，および自己負担によって賄うことを目的として，2000年4月から導入された。給付と財政運営は市町村レベルで行われるが，これによって保険料などに地域間格差が発生する可能性があるため財政調整が行われる。介護費用の縮減や介護のための財源を確保するためには，介護保険事業の広域化も必要である。

●第9章

1．国民所得は消費，民間投資，政府支出などで構成される総需要の大きさによって決まるという有効需要原理を基礎に，45°線の図を用いて説明すればよい。国民所得は総需要と総供給とが等しくなるところで決まるが，それは必ずしも完全雇用国民所得と一致する保証はない。

2．限界消費性向をbとすると，所得の大きさとは無関係に税額が決まる定額税の場合の乗数は$1/(1-b)$であり，税が存在しないときと同じである。所得税の場合には，所得が大きくなるにつれて税額は増加するため，比例税率をtとすると，乗数は$1/\{1-b(1-t)\}$となり，定額税の場合よりも小さくなる。

3．雇用保険，累進所得税，法人税のように，財政はその中に景気変動を自動的に調整する装置を組み込んでいる。これをビルト・イン・スタビライザーと言う。ビルト・イン・スタビライザーの大きさは，自動的な税収の変化がないと仮定した場合のGDPの変化と，実際のGDPの変化とを比較することによって測定される。bを限界消費性向，tを税率とすると，比例所得税のビルト・イン・スタビライザーの大きさは，$bt/\{1-b(1-t)\}$となる。

4．IS-LM分析では，実物市場の均衡を示すIS曲線と貨幣市場の均衡を表すLM曲線の交点で国民所得は決まる。公共支出を増やすとIS曲線は右にシフトするが，貨幣供給量を増やさなければ利子率が上昇して民間投資を抑制することから，国民所得の増加は抑えられる。

5．マネタリストは，貨幣供給量の増加をともなわない財政政策は効果を発揮しないと考えるが，財政政策の効果を完全に否定するものではない。これに対して，ルーカスやバローなどが主張する合理的期待形成の理論では，民間の各経済主体は将来を予想して行動するから，財政政策の効果はないと考えられる。フェルドシュタインやボスキン等は，需要重視のケインズ経済学とは正反対に，供給面から財政構造が経済に与える影響を重視し，経済を活性化するためには供給面の政策が必要であるとする。ブキャナン＝ワグナーは，経済理論からではなく，政策を実施する政府の行動原理からケインズ政策を批判する。

6．わが国の財政の歴史は1965年度補正予算による国債発行を境にして，均衡予算の時代と国債発行の時代に区分できる。国債は当初，建設公債のみであったが，第一次石油ショック後の不況による税収の落ち込みによって，75年度補正予算において特例公債（赤字公債）が発行され，その後も一部の年度を除いて発行が続いている。また，わが

練習問題略解

国の財政運営の特徴は，景気変動に対応して，とくに不況期には公共投資，減税政策など，積極的な財政政策の発動が繰り返し行われてきたことである。

●第 10 章

1. 公共サービスには受益者数が増加すれば受益者 1 人当たり費用が低下するという「規模の経済性」を発揮するものがある。このことは広域行政を求めるが，一方で，住民の選好に合ったサービスを供給するためには狭域行政が望ましい。望ましい行政区域は，この相反する力のバランスの中で決定される。

2. 地方公共団体は最少の経費で最大の効果をあげなければならない。効果が同じだとすれば，できる限り費用のかからない方法で公共サービスを供給すべきであり，そのためには民間委託の活用が望ましい。また，市場で供給できる分野からは地方公共団体は撤退することも必要である。公共サービスの供給を効率的なものにするためには，公会計制度に企業会計の手法を導入することも検討すべきである。

3. まずは，税率の自由決定権を含めた地方の課税自主権を強化することである。これによって，住民は地域資源を公的消費と私的消費に最適に配分できるようになる。地方税の構造に関しては，可能な限り応益的な要素を取り入れることで，受益と負担の連動を確保し，公共サービスに対する過剰な要求を抑えるべきである。

4. 経済力格差や，地理的属性など，公共サービスを供給する条件の相違によって，地方団体間には財政力格差が存在する。財政力格差を解消して，どの地域に住もうが，同じ税負担であれば公共サービス水準も同じであるという状態を作り出すとともに，地方公共サービスのナショナル・ミニマムの水準を確保することが地方交付税の目的である。地方交付税総額は所得税や法人税などの国税にリンクして決定され，各地方公共団体の交付税額は，基準財政需要額（合理的かつ妥当な水準において行政を行う場合または標準的な施設を維持する場合に必要な一般財源）が基準財政収入額（標準税率で課税した場合の収入見込額の，都道府県，市町村ともに 75％ の額に地方譲与税等を加えたもの）を上回る場合，その差額（財源不足額）となる。

5. ある地方公共団体の供給する公共サービスの便益が行政区域を越えて他の地方団体に拡散（スピル・オーバー）するとき，国はこの地方公共団体に補助金を交付して公共財の最適供給量を実現することができる。しかし，補助率の水準を誤ると，補助金を交付することでかえって資源のロスが生じ，国民の厚生は低下する可能性がある。

6. 使途が特定された特定補助金を交付したときに比べると，使途が特定されない同額の一般補助金のほうが，住民の厚生水準を引き上げることができる。このことは，住民の厚生水準を同じだけ引き上げるには，一般補助金のほうが国にとっては安上がりであることを意味している。

275

索　引

人名索引

あ 行

アダム・スミス（A. Smith）　17, 83
ウェーバー（M. Weber）　49
オーツ（W. E. Oates）　66

か 行

ケインズ（J. M. Keynes）　13, 17, 202
コップ（D. H. Kopf）　55

さ 行

サイモンズ（H. C. Simons）　121
シャウプ（C. S. Shoup）　111
ジャクソン（P. M. Jackson）　69

た 行

ティブー（C. M. Tiebout）　251
デービス（R. G. Davis）　55
トービン（J. Tobin）　161
ドーマー（E. D. Domar）　52

な 行

ニスカネン（W. A. Niskanen）　49

は 行

ハートマン（D. Hartman）　142

バロー（R. J. Barro）　56, 220
ハンセン（A. H. Hansen）　13, 202
ピーコック（A. T. Peacock）　68
フィリップス（A. W. H. Phillips）　219
フェルドシュタイン（M. Feldstein）　18, 221
ブキャナン（J. M. Buchanan）　18, 55, 222
ブラウン（C. V. Brown）　69
フリードマン（M. Friedman）　17, 161, 219
ヘイグ（R. M. Haig）　121
ボーエン（W. G. Bowen）　55
ポーリー（M. V. Pauly）　185
ボスキン（M. J. Boskin）　221

ら 行

ラーナー（A. P. Lerner）　55
ラッファー（A. B. Laffer）　98
ルーカス（R. E. Jr. Lucas）　220

わ 行

ワイズマン（J. Wiseman）　68
ワグナー（A. H. G. Wagner）　68, 83
ワグナー（R. E. Wagner）　18, 222

事項索引

あ 行

アカウント方式　128
赤字公債　24, 42, 225
足による投票　251
安価な政府　17
安定性の原則　85

遺産課税方式　144
遺産取得課税方式　144
依存財源　242
一時借入金　27
一部事務組合　236
一般会計　72, 245
　——予算　27
一般財源　242

索　引

一般歳出　42, 51, 255
一般消費税　99, 104, 124
一般政府　3
一般補助金　260
医療保険　192
インピュテーション方式　135
インフォームド・コンセント　188
インフレーション　54, 202
インフレ・ギャップ　206
インボイス制度　129
インボイス方式　128

売上税　124
　卸売――　124
　小売――　124, 127
　製造業者――　124

益税問題　130
エンゲル方式　158
エンゼルプラン　191
円高不況　225

応益原則　64, 82, 86, 88
応能原則　82, 88
大きな政府　17, 46, 49
卸売売上税　124
恩給制度　164

か　行

会計検査院　23, 29
外形標準課税　135
外国債　55
外国税額控除制度　142
概算要求　28
　――基準　28
外部性　10
　負の――　10
外部不経済　10, 83
カウンシル・タックス　253
かかりつけ医　188
格差縮小方式　158
確実性の原則　84
かくれ借金　43
家計　2

ガス税　109
課税最低限　116, 119
課税自主権　249
課税所得　115
課税の効果を考慮した税種の選択　84
課税の十分性　84
課税の弾力性　84
課税の普遍性　84
課税の明瞭性　84
課税標準のGDP弾力性　212
価値財　10
合併　236
貨幣市場の均衡　216
簡易課税制度　130
環境税　83
間接税　6, 89, 112
　最適――　133
完全雇用余剰　41
完全転嫁　91
官庁会計　238
管理機能　25

議会制民主主義　65
企業　2
企業会計方式　239
企業課税　94
危険回避者　150
起債充当率　243
基準財政収入額　255, 257
基準財政需要額　255
基準税率　257
犠牲説　88
帰属家賃　121
基礎控除　119
基礎控除額　144
基礎的財政収支　45
基礎年金　166, 174
期待効用　150
帰着　89, 94
規模の経済　234
規模の経済性　67
義務説　82
義務的経費　248
逆交付税　255

277

索　引

逆進性　131
逆進税　88
逆進的　166
逆選択　163
救貧対策　189
給付付き税額控除　120
給与所得控除　114
協議制　243
競合性　9
許可制　243
居住地課税　142
緊急経済対策　226
均衡財政主義　18
均衡予算主義　40,224
均衡予算乗数の定理　208
近視眼性　163
禁止税　83
禁止領域　98
均等限界犠牲　88
均等絶対犠牲　88
均等比例犠牲　88
勤労所得税　103,175

組合管掌健康保険　180
クラウディング・アウト　54,218
繰越明許費　27
クロス・チェック機能　128
クロヨン　122

計画機能　25
軽減税率　129,131,133
経済安定化機能　12,83
経済再生租税法　138
経済性質別分類　72
経常財源　242
経常的経費　249
継続費　27
経費膨張の法則　68
ケインジアン　17,216
ケインズ経済学　202
ケインズ政策　202
決算　23,29
限界効用逓減の法則　63
限界消費性向　204

限界税率　88
限界貯蓄性向　204
現金主義　239
健康増進法　151
健康で文化的な最低限度の生活　77
健康保険法　181
建設公債　24,42
源泉地課税　142
源泉徴収制度　122
源泉分離課税　123
減分主義　51

広域行政　61
広域連合　197,236
後期高齢者医療制度　183
公共財　151,191
　国際――　16
　国家的――　15
　準――　10
　純粋――　69
　地方――　16,66,70
公共事業関係費　72,77
合計特殊出生率　75,153
公示地価　145
皇室財産　23
公衆衛生　151
厚生年金保険　164
厚生労働省　74
公的介護システム　194
公的介護保険制度　236
公的支出　5
公的総固定資本形成　5
公的扶助　151,189
公的部門　2
後転　90,94
交付税及び譲与税配付金特別会計　74
公平の原則　84
効用最大化行動　71
小売売上税　124,127
合理的期待　56
　――形成の理論　220
高齢者保健福祉推進十カ年戦略　193
国際公共財　16
国税付加税　251

索　引

国土交通省　74
国内総支出　5
国内総生産　5
国民皆年金　165
国民皆保険　182, 195
国民健康保険　181
　——法　181
国民年金　165, 166
　——基金制度　166
国民負担率　7, 156
　潜在的な——　108
個人課税　94
コスト意識　71
国家機関費　74
国家公務員共済組合　164, 181
国家的公共財　15
国境税調整　126
国庫委託金　241
国庫債務負担行為　27
国庫支出金　7, 34, 74, 241, 262
国庫負担金　241
固定資産税　111
古典派経済学　202
個別消費税　91, 99, 104, 109
雇用保険　211
娯楽施設利用税　109
ゴルフ場利用税　109

さ　行

債券価格　217
財源不足額　255
最小徴税費　84, 85
　——の原則　84, 85
　——への努力　84
財政　3
財政援助的補助金　35
財政構造改革法　226
財政再建元年　42
財政錯覚　56
財政政策　202
財政責任　35, 234, 239
財政的歯止め　41, 215
財政投融資　30
　——計画　27

財政トランスファー　35
財政配当　215
財政法　23, 41, 216, 242
　——公債対象非対象別分類　72
　——第4条　223
財政民主主義　22, 55
在宅ケア　192
最適間接税　133
歳入歳出予算　26
財務省　50, 74
　——原案　29
　——証券　27
サッチャリズム　48
サプライサイド経済学　18, 221
サムエルソンのルール　64
産業の空洞化　142
暫定予算　30

シーリング方式　42
事業者免税点制度　129
事業税　252
資源配分機能　9, 78
自己負担　185, 187
資産課税　111, 112
資産需要　217
資産審査　160
自主財源　242
市場価格表示の国民所得　6
市場の失敗　237
市場への回帰　48
市場メカニズム　2, 196, 198
自然失業率　220
市中消化の原則　24
失業保険　211
実施計画　238
実施ラグ　207
実物市場の均衡　216
自動安定化機能　12, 83
自動安定化装置　211
児童手当　48, 151
児童福祉　190
　——法　189
使途別分類　72, 74
シビル・ミニマム　48

279

索　引

資本コスト　140
資本の限界生産力　139
資本輸出の中立性　142
資本輸入の中立性　143
仕向地主義　126
シャウプ勧告　111
シャウプ税制　251
社会資本ストック　78
社会的限界費用　60
社会的限界便益　60
社会的需要曲線　63
社会的入院　192
社会的費用　70
社会的無差別曲線　62
社会負担　7
社会保険　149
社会保険料方式　175
社会保障　148
社会保障関係費　72,76
社会保障基金　4
社会保障・税一体改革　168
社会保障制度審議会　148,192
社会保障・税番号制度　124
社会福祉　151
従価税　91
衆議院の予算先議権　29
修正積立方式　171
住民自治　33
従量税　91
受益者負担　239,241,243
主要経費別分類　72,74
需要と供給の価格弾力性　92
準公共財　10
純粋公共財　69
乗数　13,227
　　──効果　13,205
消転　90,94
消費課税　111
消費型付加価値税　128,252
消費税　89,99,101,109,125,252
　　一般──　99,104,124
　　個別──　91,99,104,109
　　地方──　109
　　特別地方──　109

　　料理飲食等──　109
消費的経費　248
情報の非対称性　198
使用料　241
条例　35
奨励的補助金　35
所管別分類　72,74
職域保険　181
所得　114
所得課税　111
所得型付加価値税　128,252
所得効果　97,100
所得控除　115
所得再分配機能　11,83
所得税　212
　　──減税　215
　　勤労──　103,175
　　負の──　121
　　包括──　103
　　累進──　12,83
私立学校教職員共済組合　181
人口置換水準　153
新ゴールドプラン　193
申告納税制度　122
申告分離方式　123
新自由主義　17
身体障害者福祉法　189
伸張性の原則　85
人的控除　115

水準均衡方式　159
垂直的公平　84,113,117
垂直的再分配　173
水平的公平　84,113
スタグフレーション　220
ストック調整　226
スピル・オーバー　260

生活扶助基準　158
生活保護　77,163
　　──制度　160
　　──法　189
税源浸食と利益移転　143
制限税率　250

280

索　引

生産可能性フロンティア　62
生産の効率性　60,67
税収弾性値　40,211
税収の課税標準弾力性　212
精神薄弱者福祉法　190
製造業者売上税　124
税の自然増収　40
セイの法則　13,202
政府　3
政府関係機関　28
　──予算　27
政府最終消費支出　5
セイフティ・ネット　151
政府の失敗　17
　中央──　262
税法式　195
世代間再分配　11,169
世代内再分配　169
ゼロ国債　27
ゼロ・シーリング　42
ゼロ税率　132
船員保険　164,181
全国健康保険協会管掌健康保険　180
潜在的な国民負担率　108
前転　90
選別主義的福祉政策　191

総計予算主義の原則　25
総合課税　114
総合計画　238
総合的老人対策　192
総需要管理政策　207
相続時精算課税制度　145
相続税　83,111,144
増分主義　50,51
総務省　74
贈与税　83,111,144
測定単位　255
租税原則　83
租税特別措置　136
租税負担率　108,211
租税法律主義　22,35
その他の控除　115
その他の事項経費　74

た　行

ターゲット効率性　77,237
第一次石油ショック　42,224
退職者医療制度　183
大数法則　185
代替効果　97,101
大都市圏　236
正しい税源の選択　84
ただ乗り　64,82
タックス・プライス　250
タックス・ミックス　109
　──型税制改革　113
脱税　122,127
たばこ税　109
単一国家　232
単位費用　256
担税力　82,113
団体自治　33
単年度主義　22

地域間再分配　11
地域包括ケアシステム　197
地域保険　181
小さな政府　17
地方公共財　16,66,70
地方公共団体の格付け　243
地方交付税　7,35,74,236,240,254,260
　──率　36
地方公務員共済組合　164,181
地方債計画　243
地方財政関係費　72
地方財政対策　36
地方財政平衡交付金　254
地方財政法　23,34,242
地方自治　16,33
　──法　234,237
地方消費税　109
地方譲与税　240
地方税　89,240
　──法　35,252
地方政府　4
地方単独事業　225,249
地方分権　16

281

索 引

――一括法　243
――定理　66
中位投票者　65
――モデル　65
中央社会福祉審議会　192
中央政府　4
――の失敗　262
中立性の原則　85
超過課税　250
超過負担　85, 98, 101
超過累進税率　116
長期債務残高　43
調整交付金　196
徴税費　85
重複行政　235
帳簿方式　128
直接税　89, 112

通算年金制度　165
積立方式　169, 173
　修正――　171

定額制　188
定額税　98, 104, 207
定額補助金　260
定率補助金　260
適格請求書等保存方式　129
出来高払い　185, 187, 196
手数料　241
デフレ・ギャップ　206
デモンストレーション効果　70
転位効果　68
転嫁　89
　完全――　91
　部分――　91
電気税　109

投資的経費　248
当初予算　30
統制機能　25
道府県税付加税　251
トーゴーサン　122
ドーマー法則　52
特需景気　136

特定財源　242
特定支出　115
特定補助金　260
特別会計　26, 28, 245
――予算　27
特別交付税　241, 255
特別地方消費税　109
独立税　251
特例公債　24, 42, 43, 55, 225
都市計画税　250
ドッジ・ライン　40
都道府県支出金　241
取引需要　217
取引高税　124, 125

な 行

内閣府　74
内国債　55
ナショナル・ミニマム　12, 48, 173, 197, 254
ナッシュ均衡　64
名寄せ　124

２階建て方式　166
ニクソン・ショック　42, 224
日銀引受け　24
日本列島改造構想　224
認知ラグ　207

ネット賃金スライド　167

納税協力費　85
納税者の反乱　251
納税者番号制度　124
納税の義務　22
ノン・アフェクタシオン　25

は 行

排除性　9
配当控除　123
配分の効率性　61, 66
パターナリズム　10
発生主義　239
バブル経済　226
パレート最適　9

282

索　引

反応ラグ　207

非競合性　10
必要経費　114
非排除性　10
標準税率　250,257
費用対効果分析　79
費用便益分析　238
ビルト・イン・スタビライザー　12,86,113,
　　211
比例税　88

フィスカル・ドラッグ　41
フィスカル・ポリシー　12
フィリップス曲線　219
フォルフェ制度　131
付加価値　5
付加価値税　112,124
　消費型――　128,252
　所得型――　128,252
　EU型――　125,128
　GNP型――　128
附加価値税　252
賦課方式　169,171,173
福祉元年　48
福祉国家建設　48
福祉人材確保法　193
福祉年金　164
負担の公平性　84
負担分任の原則　86
普通交付税　255
普通税　249
　法定普――　249
　法定外――　250
普通地方交付税　241
物価スライド制　48,165
物価調整減税　117
復活折衝　29
復金債　40
物品税　99
負の外部性　10
負の所得税　121
部分転嫁　91
部分年金　167

普遍主義的福祉政策　191
普遍性の原則　86
プライマリー・バランス　45,226
ブラケット・クリープ　117
プラザ合意　225
フリンジ・ベネフィット　121
プロポジション13　251
分離課税　114

平均税率　87
平均入院日数　192
平成の大合併　236
ベヴァリッジ報告　148,174
便宜性　84
　――の原則　84

保育所　190
防衛関係費　72
包括所得税　103
包括的所得税　121
報酬比例部分　166
法人擬制説　134
法人事業税　135
法人実在説　134
法人税　12,90,213
法定外税　257
法定相続分課税方式　144
法定外普通税　250
法定外目的税　250
法定普通税　249
防貧対策　190
ボーモルの病　70
保険方式　195
保険料水準固定方式　168
保険料の免除や未納　175
母子福祉法　190
補助事業費　249
補正係数　256
補正予算　30,41
本予算　30

ま　行

マーケット・バスケット方式　158
マイナス・シーリング　42,51

283

索　引

マイナンバー制度　124
マクロ経済スライド　168
マネタリスト　17,216
マル優　123
マンデル＝フレミング効果　54,229

みなし仕入率　130
民間部門　2

名目賃金スライド　167

木材引取税　109
目的税　89,249,257
　法定外──　250
目的別分類　72,74
モラル・ハザード　71,163,196,234,245
漏れ　205
文部科学省　74

や　行

有効需要原理　13,202

要素費用表示の国民所得　6
予算総則　27
予備費　23

ら　行

ライフ・サイクル仮説　53,144,155
ラッファー曲線　98

利益説　82
リバイアサン・モデル　71
留保財源　257
両院協議会　29
利用時払いの原則　23,55
料理飲食等消費税　109
臨時財源　242

臨時的経費　249
リンダール均衡　64

累進所得税　12,83
累進税　88
累進税率構造　212

レーガノミックス　48,221
レーガン税制改革　117
連邦国家　232

老人医療　194
　──費支給制度　48,182
老人福祉法　190
老人保健制度　182
老人保健福祉計画　193
老人保健法　182
労働者年金制度　164

欧　字

BEPS（Base Erosion and Profit Shifting）
　143
DPC（包括医療費支払制度）　188
EU 型付加価値税　125,128
GDE（Gross Domestic Expenditure）　5
GDP（Gross Domestic Products）　5
GNP 型付加価値税　128
GST クレジット　134
IS-LM 分析　216
IS バランス論　225
NNP（Net National Products）　6
PDCA サイクル　238
PPBS（Planning Programming-Budgeting Sys-
　tem）　50
WTC　161
X 非効率性　60

284

著者紹介【担当章】

林　宜嗣 （はやし　よしつぐ）【第 1 ～ 3 章，第 10 章】

1973 年　関西学院大学経済学部卒業
1986 年　経済学博士
現　在　EBPM 研究所代表取締役
　　　　前関西学院大学経済学部教授

主要著書

『都市問題の経済学』(日本経済新聞出版社，1993)

『財政危機の経済学』(日本評論社，1997)

『分権型地域再生のすすめ』(有斐閣，2009)

『地方創生 20 の提言―考える時代から実行する時代へ―』(共著・関西学院大学出版会，2018)

林　亮輔 （はやし　りょうすけ）【第 7 ～ 9 章】

2006 年　関西学院大学経済学部卒業
2011 年　博士（経済学）
現　在　甲南大学経済学部准教授

主要著書

『地域再生戦略と道州制』(共著・日本評論社，2009)

『公共インフラと地域振興』(共著・中央経済社，2015)

『地域政策の経済学』(共著・日本評論社，2018)

林　勇貴 （はやし　ゆうき）【第 4 ～ 6 章】

2011 年　関西学院大学経済学部卒業
2016 年　博士（経済学）
現　在　大分大学経済学部准教授

主要著書・論文

「仮想評価法を用いた博物館の実証的研究」(日本経済研究，2016)

『地域政策の経済学』(共著・日本評論社，2018)

『文化経済学―理論と実際を学ぶ―』(共著・有斐閣，2019)

■ 基礎コース[経済学]— 4 ■

基礎コース　財政学　第4版

1999 年 12 月 10 日 ⓒ	初　版　発　行
2005 年 5 月 25 日 ⓒ	第 2 版　発　行
2011 年 12 月 25 日 ⓒ	第 3 版　発　行
2019 年 12 月 25 日 ⓒ	第 4 版　発　行

著　者　林　　宜　嗣	発行者　森平敏孝
林　　亮　輔	印刷者　加藤文男
林　　勇　貴	製本者　米良孝司

【発行】　株式会社　新世社
〒151-0051 東京都渋谷区千駄ヶ谷 1 丁目 3 番 25 号
編集☎(03)5474-8818(代)　　サイエンスビル

【発売】　株式会社　サイエンス社
〒151-0051 東京都渋谷区千駄ヶ谷 1 丁目 3 番 25 号
営業☎(03)5474-8500(代)　　振替 00170-7-2387
FAX☎(03)5474-8900

印刷　加藤文明社　　製本　ブックアート
≪検印省略≫

本書の内容を無断で複写複製することは，著作者および出版者の権利を侵害することがありますので，その場合にはあらかじめ小社あて許諾をお求め下さい。

ISBN978-4-88384-304-6

PRINTED IN JAPAN

サイエンス社・新世社のホームページのご案内
https://www.saiensu.co.jp
ご意見・ご要望は
shin@saiensu.co.jp　まで.